노무현 김정일의 246분

노무현 김정일의 246분

남북정상회담 대화록의 진실

유시민 지음

2013년 10월 21일 초판 1쇄 발행
2013년 11월 1일 초판 3쇄 발행

펴낸이 한철희 | 펴낸곳 돌베개 | 등록 1979년 8월 25일 제406-2003-000018호
주소 (413-756) 경기도 파주시 회동길 77-20 (문발동)
전화 (031) 955-5020 | 팩스 (031) 955-5050
홈페이지 www.dolbegae.com | 전자우편 book@dolbegae.co.kr
블로그 imdol79.blog.me | 트위터 @Dolbegae79

편집 소은주·김태권
표지디자인 박진범 | 본문디자인 이은정·이연경·강영훈
마케팅 심찬식·고운성·조원형 | 제작·관리 윤국중·이수민
인쇄·제본 영신사

ISBN 978-89-7199-574-7 (03340)

이 도서의 국립중앙도서관 출판시도서목록(CIP)은 e-CIP 홈페이지
(http://www.nl.go.kr/ecip)에서 이용하실 수 있습니다.(CIP제어번호: CIP2013020559)

책값은 뒤표지에 있습니다.

노무현 김정일의 246분

남북정상회담 대화록의 진실

유시민

돌베개

이 책은 2007년 남북정상회담 대화록에 대한 해설이다. 노무현 대통령과 김정일 국방위원장이 나누었던 대화를 정확하게 이해하고자 하는 시민들을 생각하면서 이 책을 썼다. 오해와 왜곡, 그리고 거짓의 탁류가 소용돌이치는 어지러운 시대에도 누군가는 진실을 찾아야 한다. 어둠이 오직 빛에 의해서만 사라지듯, 거짓은 진실로만 무너질 수 있다.

책을 내려고 시작한 일은 아니었다. 처음 이 주제와 관련한 글을 쓴 것은 두 시간짜리 강연을 하는 데 필요한 원고였다. 노무현재단이 그 강연원고를 보완하고 압축해 온라인 해설서를 발간했다. 그러나 246분의 대화록이 담고 있는 모든 것을 한 번의 강연이나 작은 소책자로 드러내 보이기는 어려웠다. 그래서 두 달 동안 홈페이지(usimin.net)에 여덟 꼭지의 연재 글을 올렸다. 진실을 찾는 시민들이 그것을 읽었다. 더 많은 시민들과 이야기를 나누고 싶어서, 그 연재 글을 하나로 연결하고 내용을 보충해 책을 만들었다.

남과 북의 정식 국호와 국정 최고책임자들의 직함을 썼다. 남과 북의 국호는 대한민국과 조선민주주의인민공화국이다. 노무현은 대한민국 대통령이었고 김정일은 조선민주주의인민공화국 국방위원장이었다. 직함 길이의 균형을 맞추고 지면紙面을 아끼기 위해 국방위원장은 위원장으로 줄였다. 굳이 정식 국호를 쓰지 않아도 되는 경우에는 남과 북, 남측과 북측이라는 약칭을 융통성 있게 사용했다. 때에 따라서는 북과 우리, 북과 대한민국을 조합하기도 했다. 조선민주주의인민공화국에 사는 사람들은 '인민'이라 했고, 대한민국에 사는 사람은 '국민'이라 했다. 국민 개개인의 독립성과 권리를 강조하고 싶은 때는 가끔 '시민'이라는 개념을 사용했다. 시민은 자신이 나라의 주권자임을 분명히 인식하면서 헌법이 부여한 권리를 적극 행사하고 의무를 기꺼이 감당하려는 의지를 가진 국민을 말한다.

굳이 용어에 대한 해명을 하는 것은 북에 대한 부정적 정서를 부추겨 이성적 토론을 가로막는 작금의 세태 때문이다. 북을 절대악絶對惡으로 여기는 사람이라면 조선민주주의인민공화국이라는 국호와 국방위원장이라는 공식 직함을 쓰는 것에 거부감을 느낄 수도 있겠다. '인민'이라는 개념도 북에서 쓰는 것이라 그럴 수 있다. 나는 그런 불편한 감정을 느끼는 사람이 많이 있다는 사실을 잘 알고 있다. 왜 그런 감정을 느끼는지도 이해한다. 그러나 아무리 마음에 들지 않는다 해도, 현실은 현실 그대로 직시해야 한다. 그래야 원하는 변화를 일으킬 수 있다.

남과 북은 모두 유엔 회원국이다. 한반도에는 이념과 체제를 달리하는 두 개의 국가가 있다. 대한민국 헌법과 국가보안법은 북을 국가로 인정하지 않지만, 휴전선 이북에 조선민주주의인민공화국이라는 이름을 가진 국가가 존재하고 있다는 것은 부정할 수 없는 현실이다. 북의 체제와 이념이 마음에 들지 않는다고 해도 북 정부와 권력자의 존재를 인정하지 않을 수는 없다. 그렇기 때문에 우리는 남과 북의 국정 최고책임자들이 했던 두 차례의 회담을 '남북정상회담'이라고 한다. 그 회담의 대화록을 해설하는 만큼 공식 국호와 직함을 쓰는 것이 자연스럽다. 다만 한 가지는 잊지 말자. 북은 다른 국가와는 다르다. '평화통일의 동반자'로서 언젠가는 대한민국과 하나가 되어야 할 '특수한' 국가다.

독자 여러분께 부탁드린다. 책을 읽기 전에 먼저 2007년 남북정상회담 대화록 전문全文을 읽어보시면 좋겠다. 정독하시라는 게 아니다. 대충 훑어보면서 흥미롭다고 느낀 대목만 기억해두면 된다. 그런 다음 이 책을 읽고, 다시 대화록 전문을 보시기 바란다. 다시 읽으면서 크게 다른 느낌을 받는 독자가 많기를 바란다. 이 책이 가질 수 있는 '존재의 의미'는 바로 그 느낌에서만 찾을 수 있기 때문이다.

나는 남북관계 전문가가 아니다. 그래서 남북관계의 역사를 새로 공부하면서 책을 썼다. 전문 연구자들의 지도편달을 받았다. 현실의 여러 사정 때문에 그분들을 일일이 거명해서 감사 말씀을 드릴 수 없음을 안타깝고 송구스럽게 생각한다. 힘을 보태주신 모든 분에게 감사하는 마음을 모아 임동원, 이재정 두 분 전임 통일부장관께 드린다. 2013년 8월, 정의당의 요청에 따라 두 분을 모시고 국회에서 남북관계에 대한 공개 대담을 한 적이 있다. 그때 두 분에게 큰 가르침을 받았다. 그 가르침을 독자들과 나누고 싶다.

2013년 10월 3일
자유인의 서재에서
유시민

차례

무모한 도전

정상회담 기록을 비밀로 하는 이유

2007년 10월 3일 오전과 오후, 평양 백화원초대소 영빈관에서 대한민국 대통령 노무현과 조선민주주의인민공화국 국방위원장 김정일이 얼굴을 맞대고 대화를 나누었다. 우리는 이것을 '제2차 남북정상회담'이라고 한다. 두 차례 회담 시간은 모두 합쳐 246분이었다. 이 회담을 한반도 전역에 온·오프라인으로 생중계하거나 편집 없이 녹화중계를 했다고 상상해보자.

남의 국민과 북의 인민들은 텔레비전 화면과 컴퓨터 모니터 앞에 모여 두 정상의 말과 행동을 하나라도 놓치지 않으려고 했을 것이다. 그 시각에 불가피하게 이동해야 하는 사람들은 라디오나 스마트폰으로 소리라도 들으려 했을 것이다. 그랬다면 서해 북방한계선NLL 포기 논란이나 검찰의 국가기록원 압수수색 같은 사건은 일어나지 않았을 것이다. 남북 정상의 발언과 표정과 어조, 몸짓까지 다 공개되었기 때문에 누구도 회담 내용을 심각하게 왜곡할 수는 없었을 것이다. 그리고 「10·4공동선언」의 내용과 역사적·정치적·군사적 의미를 훨씬 수월하게 이해할 수 있었을 것이다.

그러나 그 회담은 중계되지 않았다. 회담 장소에 방송카메라가 들어가지 않았다. 북측 관계자가 그 회담 전체를 녹음했을 수 있다. 그러나 그랬다고 할지라도 남측 수행원들이 그것을 받아오지는 않았다. 남측 관계자도 녹음을 했다. 그런데 국정원이 공개한 대화록 전문을 보면 어떤 이유 때문인지는 모르겠으나 제대로 녹음이 되지 않았다. 맨 앞부분은 아예 녹음을 하지 못했다. 중간중간 등장하는 '청취불가' 표시는 감청과 녹취록 작성에 일가견이 있는 국가정보원의 전문가들도 어떻게 할 수 없는 대목이 있었음을 보여준다.

국정원이 공개한 대화록 전문의 표지에 적힌 최초 작성일은 회담 두 달 후인 2008년 1월 3일이다. 노무현 대통령은 대화록을 '지정기록물'로 분류해 국가기록원에 봉인해둔 것으로 알려져 있었다. 그런데 국정원 역시 대화록을 '공공기록물'로 관리했다는 사실이 확인되었다. 후임자 이명박 대통령이 북과 대화할 때 참고하도록 노무현 대통령이 국정원에 대화록을 남겼다는 이야기도 널리 퍼져 있다. 그러나 아직은 모든 것이 짙은 안개에 가려져 있다. 실제 어떠했는지가 분명하게 밝혀지지 않았다.

만약 생중계를 했다면 2007년 남북정상회담의 흐름과 내용은 크게 달라졌을 것이다. 물리학의 '불확정성 원리'는 미시적微視的 물질세계에서 발견되었다. 그러나 정치의 세계에서는 모든 곳에서 그 원리가 작동한다. 생중계는 정상들의 말과 행동을 바꾼다. 회담을 생중계하면 정상들은 말 한 마디, 손짓 하나도 자유롭게 하지 못한다. 모든 것이 공개되어 즉각 평가를 받기 때문이다. 정상들은 실수하지 않으려고 미리 준비한 원고 그대로만 발언했을지 모른다. 합의를 이루기 위해서 호소하고 설득하기보다는 이기기 위해서, 또는 체면이 깎이지 않기 위해서 매우 격렬하고 공격적인 논쟁을 했을 수도 있다. 아예 회담 자체가 이루어지지 않았을지도 모른다. 그러나 어떤 경우든, 두 정상이 속내를 솔직하게 털어놓으면서 상대방을 설득하는 태도를 취하지는 못했을 것이다. 겨우 246분의 회담으로 「10·4공동선언」처럼 구체적 합의사항을 많이 담은 문서를 만드는 일도 없었을 것이다.

이런 이유 때문에 어느 나라도 정상회담을 중계하지 않는다. 회담 기록을 오랜 기간 비공개로 봉인해두는 것도 똑같은 이유 때문이다. 얼마 지나지 않아 회담 기록을 공개할 경우 녹화중계와 비슷한 효과가 난다. 정상들은 회담이 머지않아 공개된다는 사실을 의식하면서 말하고 행동하게 될 것이다. 그래서 모든 문명국가들이 자기네 국가원수가 외국 국가원수와 회담한 기록을 수십 년 동안 비밀로 유지한다. 우방국과의 정상회담이 이럴진대, 반세기 넘게 정전停戰상태에 있었던 남과 북의 정상회담이야 말해 무엇하겠는가. 남북정상회담 기록은 최소한 회담 주역들이 '자연사의 축복'을 누리는 데 걸리는 시간보다는 더 오래 비밀로 봉인되어 있어야 마땅하다.

그런데 6년도 지나지 않은 2013년 6월 24일, 남재준 원장이 이끄는 국정원이 회담 전체를 녹취한 대화록 전문을 공개해버렸다. 한글을 읽을 수 있는 사람이라면 누구나, 남과 북의 국정 최고책임자들이 '밀실'에서 나누었던 대화를 있는 그대로 볼 수 있게 되었다. 미국과 일본, 중국 등 주변국의 한국 주재 외교관들도 마찬가지였다. 한 번 공개된 정보를 비밀로 되돌릴 방법은 없다. 대화록 공개는 원상회복이 불가능한 사건이었다.

대화록 공개가 국가적으로 바람직한 일인지, 대화록 내용 누설과 공개에 가담한 사람들이 과연 위법행위를 했는지, 만약 그렇다면 그들을 어떻게 처벌해야 할 것인지는 중요한 정치적·법률적 쟁점이다. 국회에서 토론하고 법원에서 판단해야 한다. 그러나 정치인과 법관들에게 맡길 수 없는 과제가 있다. 공개된 대화록을 제대로 독해讀解하는 작업이다. 이 일은 정치인과 법관이 아니라 말과 글을 다루는 사람이 하는 게 나을 것이다. 독해는 텍스트의 의미와 맥락을 논리적으로 정확하게 이해하고 해석하는 작업이다. 북의 인민들은 아마 대화록을 보지 못하고 있을 것이다. 그러나 대한민국 국민은 누구나 마음만 먹으면 대화록 전문을 볼 수 있다. 그런데도 그것을 꼼꼼하게 읽고 정확하게 독해하려고 노력하는 사람이 그리 많은 것 같지는 않다.

여러 이유가 있을 것이다. 대한민국 국민은 다들 연예인만큼이나 바쁘게 산다고 한다. 학업과 직장 일에서 사업과 육아까지, 생활인으로서 일상사를 잘 처리하기도 힘이 든다. 대화록 전문은 차치하고, 언론보도를 따라가는 것조차 쉬운 일은 아니다. 게다가 대화록은 대충 읽어서는 제대로 독해하기 어려운 내용을 담고 있다. 분량도 만만치 않다. A4용지로 편집해서 64쪽, 200자 원고지로는 무려 430매나 된다. 단행본 책으로 편집하면 100쪽 정도는 될 것이다.

정보 격차와 메시지의 압축

대화록을 독해하기가 어려운 것은 무엇보다 그것이 국가 정상들의 회담 녹취록이기 때문이다. 정상들의 말 그 자체는 어렵지 않다. 말을 녹취한 것이기 때문에 문장이 복잡하지도 않다. 김정일 국방위원장이 우리에게 낯선 용어와 표현법을 쓰기는 했다. 그의 말은 주술관계가 제대로 맞지 않는다. 한 문장을 제대로 맺지 않은 채 다음으로 넘어가는 습관이 있다. 이런 것 말고는 대화록 독해를 가로막는 다른 기술적 장애가 없다. 그런데도 대화록이 읽기 어렵게 느껴지는 것은 무엇보다 '정보 격차'와 '메시지의 압축' 때문이다.

'정보 격차'는 넘기 어려운 장벽이다. 대화록의 두 주인공은 국가 최고권력자 또는 국정 최고책임자였다. 국정 최고책임자는 나라의 최고전문가에게서 최고 수준의 보고를 받으며 일상적으로 최고 등급의 정보를 다룬다. 남북 정상들은 자신과 상대방이 모두 그런 사람이라는 것을 전제로 대화했다. 예를 들어 노무현 대통령은 자주론自主論 공방전을 벌이면서 '작계5029'를 거론했다. 김정일 위원장은 그게 무엇인지 묻지 않았다. 만약 생중계하는 회담이었다면 시청자와 공감을 이루는 것이 중요하기 때문에 적어도 작계5029가 무엇인지 간단하게라도 설명했을 것이다. 그러나 두 정상 모두 그게 무엇인지 잘 알고 있었기 때문에 그냥 지나가버렸다. 그런데 국민들은 작계5029가 무엇인지 잘 모른다. 남북 정상과 독자들 사이에 상당한 정보 격차가 있는 것이다. 대화록에는 이런 것이 헤아리기 어려울 정도로 많다.

'메시지의 압축'도 만만치 않은 난관이다. 회담 시간은 제한되어 있었다. 그런데 다루어야 할 주제는 아주 많았다. 정상들은 압축 대화를 했다. 예컨대 김정일 위원장이 남측의 북방한계선과 북측의 해상 군사경계선 사이를 공동어로구역으로 하자고 제안했을 때, 노무현 대통령은 마치 지나가는 말처럼 가볍게 '옛날 기본합의'를 거론했다. 여기에는 한국전쟁 정전협정의 구조적 결함과 유엔군사령관의 북방한계선 설정과정, 군사정전위원회에서 북측이 북방한계선에 대해 제기한 이의와 남측의 대응, 1991년 체결한 「남북기본합의서」 불가침 조항 등 반세기 넘는 남북관계의 역사가 압축되어 있다. 두 정상은 공동어로구역 설정방식에 대해 각자 자신의 입장을 말하고 상대방의 생각을 들었다. 격렬한 논쟁을 벌이지는 않았다. 심각한 관점의 차이가 있었지만 그것을 경제평화 지도를 그려 안보군사 지도를 덮는다는 식의 추상적 표현에 녹여버렸다. 한국 현대사와 정치, 남북관계에 관심이 많은 사람이라도 이런 것까지 풀어서 독해하기는 쉽지 않다.

대화록을 제대로 독해하려면 정보 격차를 최소화하고 메시지의 압축을 풀어야 한다. 그렇게 하려면 자료를 찾아 읽으면서 많은 생각을 해야 한다. 하지만 대한민국 국민 모두가 그런 수고를 할 필요는 없을 것이다. 하루키의 신작소설을 읽으려고 일본어를 배울 필요는 없다. 랭보의 시를 읽고 싶다고 해서 반드시 프랑스어를 익혀야 하는 것도 아니다. 일본어나 프랑스어를 잘하는 전문 번역가들이 그런 수고를 덜어주기 때문이다. 대화록도 마찬가지가 아닐까. 누군가 정보 격차를 완화하고 메시지의 압축을 해제해서 대화록을 해설해준다면 모두가 남북관계의 역사를 따로 공부해야 할 필요는 없다.

정보 격차와 메시지의 압축 말고도 대화록 독해를 어렵게 만드는 요인은 또 있다. 실제 있었던 것은 얼굴을 맞대고 앉아 말을 나눈 회담인데, 대화록은 문자로만 이루어진 텍스트라는 사실이다. 회담을 보는 것과 대화록을 읽는 것은 같지 않다. 다시 한번 2007년 남북정상회담을 녹화해두었다고 가정해보자. 그리고 대화록과 함께 그 녹화필름도 공개되었다고 하자. 대화록과 녹화필름은 차이가 있을까? 큰 차이가 있다. 녹화필름에서는 남북 정상들과 배석자들의 표정, 어조, 시선, 몸짓을 보고 들을 수 있다. 정상들 사이에 흐르는 정서와 분위기를 느낄 수 있다. 사람은 텍스트 또는 메시지로만 소통하지 않는다. 표정, 어조, 시선, 몸짓으로도 소통하고 교감한다. 그러나 대화록에서는 그런 것이 나오지 않는다.

만약 녹화필름이 있다면 대화록을 훨씬 수월하게 독해할 수 있을 것이다. 회담의 중요한 장면들을 골라 편집해 보여주고, 정상들의 발언에 담긴 핵심정보가 무엇인지, 그 발언이 어떤 역사적 사실과 정치적 의도를 담고 있는지 전문가들이 해설해줄 것이다. 해석이 다를 경우 토론할 것이다. 246분의 정상회담 전체를 해설하기 위해 그보다 몇 배 긴 다큐멘터리 시리즈를 만들 것이다. 뛰어난 실력을 가진 피디와 유능한 작가, 호소력 있는 목소리를 가진 성우, 한국 현대사 전문가, 남북관계 연구자들이 함께 작업해서 제대로 된 정상회담 해설 다큐멘터리를 만들 것이다. 하지만 이것은 상상일 뿐이다. 남북정상회담 녹화필름은 세상에 존재하지 않는다.

그렇지만 그런 작업이 아예 불가능한 것은 아니다. 대화록에 나오는 정상과 배석자들의 발언은 비록 단편적이지만 텍스트 너머에 있는 것까지 보여준다. 가끔씩 등장하는 지문地文도 중요한 정보를 담고 있다. 회담의 전후 상황과 대화록의 텍스트를 꼼꼼하게 맞추어보면 두 정상과 배석자들의 어조를 느낄 수 있다. 표정과 시선과 몸짓을 볼 수 있다. 회담장 공기의 밀도와 온도를 느낄 수 있다. 관련 정보를 뒤지고 상상력을 펼치면 회담장 풍경을 시각적으로 재생해낼 수도 있다. 대화록을 처음 읽었던 2013년 6월 이후 지금까지, 나는 오감을 모두 동원해 그 회담을 시청각적으로 재생해보려고 노력했다. 그렇게 해서 보고 듣고 느낀 것을 다시 텍스트로 전환해 책을 만들었다. 이 책의 텍스트를 보면서 독자들도 남북정상회담을 '느껴보게' 되기를 기대한다.

내가 독자들에게 전하려는 것은 텍스트에 대한 논리적 해석만이 아니다. 텍스트와 논리가 발을 딛고 있는 남북 정상들의 정서와 감정도 함께 전하려고 했다. 이것은 '무모한 도전'이었는지 모른다. 그러나 어쨌든 나는 그 일을 했다. 만약 제대로 해냈다면, 독자들이 '대통령의 눈높이'에서 '대통령이 된 기분'으로 남북정상회담을 '느낄' 수 있을 것이다.

대화록 그 자체가 들려주는 이야기를 하나라도 놓치지 않으려고 애를 썼다. 잘 해냈다는 확신이 들지는 않는다. 자신감을 가지기에는 어려움이 많았다. 남북관계와 외교안보정책에 대한 지식이 부족했다. 경험도 없었다. 남들이 모르는 무슨 특별한 정보를 가진 것도 아니었다. 내가 활용한 정보는 거의 다 공개된 것이었다. 예전에 남북정상회담 전후사정을 취재한 적은 있었다. 2009년 가을 노무현 대통령 '사후 자서전'인 『운명이다』를 쓰기 위해 청와대 참모 몇 분을 인터뷰했다. 그때 그분들이 준 정보도 특별하지는 않았다. 자기가 아는 것은 직무상 취득한 기밀이고, 또 남북정상회담 관련 문서는 비밀 기록이기 때문에 회담 당시 청와대가 공식 브리핑한 것을 크게 벗어나지 않는 범위에서만 이야기를 하겠다고 했다. 나는 그렇게 해서 얻은 단편적 정보와 공개된 자료를 토대로 남북정상회담 추진 경위를 파악해 『운명이다』에 간략하게 적었다. 그 회담 대화록을 해설하는 날이 오리라고는 상상하지 못했다.

감정, 충동 그리고 이성

책을 쓰는 내내 고민했다. 나는 노무현 대통령을 '대신해서' 대화록을 해설하는 것인가? 누가 내게 그 자격을 주었는가? 내 해석이 노무현 대통령의 생각과 같다는 것을 어떻게 증명할 수 있는가? 그렇다. 증명할 수 없다. 여기서 내가 하는 모든 이야기는 내 생각을 말한 것이다. 노무현 대통령을 대신해서 한 것이 아니다. 노무현재단을 대표해서 말하지도 않았다. 대화록을 잘못 해설한 대목이 있다면, 그것은 노무현 대통령의 책임도 아니요, 노무현재단의 잘못도 아니다. 오직 내 잘못, 내 책임일 뿐이다.

나는 관찰자의 시선으로 대화록을 읽었다. 민족의 화해와 통일을 진지하게 원한다면 누구나 이 대화록을 꼼꼼히 읽고 깊게 생각해야 한다. 국가 운영의 의사결정권을 가진 사람들, 그런 사람에게 영향을 미치는 분들은 더욱더 그렇다. 대통령과 장관, 국회의원, 지식인, 언론인들이다. 여기에서 무엇이든 새로운 것을 알고 깨닫고 배우고 느끼는 만큼, 그분들은 한반도의 평화와 남북의 공동번영에 더 크게 기여

할 수 있을 것이다. 그런데 그런 분들조차 대화록을 제대로 독해하지 않는 것 같다. 아마도 감정의 격랑激浪 때문일 것이다. 감정에 격하게 휩쓸린 사람들은 심각한 오독誤讀과 난독難讀 증세를 보였다. 그분들의 논리적 사고능력이 부족해서가 아니었다. 심리적·정서적 장애가 문제였다.

인간은 이성을 지닌 존재다. 그러나 오로지 이성만이 사람의 생각과 행동을 좌우하는 것은 아니다. 때로는 감정이나 충동이 이성을 압도한다. 대화록의 봉인을 뜯어낸 힘도 이성이 아니라 감정과 충동이었다. 새누리당 정치인들은 대통령 선거에 이용하려고 대화록 내용을 누설했다. 이것은 감정이 아니라 정치적 이해타산에 입각한 합목적적 행위였다. 남재준 국정원장은 불법적 여론조작과 선거개입 행위에 대한 비판에 직면한 상황에서 대화록 전문을 공개했다. 그 자신의 표현에 따르면, 이것 역시 '국정원의 명예를 지키기 위해서' 감행한 합목적적 행동이었다. 합목적적 행동은 이성의 산물이다.

그러나 그것이 전부는 아니었다. 인간은 도덕법을 의식한다. 이익을 좋아하지만 무작정 이익만을 추구하지는 않는다. 누구나 옳고 그름을 가리는 마음을 지니고 있다. 그래서 이익을 추구할 때 정당한 수단과 방법을 쓰려고 한다. 돈이 궁하다고 해서 다 도둑질과 강도질을 하지는 않는다. 길에서 돈 가방을 주우면 주인에게 돌려주려고 신고를 한다. 대화록을 누설하고 공개한 정치인과 국정원장에게 그런 마음이 없었다고 할 수는 없다. 대화록을 누설하고 공개한 것이 단지 정치적 이익을 얻기 위한 것만은 아니었다. 그들은 그것을 옳은 일이라 믿었다.

대화록을 누설하고 공개한 것이 불법행위였음은 다툴 필요가 없다. 그 동기가 정치적 이익을 얻으려는 이해타산이었다는 것은 명백해 보인다. 그런데 그것이 옳은 일을 하려는 신념에 따른 것이었다고 한다면 문제가 단순하지 않다. 대화록을 누설하고 공개한 사람들은 그런 신념을 지니고 있었다. 따라서 그들의 행위를 도덕적·정치적으로 평가하려면 그 신념에 대해서도 토론해볼 필요가 있다. 신념 그 자체가 합리적인지도 따져보아야 하고, 그들이 왜 그런 신념을 가지게 되었는지도 살펴보아야 한다. 나는 그들의 신념이 합리적이지 않으며, 그들이 그런 신념을 가지게 된 것은 감정과 충동 때문이었다고 생각한다.

그들은 북을 미워하고 노무현 대통령을 싫어한다. 대화록은 그들이 미워하고 싫어하는 남북의 권력자들이 한 회담 기록이다. 그들은 거기에서 북과 노무현에 대해 자신들이 지닌 부정적 감정과 공격적 충동을 정당화하는 것처럼 보이는 발언들을 찾아냈다. 그들은 자신들의 부정적 감정과 충동을 애국심이라 생각했고, '진실'을 알리는 것이 국가를 위해 바람직하다고 판단했기 때문에 대화록을 누설하고 공개했다. 물론 그들만 그랬던 것은 아니다. 시민들도 크게 다르지 않았다. 그들과 비슷한 감정과 충동을 지닌 시민들은 대화록을 이성적으로 독해하려 하지 않았다. 이미 가지고 있던 감정에 부합하는 언론보도의 제목과 발췌된 문장, 정치인들의 발언을 선택적으로 받아들여 자신의 판단을 형성했다. 그래서 적지 않은 국민들이 여론조사 전화를 받으면 노무현 대통령이 NLL을 포기했다는 것이 진실이라는 쪽에 힘을 실어준 것이다.

우리 국민들의 마음 한편에는 북의 사회주의 독재체제와 봉건적 권력세습에 대한 강력한 비판의식이 있다. 인민의 삶을 도탄에 빠뜨린 북의 권력집단에 대한 분노도 있다. 6·25전쟁의 참화에 대한 원한, 북의 무력도발에 희생당한 이웃에 대한 기억, 핵폭탄과 미사일 실험을 보면서 느끼는 불안감이 있다. 그러나 다른 한편에는 북의 존재를 정치적으로 악용해 독재와 부패를 저지른 세력에 대한 분노가 있다. 무지막지한 이념적 선동과 색깔론 공격에 대한 거부감도 있다. 스스로 목숨을 거둔 노무현 대통령에 대한 애틋한 마음, 여전히 그와 싸우는 데 골몰하는 정부와 여당의 행태에 대한 분노도 있다. 인터넷 포털 사이트와 언론사 홈페이지 댓글 페이지가 이처럼 상반되는 감정을 표출하는 글로 뒤덮인 것은 당연한 일이다.

합리적이든 아니든, 사람들이 감정에 휘둘리는 것은 자연스러운 현상이다. 만약 인간이 그런 존재가 아니라면 지식인과 정치인이 아예 필요 없을지도 모른다. 달리 말하면, 인간이 바로 그런 존재이기 때문에 사실과 논리에 입각해 생각하고 말하고 글을 쓰는 지식인과 언론인이 있어야 하고, 튼튼한 균형감각을 유지하면서 책임감 있게 국가를 운영하는 정치인이 절실하게 필요한 것이다. 그런데 안타깝게도 현실은 그렇지 않다. 국회의원, 국가정보원장, 신문사 논설위원, 대학교수가 지위와 직함의 권위를 오용誤用해 대화록의 특정 단어나 표현을 맥락에서 도려내어 곡해曲解한다. 대통령과 정치인, 언론인, 지식인들이 대중의 감정과 충동을 앞장서서 부추긴다. 그런 것에 편승해 정치적 이익을 탐한다.

박근혜 대통령은 '피와 죽음으로 지킨 NLL'이라는 표현을 애용한다. 맞다. 그것은 부정할 수 없는 사실이다. NLL 자체가 분단과 전쟁의 산물이며, 지난 수십 년 동안 서해안에서 벌어진 군사충돌에 죽고 피 흘린 사람이 한둘이 아니다. 그걸 누가 모른다는 말인가. 문제는 대통령이 그런 말을 하는 것이 과연 합당한 일인지 여부다. 대통령은 국민의 생명과 안전을 지키는 사람이다. NLL을 지키는 일에 국민 한 사람의 피와 죽음도 더는 바치지 않아도 되게 하는 것이 대통령의 책무다. '피와 죽음으로 지킨 NLL'이라는 말을 되풀이하는 것은 대통령답지 못하다. 노무현 대통령을 가리켜 '북에 NLL을 상납한 반역의 대통령'이라고 한 새누리당 최고위원들의 말은, 해서는 안 될 '망발'이었다. 국정운영의 책임자들이 앞장서서 거짓을 퍼뜨리고 증오를 선동하는 것이 범죄crime는 아닐지 모른다. 하지만 그것은 형법상의 범죄보다 더 나쁜 죄악sin이다.

대통령과 장관들, 정치인과 지식인들이 대중의 비이성적 감정과 충동을 부추기고 이용하는 행위를 그만두면 좋겠다. 하지만 그런 변화를 기대해볼 만한 근거가 없다. 어떻게 해야 할까? 시민들 스스로 이성의 촛불을 드는 수밖에 없다. 사람은 감정과 충동에 휘둘리는 존재지만, 어떤 상황에서도 이성적 사유의 끈을 놓지 않고 견뎌낸 사람들은 언제나 있었다. 그런 사람들이 있었기에 대한민국은 오늘 여기까지 올 수 있었다. 우리들 각자 그런 시민이 되어 자신의 촛불을 들어야 한다. 그 불빛으로 대화록에 담긴 남북 정상들의 고민, 그들이 시도했던 변화와 도전의 의미를 읽어내는 것이다. 이 책은 내가 든 나의 촛불이다.

1. 노무현 대통령은 NLL을 포기했는가

대화록, 전무후무한 희귀문서

2012년 10월 8일, 국회 외교통상위원회 국정감사장이었다. 정문헌 의원이 2007년 남북정상회담 대화록의 존재와 노무현 대통령의 '서해북방한계선NLL 포기 발언'을 폭로했다. 대화록과 관련한 첫 번째 폭로였다. 그 당시에는 이것이 대형 산불로 번져나갈 것이라고 예측한 사람은 많지 않았다. 나도 별 심각한 걱정을 하지 않고 언론보도를 보았다. 박근혜 후보가 무난히 당선될 것이라고 봤는데 실제 상황이 꼭 그런 것만은 아닌 모양이라고 생각했을 뿐이다. 대통령 선거 때마다 하는 색깔론 공세 또는 북풍北風공작일 뿐, 이 폭로 내용의 진실성 여부는 끝내 가릴 방법이 없을 것이라고 예단했다.

정문헌 의원의 발언은 국회 속기록에 그대로 남아 있지만, 여기서는 그날의 『연합뉴스』 보도를 인용한다. 정치부 기자들은 후각이 남달리 예민하다. 그들은 독자의 관심을 먹고산다. 그래서 정치인들이 날

마다 쏟아내는 수많은 말들 중에서 대중의 시선을 끄는, 폭발력이 큰 발언을 잘 골라낸다. 발췌 요약하는 능력도 국정원 직원들보다는 훨씬 뛰어나다. 정문헌 의원의 폭로 발언은 다음과 같은 '연합뉴스 발췌본' 으로 국민에게 전해졌다.

— 2007년 10월 3일 오후 3시 백화원초대소에서 남북정상은 단독회담을 가졌다. 당시 회담 내용은 녹음됐고 북한 통일전선부는 녹취된 대화록이 비밀 합의사항이라며 우리 측 비선라인과 공유했다. 그 대화록은 폐기 지시에도 통일부와 국가정보원에 보관돼 있다. 대화록에서 노무현 전 대통령은 김정일에게 NLL(북방한계선) 때문에 골치 아프다. 미국이 땅 따먹기하려고 제멋대로 그은 선이니까. **남측은 앞으로 NLL을 주장하지 않을 것이며 공동어로 활동을 하면 NLL문제는 자연스럽게 사라질 것이라며 구두 약속을 해줬다.** 대화록에는 북핵문제와 관련해 노 전 대통령이 '내가 전 세계를 돌아다니면서 북한이 핵보유를 하려는 것은 정당한 조치라는 논리로 북한 대변인 노릇을 열심히 하고 있으니까 북한이 나 좀 도와달라'고 말했다. 또 주한미군 철수 문제와 한반도 통일 문제 등에 대한 김정일의 발언에 노무현 전 대통령이 동의를 표하는 내용뿐 아니라 대규모 경제지원을 약속하는 내용도 담고 있다.

이 폭로 내용이 사실인지 아닌지, 이제 우리는 알고 있다. 국정원이 대화록 전문을 공개한 '덕분'이다. 대부분 아무 근거 없는 허위였다. 극히 일부만 사실이었다. 정문헌 의원이 무엇을 보았으며, 왜 사실이 아닌 것을 사실로 알고 폭로했는지는 2장에서 꼼꼼하게 짚어볼 예정이다. 여기서는 한 가지 문제에만 초점을 맞춘다. 노무현 대통령이 "남측은 앞으로 NLL을 주장하지 않을 것이며"라고 말했다는 대목이다. 대화록을 보면 이것은 명백한 거짓이다. 노무현 대통령은 이렇게 말하지 않았다. 그러나 정문헌 의원이 폭로한 시점에는 사실 여부를 확인할 방법이 없었다. 대화록의 내용은 차치하고, 그것이 존재하는지 여부조차 밝혀져 있지 않았기 때문이다.

대통령 선거가 다가오자 박근혜 후보 선거대책본부는 NLL문제를 자꾸 키웠다. 박근혜 후보도 몸소 뛰어들었다. 끈질기게 NLL 이슈를 추적한 『연합뉴스』의 2012년 10월 24일 보도에 따르면, 박근혜 후보는 "수많은 우리 장병이 목숨을 바쳐 지켜낸 NLL을 포기하려고 하는 것이냐는 정당한 질문에 무조건 비난만 하고 명쾌한 대답을 내놓지 않는다"면서 문재인 후보를 비판했다. 그는 대선 투표일까지 비슷한 말을 여러 차례 되풀이했다. 급기야 12월 14일에는 김무성 총괄선대본부장이 부산 서면 유세장에서 마이크를 잡고 노무현 대통령의 정상회담 발언록을 낭독하는 사태까지 일어났다. 그가 읽은 것이 대화록 전문에서 뽑아낸 것이었다는 사실은 여섯 달 후에 확인되었다.

새누리당 정치인들의 태도가 아주 자신만만했기 때문에 나는 슬그머니 불안해졌다. 아무런 근거도 없이 저렇게까지 하지는 못할 것이라는 생각이 들었다. 노무현 대통령이 그랬을 리 없다는 막연한 믿음으로 견디기에는 폭로 내용이 너무나 구체적이었다. 그렇지만 그는 그런 어리석은 행위를 할 사람이 아니라고 생각했다. 대한민국 역대 대통령 가운데 지적知的인 능력을 가장 뚜렷하게 보여준 인물이 김대중 대통령과 노무현 대통령 아니었는가. 지적인 능력이 가장 중요한 대통령의 자질이라고 주장하는 건 아니다. 다만 그 두 대통령이 정치적 반대자들과 힘이 아니라 논리로 다투는 능력과 자세를 보여주었다는 것은 분명하다. 이승만, 박정희, 전두환, 노태우, 김영삼, 이명박, 박근혜 대통령과 비교해보라. 그 두 대통령을 제외하고는 어느 대통령도 말과 논리로 야당을 대하지 않았다.

게다가 노무현 대통령은 지나치다 싶을 정도로 예민하고 섬세한 정치적 감수성을 보여준 사람이었다. NLL을 포기할 경우 대한민국에서 어떤 정치상황이 벌어질지 그가 예측하지 못했을 리 없다. 따라서 새누리당 정치인들의 폭로는 사실이 아닌 정치공세일 것이다. 그렇게 생각하면서 불안감을 달랬다. 그런 점에서 남재준 국정원장이 고맙다. 그가 대화록 전문을 공개한 덕분에 우리는 정문헌 의원의 최초 폭로가 대부분 거짓이었다는 것과 아울러, 김무성 총괄선대본부장이 부산 유세장에서 낭독한 내용이 대화록 전문과 완전히 일치한다는 사실을 확인할 수 있었다. 대화록 공개행위가 불법이었다고 해도, 고마운 건 고마운 것이다.

역설적이지만, 공개되었다는 바로 그 이유 때문에 대화록은 진정 특별하고 희귀한 문서가 되었다. 한국전쟁 정전停戰 이후 60년 동안 남북의 국정 최고책임자들은 직·간접적으로 대화를 많이 했다. 선두주자는 박정희 대통령이다. 그는 이후락 중앙정보부장을 밀사密使로 보내 김일성 주석과 간접 대화함으로써 1972년 「7·4남북공동성명」을 이끌어냈다. 간접 대화를 가장 많이 한 사람은 노태우 대통령이다. 그는 총리와 장관, 적십자사를 통해 김일성 주석과 기나긴 대화를 함으로써 1991년 「남북기본합의서」라는 합의문을 만들었다. 비록 김일성 주석 사망으로 성사되지는 못했지만, 김영삼 대통령도 비선라인을 통해 그와 대화함으로써 남북정상회담 일정까지 합의한 바 있다. 김대중 대통령과 노무현 대통령은 평양에 가서 김정일 국방위원장과 직접 대화해 「6·15공동선언」과 「10·4공동선언」을 이끌어냈다. 이명박 대통령의 참모들도 중국에서 북의 요인들과 접촉해 남북정상회담을 타진한 것으로 알려져 있다. 박근혜 대통령은 야당 정치인 시절 평양에 가서 김정일 위원장과 만난 적이 있다. 요즘은 통일부와 국정원 실무자들을 통해 김정은 국방위원회 제1위원장과 간접 대화하는 중이다.

그러나 남북의 국정 최고책임자들 사이에 직·간접적으로 오고 간 대화의 내용이 말 그대로 완전히 공개된 사례는 오직 2007년 남북정상회담 하나뿐이다. 그런 점에서 이 대화록은 매우 귀하게 다루어야 마땅한 희귀자료다. 대화록을 귀하게 다루는 가장 현명한 방법은 남북 정상의 발언을 모든 각도에서 조명하여 최대한 깊고 정확하게 해석하는 것이다. 대화록은 단순히 남북 정상이 한 말을 보여주는 것이 아니다. 그것은 남북관계의 어제와 오늘, 선택 가능한 미래의 대안을 보여준다. 남북 정치체제의 차이, 최고권력자가 행사할 수 있는 권력의 성격, 의사결정 과정의 특성, 상대방에 대한 인식, 이해관계의 대립과 접근 가능성, 두 정상의 인격적 특성까지, 대화록은 2007년 당시 남북관계의 모든 것을 있는 그대로 드러냈다.

NLL은 무엇인가

가장 중요한 의문부터 풀어보자. 노무현 대통령은 과연 NLL을 포기했는가? 결론부터 말한다. 아니다. 포기한 사실이 없다. 그렇다면 왜 똑같은 대화록을 두고, 새누리당과 국정원과 일부 언론은 NLL을 포기한 것이 사실로 밝혀졌다고 주장하는가? 여론조사에 응한 국민들 가운데 적지 않은 수가 그 주장에 동조하는 이유는 무엇인가? NLL은 국제법적으로 또는 실제적으로 어떤 지위를 가진 경계선인가? 과연 대통령이 마음만 먹으면 포기할 수 있는 경계선인가? 이 질문에 대답하려면 먼저 NLL이 무엇인지 알아야 한다.

NLL은 'Northern Limited Line'(북방한계선)의 영문 약자略字다. 서해와 동해에 이 선을 그은 인물은 한국전쟁 정전협정 당시 유엔군사령관이자 주한미군사령관이었던 마크 웨인 클라크Mark Wayne Clark 장군이다. 그가 북방한계선을 설정한 것은 남측 함정과 민간선박의 북상을 제한함으로써 남북 해군의 충돌이나 민간어선의 월북 또는 피랍을 예방하기 위해서였다. 이것은 NLL이 원래는 '북을 규제하는 경계선'이 아니었음을 의미한다. NLL은 대한민국 해군 함정과 민간어선의 북상을 막는, 다시 말해 '남을 규제하는 경계선'이었다. 그렇다면 클라크 사령관은 왜 NLL을 그었을까? 한국전쟁 정전협정문에 해상 군사경계선 관련 조항이 없었기 때문이다.

한국전쟁 정전협정문 서명은 1953년 7월 27일에 이루어졌다. 교전당사국이었던 유엔군과 조선인민군, 중국인민지원군 총사령관들은 양측 점령지역 경계선을 휴전선으로 삼아 전투행위를 멈추는 데 합의했다. 그런데 북의 침략을 받아 38개월 동안이나 피 흘리며 싸웠던 국군총사령관은 여기에 서명하지 않았다. 예전에는 이 사실을 근거로 들어 대한민국이 '미 제국주의 식민지'라고 주장하는 사람들이 있었다. 지금도 있는지는 모르겠다. 북도 과거에는 국군총사령관이 정전협정문에 서명하지 않았다는 이유로 평화협정 체결 관련 협상에서 대한민국을 제외하려고 했다. 그러나 정전협정에 서명하지 않았다고 해서 대한민국이 미국의 식민지인 것은 아니다. 평화협정의 당사국이 될 수 없는 것도 아니다.

법리 또는 논리로만 따지면 국군총사령관도 서명했다는 주장을 할 수 있다. 이승만 대통령은 한국전쟁 와중에 국군에 대한 작전통제권을 유엔군사령관에게 넘겨주었다. 유엔군을 미군사령관이 지휘했기 때문에 사실상 미군사령관에게 넘겨준 셈이다. 정전협정은 군 최고사령관들이 서명했다. 따라서 한국군 작전통제권을 넘겨받은 유엔군총사령관 클라크 장군이 국군총사령관을 대리해 서명한 셈이라고 주장할 수 있다. 하지만 이것은 어디까지나 논리로 따져서 그런 것이다. 전쟁은 논리로 하는 게 아니다. 힘으로 한다. 유엔군이 인천에 상륙하기전, 대한민국 국군은 어린 학생들까지 전장에 투입하면서 낙동강 전선을 지켰다. 말 그대로 시산혈해屍山血海를 이루면서 인민군과 싸웠다.

대한민국 국군총사령관이 정전협정문에 서명하지 않은 것은 이승만 대통령이 정전에 반대했기 때문이었다고 해석하는 게 합리적이다. 이승만 대통령은 전쟁을 계속하려고 했다. 유엔군이 북 인민군과 중국인민지원군을 완전히 제압해 북진통일을 완성해주기를 원했다. 그러나 미군은 그럴 능력이 없었다. 유엔군은 한때 압록강까지 밀고 올라갔지만 중국인민지원군의 대규모 개입에 밀려 38선 근처까지 후퇴했다. 중국인민지원군도 미군을 한반도 밖으로 밀어낼 능력이 없었다. 그 결과, 전선이 조기에 교착된 가운데 양측 모두 사상자가 눈덩이처럼 불어났다. 어느 쪽도 이기기 어려운 전쟁이 된 것이다. 그래서 개전 1년여 만에 미국과 중국이 정전협정을 맺기 위한 협상을 시작했다. 하지만 합의하는 데 무려 2년여가 걸렸다. 여러 이유가 있었지만 결정적인 것은 이승만 대통령의 북진통일 의지였다. 아이젠하워 미국 대통령이 사람을 보내 설득했지만 이승만 대통령은 고분고분 말을 듣지 않았다. 여차하면 유엔군사령관에게 위임했던 국군 작전통제권을 회수해 단독으로 교전할 수도 있다는 태도를 보였다.

정전에 반대한 이승만 대통령의 완강한 태도는 이른바 '반공포로 석방' 사건에서 절정을 이루었다. 1953년 6월 18일이다. 그는 북으로 송환되기를 거부한 전쟁포로 2만 7,000명을 거제 포로수용소에서 전격적으로 석방해버렸다. 미국과 중국이 이미 합의해두었던 전쟁포로 처리에 관한 규정을 완전히 무시한 것이다. 물론 북도 이 규정을 준수한 건 아니었다. 북 역시 전쟁포로 가운데 상당수를 남으로 송환하지 않고 수용소에 남겨두거나 인민군에 편입시켰다.

미국은 한국전쟁 정전협정에 대한 이승만 대통령의 동의를 받기 위해 비싼 대가를 지불했다. 한미상호방위조약을 체결하고 주한미군을 장기 주둔시키기로 한 것이다. 이승만 대통령을 '미 제국주의 앞잡이'로 보는 것은 지나치게 단순한 시각이다. 그는 태평양전쟁 때부터 동북아시아의 공산화를 막기 위해서는 대한민국 임시정부를 사전 승인해야 한다고 미국 정부에 청원했다. 미국 국무부가 청원을 거절하자 그는 태평양 전선에서 소련의 협조를 얻기 위해 한반도를 공산당에게 내주려 한다고 미국 행정부를 비판했다. 그 비판은 사실 정확한 것이었다. 정치인 이승만은 모스크바 3상회의가 결정한 신탁통치를 거부하고 실무기구인 미소공동위원회 참여를 보이콧했다. 38선 이남의 단독정부 수립도 미국이 기획했다기보다는 이승만이 주도하고 미국이 끌려간 측면이 더 크다. 한국전쟁 정전협상 과정에서도 그는 미국과 갈등을 빚었다. 정전협정의 성격과 위상에 대해서는 평화협정 문제를 다루는 4장에서 살펴본다.

우여곡절 끝에 정전협정이 발효되자 한반도의 허리에는 교전당사국들이 각자 점령한 지역의 경계를 연결하는 155마일 휴전선이 생겼다. 육상 군사분계선(MDL, Military Demarcation Line)을 중심으로 남북 각각 2킬로미터씩, 폭 4킬로미터의 비무장지대(DMZ, Demilitarized Zone)가 만들어졌다. 비무장지대는 원래 양측 모두 무기를 들여놓지 않아야 할 완충지대지만 현실은 그렇지 않았다. 남북 모두 그 안에 경계초소(GP, Guard Post)를 만들었고 중화기를 들여놓았다. 정전협정에 따른 것인 만큼 육상 군사분계선과 DMZ는 국제법적 지위가 확고하다.

그런데 정전협정에는 해상 군사경계선 조항이 없었다. 쌍방이 다긴 전쟁에 지친 나머지 해상 군사경계선을 합의하지 않은 채 정전협정문에 서명한 것이다. 따라서 정전협정 이후에도 해상 군사충돌이 일어날 소지가 있었다. 남측 함정이나 민간어선이 북측 해역에 가까이 접근할수록 충돌 위험은 더 높아졌다. 이것을 막으려고 클라크 주한미군사령관 겸 유엔군사령관이 해상 북방한계선을 그은 것이다. 정전협정 발효 한 달 후인 1953년 8월 30일로 알려져 있다. 유엔군사령관은 북측에 북방한계선 설정 사실을 통보해주지 않았다. 대한민국 해군과 민간어선들이 그 선을 넘어 북으로 가지 못하게 하는 데 북의 동의가 필요한 것은 아니었기 때문이다. 그러나 북이 NLL의 존재를 모르지는 않았을 것이다. 그런데도 한동안 공식적인 문제제기를 하지 않았다. 그래서 대한민국은 NLL 설정 이후 20년 동안 별 문제없이 NLL 남쪽 해역을 관할할 수 있었다.

클라크 사령관의 결정은 대체로 합리적이었다고 볼 수 있다. 동해는 NLL을 그어도 남북이 충돌할 가능성이 별로 없었다. 실무적으로도 간단했다. 섬이 없기 때문에 육상 군사분계선 동쪽 끝 지점에서 동해로 직선 NLL을 그었다. 그러나 서해는 일이 간단치 않았다. 정전협정 발효 시점에 국군과 미군이 강화도에서 시작해 우도, 연평도, 소청도, 대청도, 백령도 등 '서해 5도'에 이르기까지 북측 해안에 인접한 주요 섬들을 대부분 점령하고 있었다. 정전협정문에 유엔군 관할구역으로 명시되어 있는 이 섬들은 개성과 해주, 장산곶 등 북의 군사전략 요충지에 근접해 있다. 서해에 군사경계선을 만든다면 그 섬들과 북의 황해도 해안선 사이 어딘가에 그을 수밖에 없다. 클라크 장군은 그렇게 했다. 객관적으로 공평한 처사였다고 본다.

그런데 북이 해주항을 정비하고 해군력을 크게 증강한 뒤에 문제를 제기했다. 1973년 12월 군사정전위원회에서 처음으로 서해 NLL에 대해 시비를 건 것이다. 북은 영토에서 12해리 내의 해역을 영해領海로 인정하는 국제법 규정에 따라 해상 군사경계선을 설정하자고 주장했다. 서해 해상 군사경계선 육지 기점으로는 한국전쟁 이전의 경기도와 황해도 경계선을 거론했다. 북의 주장을 받아들일 경우 연평도와 서

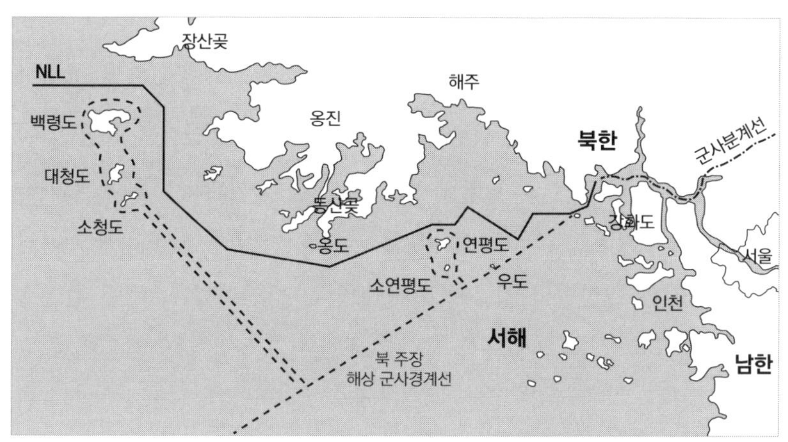

그림 1 NLL과 1973년 북이 주장한 해상 군사경계선

해 5도 주변해역은 모두 북의 영해가 된다. 북은 선박 접근로를 열어 준다고 했지만, 이렇게 되면 서해 어장은 말할 것도 없고 서해 5도 주민들의 안전조차 보장할 수 없었다. 대한민국은 북의 주장을 받아들일 수 없었다. 이렇게 되자 서해 NLL의 성격이 달라졌다. 우리 해군과 어선의 북상을 막는 한계선이었던 것이 북의 해군과 어선이 남하하지 못하게 지켜야 하는 군사경계선 성격을 가지게 된 것이다. 북측은 NLL을 부정하고 무력화하려 했다. 남측은 이것을 심각한 군사도발로 간주했다. 군사충돌이 일어나지 않을 수 없었다. 우리의 NLL과 그 당시 북이 내세운 해상 군사경계선의 차이는 위의 〈그림 1〉을 참조하기 바란다.

이런 경위를 고려하면 NLL은 영토선 성격을 지니고 있다고 보는 게 맞다. 그러나 '헌법의 영토선'은 아니다. 우리 헌법은 '한반도와 부속도서附屬島嶼' 전체를 대한민국 영토로 규정하고 있기 때문이다. 그런데 대한민국 헌법이 실제로 효력을 가지는 공간은 육상에서는 휴전선, 해상에서는 NLL까지다. 그 이북의 땅과 바다, 섬을 지배하는 것은 조선민주주의인민공화국의 헌법과 군대다. 국가보안법은 북을 반국가단체로 규정하고 있지만, 한반도에 두 개의 국가가 있다는 것은 엄연한 현실이다. 남북은 오랜 세월 서로를 향해 '공산괴뢰', '미제괴뢰'라고 욕을 퍼부었지만 결국은 상대방을 국가로 인정해 함께 유엔에 가입했다. 이것은 대한민국 정부가 먼저 제안한 방안이었다. 이런 현실을 인정한다면 해상 NLL과 육상 군사분계선은 모두 대한민국 헌법의 효력을 보장하는 '실제적 영토선'의 성격을 가지고 있다고 인정해야 한다. NLL은 실제적 영토선이지만 헌법의 영토선은 아닌 만큼, 그것이 영토선이라는 주장은 전적으로 옳은 말도 아니고 아주 틀린 말도 아닌 것이다. 남북은 '특수관계'여서 칼로 무 자르듯 옳고 그름을 나눌 수 없는 문제가 많다.

북도 막무가내는 아니어서 점차 현실을 받아들였다. 처음에는 12해리 영해 이론에 이어 경기도와 황해도의 옛 경계선을 들고 나왔지만 점차 후퇴했다. 북은 1999년 9월 자기네들 나름의 서해 군사경계선을 선포했고 2000년 3월에는 '서해통항질서'라는 것을 발표했다. 육지에는 민간인통제선(민통선)이 있다. 휴전선 근처에 살거나 군 복무를 해본 사람은 알 것이다. DMZ 남쪽에 있는 민통선을 통과하려면 군 당국의 허락을 받고 통제에 따라야 한다. 바다에도 그런 것이 있다. NLL보다 남쪽에 놓인 '합참(합동참모본부)통제선'이다. NLL 주변은 군사충돌 위험이 상존하는 지역이기 때문에 민간어선이나 관광선이 합참통제선과 NLL 사이 해역을 항해하려면 군 당국의 허락과 통제를 받아야 한다. 〈그림 2〉는 NLL과 1999년 이후 북이 주장한 해상 군사경계선 그리고

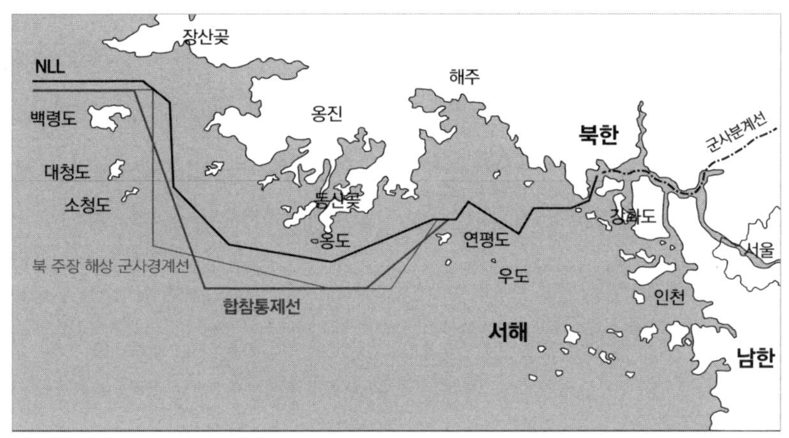

그림 2 NLL과 합참통제선, 1999년 북이 주장한 해상 군사경계선

우리의 합참통제선을 표시한 것이다.

2007년 남북정상회담 당시 북이 주장하고 있던 해상 군사경계선은 우리의 합참통제선과 상당히 겹친다. 연평도와 서해 5도 등 섬에 인접한 해역은 기존 NLL을 사실상 인정하되, 섬과 섬 사이의 12해리 이내 해역에는 우리 NLL보다 더 남쪽에 자기네 해상 군사경계선을 그린 것이다. 남의 NLL과 북의 해상 군사경계선 사이 해역을 공동어로구역으로 하자고 제안했을 때 김정일 국방위원장이 생각한 해상 군사경계선은 바로 이것이었던 것으로 보인다. 새누리당과 국정원은 1973년 북이 주장했던 서해 군사경계선과 우리 NLL 사이의 엄청나게 넓은 해역을 노무현 대통령이 다 내준 것처럼 그림을 그려서 보여주었는데, 이는 대화록의 공동어로구역 합의내용을 이중으로 왜곡한 거짓말이었다.

노무현 대통령은 NLL을 지켰다

NLL 포기 논란은 서해 공동어로구역 설정문제와 밀접한 관계가 있다. 그런데 서해 공동어로구역을 설정하는 아이디어는 원래 노무현 대통령의 것이 아니다. 회담에서는 김정일 위원장이 제안했지만, 그가 발명한 것 역시 아니었다. 굳이 지적재산권 소유자를 찾자면 전두환 대통령이 주인이다. 1982년 2월 1일 손재식 국토통일원장관이 서해에 공동어로구역을 설정하자고 북에 제안했는데, 그 근거가 전두환 대통령의 연두국정연설이었다. 김영삼 대통령도 1994년 8·15경축사에서 같은 제안을 했다. 김대중 정부 때도 남북군사회담을 열어 이 문제를 논의했다. 서해 군사경계선 인근 해역의 무력충돌 위험을 제거하는 것은 남북이 오래전부터 논의한 문제였다는 이야기다. 2007년 남북정상회담 이후에도 이 아이디어는 새로운 추종자를 얻었다. 박근혜 대통령 후보가 'NLL을 지키는 선에서'라는 단서를 붙여 공동어로구역을 설정하자고 했다.

2007년 남북정상회담을 준비할 때 우리 정부가 이 방안을 검토한 것은 당연한 일이다. 노무현 대통령은 미리 준비를 했지만 회담에서는 이 안건을 먼저 제기하지 않았다. 오후 회담 막바지에 합의사항과 발표형식까지 다 결정한 다음 마지막 인사를 나누기 직전 시점의 대화록에 이런 장면이 나온다.

노무현 대통령　　　그리고 참. 내가 말씀드리려고 한 것 중에 구체적으로 세세하게 말씀을 못 드렸습니다. 내가 받은 보고서인데 위원장께서 심심할 때

보시도록 드리고 가면 안 되겠습니까?

김양건 통전부장　　　예, 저한테 주십시오.

　　이것을 두고 새누리당과 일부 언론은 '국가기밀'을 북에 넘겨주었다고 주장했다. 하지만 이것은 국가기밀일 수 없는 문건이다. 정상회담을 준비하면서 우리 정부는 전망이 밝은 남북경제협력사업의 항목과 실현방법, 기대효과를 담은 보고서를 만들었다. 내가 들은 바에 따르면, 김만복 원장은 김양건 통전부장에게 이 문건들을 미리 주었다. 정상회담에서 성과를 내려면 우리 정부가 어떤 사업에 관심을 가지고 있는지 북측에 미리 알려주는 게 좋기 때문이었다. 공동어로구역 설정 방안도 여기에 포함되어 있었던 것으로 안다.

　　노무현 대통령은 북 실무자들에게 건네졌다는 것을 알면서도 본인이 회담장에 가져간 남북경협사업 보고서 세 가지를 김정일 위원장에게 넘겨주었다. 그가 그 문건들을 정독하지 않고 요약 보고만 받았을 수도 있다고 생각했기 때문일 것이다. 대화록을 있는 그대로 읽으면 그렇게 해석할 수밖에 없다. '국가기밀을 넘겨주었다'고 주장한 사람들 스스로도, 정말 그랬다고 믿으면서 주장하지는 않았으리라고 본다. 북과 협력해야만 돈벌이를 할 수 있는 경제협력사업에 대한 보고서를 북에 주는 것이 어떻게 국가기밀 누설이 되겠는가.

　　남북 정상은 잠시 인사와 덕담을 나눈 다음 곧바로 본론에 들어갔다. 노무현 대통령이 먼저 기본입장을 설명했다. 기본입장은 평화정착, 경제협력 확대, 화해와 통일의 진전 등 3개 항으로 구성되어 있었다. 그 내용은 7장에서 자세히 살펴볼 것이다. 공동어로구역을 만드는 것은 경제협력사업이지만 평화정착을 위한 군사적 신뢰구축과도 깊은 관련이 있다. 아직 시기상조라고 생각했는지, 노무현 대통령은 해주공단 조성과 해주항 개방을 제안하면서도 공동어로구역 문제는 거론하지 않았다.

김정일 위원장은 해주 개방 제안을 단호하게 거부했다. 다른 제안들에 대해서도 긍정적인 화답을 하지 않았다. 그러면서 서해 군사충돌을 방지하기 위해 공동어로구역을 만들자고 제안했다. 이것은 그가 기본입장을 밝힐 때 내놓은 유일한 구체적 제안이었다. 내용은 간단하다. 남측의 북방한계선과 북측이 주장하는 해상 군사경계선 사이 해역을 평화수역으로 만들어 쌍방의 해군력을 철수시키고 남북이 물고기를 함께 잡는 등 이익을 나누자는 것이다. 대화록에서 김정일 위원장의 공동어로구역 관련 발언을 추려보았다. 그는 문장을 제대로 끝맺지 않는 습관이 있었다. 어쩔 수 없이 취지를 훼손하지 않는 범위에서 중간중간 곁가지를 쳐냈다. 책 전체에서 대화록을 인용할 때 이런 방법을 활용했음을 미리 밝혀둔다.

― 내 생각 같아서는 군사경계, 우리가 주장하는 군사경계선, 또 남측이 주장하는 북방한계선, 이것 사이에 있는 수역을 공동어로구역, 아니면 평화수역으로 설정하면 어떻겠는가. 이 문제만 해도 많이 완화되고 또 적대관계를 종식시키자는 공동의 의사가 나타났다 하는 걸 보여주는 것임……. 우리 군대는 지금까지 주장해온 군사경계선에서 남측의 북방한계선까지 물러선다. 물러선 조건에서 공동수역으로 한다. 공동수역 안에서 공동어로한다. 경계선 문제는 앞으로 해결해야 합니다. **법적으로, 북**

방한계선이냐? 군사경계선이냐? 이 문제는 앞으로 해결한다 치고, 당장은 공동으로 관리하고 있는 수역 내에, 그 수역의 범위를 넓히자 하니까 우리 북방한계선까지 군대는 해군은 물러서고 그담에 그 안에 공동어로구역, 평화수역. 이렇게 평화수역을 하면 인민들에게 희망을 주지 않겠는가. 지금은 생억지 싸움이라고 생각합니다. 바다에 종잇장 그려논 지도와 같이, 북방한계선은 뭐고 군사경계선은 뭐고, 침범했다, 침범하지 않았다, 그저 물 위에 무슨 흔적이 남습니까. 공동수역 만들면 되지 않나. 앞으로 평화협정 체결할 때도 문제가 안건이 서야 할 거고 앞으로 법률적으로 한계선을 통일의 견지에서 볼 때는 한계선도 좁히든가 넓히든가 이렇게 돼야지 유물로 남겨놓을 순 없다. **쌍방이 앞으로 해결한다는 전제하에 북방한계선과 우리 군사경계선 안에 있는 수역을 평화수역으로 선포한다. 그리고 공동어로한다.** 분배 몫은 어떻게 되든지 간에 공동어로, 군대가 그걸 보호해준다. 그럼 분쟁점이 하나 가셔지지 않겠는가.

김정일 위원장은 화해하고 협력하자는 취지에서 진심으로 제안했는지 모르겠으나, 이것은 노무현 대통령이 받아들일 수 없는 방안이었다. 이렇게 하면 우리가 그동안 실제적으로 관할했던 해역만 내놓고 그것을 북과 공동으로 관리하게 되는 결과가 된다. NLL을 포기했다는 비난을 받아도 항변할 수가 없다. 국민의 지지를 받지 못하면 정상들이 합의해도 소용이 없다. 그런데도 노무현 대통령은 '아주 관심이 많은 문제'라며 일단 긍정적으로 화답했다. 그리고 김계관 북측 수석대표의 6자회담 합의 관련 보고를 들은 후 다시 그 문제를 거론했다. 새누리당 정치인들이 통탄해 마지않았던 NLL 관련 발언이 대부분 이때 나왔다. 노무현 대통령은 오전 회담 막바지에 공동어로구역과 NLL에 대한 입장을 다시 밝혔다.

　　　　　— 서해 군사분계선의 문제 있습니다. 이 문제는 위원장하고 나하고 관계에서 좀더 깊이 있는 논의를 해야 됩니다. 그것이 국제법적인 근거도 없고 논리적 근거도 분명치 않은 것인데. 그러나 현실로서 강력한 힘을 가지고 있습니다. 북측 인민으로서도 아마 자존심이 걸린 것이고. 남측에서는 이걸 영토라고 주장하는 사람들이 있습니다. 군사회담 넣어놓으니까 싸움질만 하고요. 위원장께서 제기하신 서해 공동어로 평화의 바다. 내가 봐도 숨통이 막히는데 그거 남쪽에다 그냥 확 해서 해결해버리면 좋겠는데.
이걸 풀어나가는 데 좀더 현명한 방법이 있지 않겠느냐. 말하자면 NLL 가지고 이걸 바꾼다 어쩐다가 아니고. 그건 옛날 기본합의의 연장선상에서 앞으로 협의해나가기로 하고 여기에는 커다란 어떤 공동의 번영을 위한 그런 바다 이용 계획을 세움으로써 민감한 문제들을 미래지향적으로 풀어나갈 수 있지 않겠느냐. 그런 큰 틀의 뭔가 우리가 지혜를 한번 발휘하는 것이 필요하다고 보는 것이죠. 그래서 공동어로 이런 문제에 대해서 이것은 적어도 뭐 총리급 수준에서도 애기를 할 수 있겠습니다만. 결정권을 가진 위원장과 내가 한번 애기를 좀더 깊게 해봤으면 좋겠다. 위원장이 지금 구상하신 공동어로수역을 이렇게 군사 서로 철수하고 공동어로하고 평화수역, 이 말씀에 대해서 똑같은 생각을 가지고 있거든요. 단지 딱 가서 NLL 말만 나오면 전부 다 막 벌떼처럼 들고일어나는 것 때문에 문제가 되는 것인데 위원장하고 나하고 이 문제를 깊이 논의해볼 가치가 있는 게 아니냐.

나는 그 부분이 우발적 충돌의 위험이 남아 있는 마지막 지역이기 때문에 거기에 뭔가 문제를 풀어야 된다고 생각합니다. 그런데 NLL이라는 것이 이 상하게 생겨가지고, 무슨 괴물처럼 함부로 못 건드리는 물건이 돼 있거든 요. 그래서 거기에 대해 말하자면 서해 평화지대를 만들어서 공동어로도 하 고, 한강하구에 공동개발도 하고, 나아가서는 인천, 해주 전체를 엮어서 공 동경제구역도 만들어서 통항도 맘대로 하게 하고, 그렇게 되면, 그 통항을 위해서 말하자면 그림을 새로 그려야 하거든요. 여기는 자유통항구역이고, 여기는 공동어로구역이고, 그럼 거기에는 군대를 못 들어가게 하고. 양측이 경찰이 관리를 하는 평화지대를 하나 만드는, 그런 개념들을 설정하는 것이 가장 시급한 문제이지요.

노무현 대통령의 말대로 NLL은 국제법적 근거도 없고 논리적 근 거도 분명치 않지만 현실에서 강력한 힘을 가지고 있다. 국제법과 논 리야 어떻든 실제로는 해상 군사경계선과 마찬가지라는 이야기다. 노 무현 대통령은 NLL이 "무슨 괴물처럼 함부로 못 건드리는 물건"이 되 어 "말만 나오면 전부 다 막 벌떼처럼 들고일어나는" 것이 대한민국의 현실임을 분명히 했다. 바로 그렇기 때문에 공동어로구역 설정은 좋 은 방안이지만 그 구체적 방법은 달리 논의해야 한다고 한 것이다. 여 기서 핵심은 NLL문제는 "옛날 기본합의의 연장선상에서 앞으로 협의 해나가기로 하고"라는 대목이다. '옛날 기본합의'가 도대체 무엇인가? 1991년 체결한 「남북기본합의서」와 「남북불가침 부속합의서」를 말한 다. 「남북기본합의서」 제2장 제11조는 다음과 같다.

　　　— 남과 북의 불가침경계선과 구역은 1953년 7월 27일자 군사정전에 관한 협정에 규정된 군사분계선과 지금까지 쌍방이 관할하여 온 구역으로 한다.

　　정전협정에 규정된 군사분계선 이외에 '쌍방이 지금까지 관할하여 온 구역'을 나누는 경계선은 해상 NLL밖에 없다. 이는 북이 NLL을 사실상의 해상 군사경계선으로 인정했다는 것을 의미한다. 그런데 이것은 어디까지나 '잠정적인' 것일 뿐이다. 북이 NLL을 '항구적인' 경계선으로 인정했다고 주장할 수는 없다. 정원식 국무총리와 연형묵 정무원총리는 「남북기본합의서」에 이어 1992년 9월 17일 「남북불가침 부속합의서」에 서명했다. 이 부속합의서 제9조는 이렇게 되어 있다.

　　　— 남과 북의 해상 불가침경계선은 앞으로 계속 협의한다. 해상 불가침구역은 해상 불가침경계선이 확정될 때까지 쌍방이 지금까지 관할하여 온 구역으로 한다.

　　해상 불가침경계선을 '계속 협의한다'는 것은 대한민국 정부가 '확정된 해상 군사경계선이 없다'는 것을 인정했음을 의미한다. 그렇지 않다면 그 문제를 계속 협의할 이유가 없다. 이것은 남이 양보한 대목이다. '해상 불가침경계선이 확정될 때까지' 잠정적으로 '쌍방이 지금까지 관할하여 온 구역'을 해상 불가침구역으로 한 것은 북이 양보한 대목이다. 이렇게 남북 모두 한 걸음씩 양보했기 때문에 「남북기본합의서」와 「남북불가침 부속합의서」를 채택할 수 있었던 것이다.

노무현 대통령은 '옛날 기본합의'를 거론함으로써 김정일 위원장이 제안한 방식으로 공동어로구역을 설정할 수는 없다고 말했다. 「남북기본합의서」와 「남북불가침 부속합의서」에서 해상 군사경계선 또는 불가침경계선에 대해서는 잠정적으로 NLL을 인정한 만큼 그 문제를 당장 해결하려고 하지 말자고 한 것이다. 논쟁하고 싸우기 위해서가 아니라 화해하고 신뢰를 쌓아서 관계를 개선하려고 평양에 간 것이니, 정상회담에서 중대한 이견이 불거졌을 때는 이렇게 에둘러 표현하는 것이 현명한 방법이다.

공동어로구역 제안을 환영하면서도 설정방식에 이의를 제기했던 노무현 대통령은 오전 회담 막바지에 가서 새로운 개념을 제안했다. 인천과 해주 전체를 엮어 공동경제구역을 만들고 평화수역을 만들자는 것이었다. 개성공단 2단계 사업을 위해서도 이런 방안을 추진해야 한다고 역설했다. 이것은 해상 군사경계선 문제에 대한 기존의 합의를 존중하면서 NLL문제를 우회해 경제협력을 확대하는 방안이었다. 오후 회담을 하지 않으려고 했던 김정일 국방위원장이 여기에 관심을 보이면서 오후 회담 개최를 승낙했다. 그 장면이 대화록에는 이렇게 기록되어 있다.

노무현 대통령　　개성에서 지금 우리가 10만 킬로와트 쓰고 있는데, 40만 킬로와트까지 송전이 가능합니다. 해주까지 뻗어서 갈 수 있고, 개성의 인력문제가 앞으로, 지금 1차 완공되면 그 인력은 괜찮은데, 2차로 300만 평 들어가면 인력이 부족하거든요. 그 사람들 주택을 다 지어야 하는데, 주택 지을 계획도 우리가 없고, 주택문제, 출퇴근문제 등 북측 인민들이 개성으로 이사를 와야 되느냐, 아니면 상당 부분 해주 같은 데서 문제를 해결해야 되느냐, 이런 문제들이 우리가 걱정입니다.

김정일 위원장　　　그거 오후에 하지요 뭐. 오후 1시간 정도. 1시간 반 정도 예견해서.

여기까지 NLL에 대한 노무현 대통령의 발언은 다음과 같이 요약할 수 있다. "NLL문제와 관련해 북이 문제를 제기하는 데는 그럴 만한 국제법적·역사적·논리적 이유가 있다. 그러나 「남북기본합의서」를 만들 때 NLL을 잠정 인정하기로 합의했다. 지금 NLL을 건드리는 것은 옳고 그름을 떠나 현명하지 않다. NLL 남쪽 해역을 공동어로구역으로 설정하기보다는 더 포괄적이고 강력한 대안을 만들어 그 문제를 극복해나가자." 이성적이고 객관적으로 대화록을 독해하면 이렇게 된다. 노 대통령이 NLL을 포기했다는 주장은 의도적인 거짓말이거나 감정과 충동으로 인한 난독증難讀症의 표현일 뿐이다. 노무현 대통령은 NLL을 지켰다. 그러나 그냥 지키기만 한 것은 아니었다. NLL을 건드리지 않으면서도 서해상의 군사충돌을 예방하고 남북 모두 경제적 이익을 얻을 수 있는 포괄적이고 강력한 대안을 만들어 북의 동의를 받아냈다. 이것이 진실이다.

최선의 NLL 해법: 서해평화협력특별지대

오후 회담에서 노무현 대통령은 NLL문제를 해결하는 새로운 그림을 제시했다. 서해평화협력특별지대 설치구상이었다. 무척 긴 시간 이어진 그의 제안을 요약하면 이렇다. "NLL문제는 안보군사 지도 위에 평화경제 지도를 크게 덮어 그리는 것으로 해결한다. 서해평화협력지대를 선포해 그것이 모든 경계선과 질서를 우선하는 것으로 한 번에 정리한다. 육지의 DMZ는 GP와 중화기를 철수해 생태공원으로 만들고 서해에는 공동어로구역을 만든다. 해주에 새로운 공단을 만들면서 해주항을 활용하고 민간선박의 직항로를 열어주며 한강하구를 개발하는 등 남북 모두에 큰 경제적 이익을 가져오는 대규모 경제협력사업을 펼친다." 노무현 대통령은 오후 회담 시간 태반을 이 구상을 설명하고 김정일 위원장을 설득하는 데 썼다. 서해평화협력특별지대의 상세 내용은 6장으로 미루고 여기서는 NLL과 관련한 측면만 다룬다. 오후 회담에서 노무현 대통령이 한 NLL 관련 발언을 추려보면 다음과 같다.

　　　— NLL문제가 남북문제에 있어서 제일 큰 문제로 생각하고 있습니다. 지난번에 장관급 회담을 여느냐 안 여느냐 했을 때, 장성급 회담을 열어서 서해평화문제 얘기 진전이 안 되면 우리는 장관급 회담도 안 할란다 이렇게 한 적도 있습니다. 문제는 인제 북측에서 NLL이란 본질적인 문제를 장성급 회담에 들고 나온 것입니다. 다시 말해서 의제로 다뤄라 지시를 했는데 반대를 합니다. 이 문제에 대해서 나는 위원장하고 인식을 같이하고 있습니다. NLL은 바꿔야 합니다.

그러나 이게 현실적으로 자세한 내용도 모르는 사람들이 민감하게, 시끄럽긴 되게 시끄러워요. 그래서 우리가 제안하고 싶은 것이 **안보군사 지도 위에다가 평화경제 지도를 크게 위에다 덮어서 그려보자는 것입니다.** 그래서 서해평화협력지대라는 큰 그림을 하나 그려놓고, 어로협력 공동으로 하고 한강하구 공동개발하고. 그 길을 위한 통로를 좁게 만들 게 아니라 전체를 평화체제로 만들어 쌍방의 경찰들만이 관리하자는 겁니다.

그러면 서쪽은 공동어로구역을 만든다, 오른쪽에는 비무장지대 평화생태공원이라든가 이런 것들을 통해서 중무기 있는 부문들이라도 우선 철수하고 점차적으로 GP도 철수하고, 그렇게 해서 자연자원도 보호하면서 남북이 협력하는 것이 큰 수입이 생기는 것이 아니냐. 서해평화협력지대를 설치하기로 하고 그것을 가지고 평화문제, 공동번영의 문제를 다 일거에 해결하기로 합의하고 거기 필요한 실무협의 계속해나가면 내가 임기 동안에 NLL문제는 다 치유가 됩니다.

그러자 김정일 위원장이, 누구도 예상하지 못했을 방식으로 화답했다. 그는 오찬 시간에 군 수뇌부를 만났고, 군부가 해주 개방에 반대하지 않는다고 말했다. "개성을 확고히 한다면 해주를 내줄 수 있다. 그런데 정전협정을 평화협정으로 하는 첫 단계로 서해 경계선을 쌍방이 다 포기하는 법률적 조처를 해서 군대는 다 철수하고 해경이 지키게 하는 것을 조건으로 한다." 이것이 군부의 입장이라고 말했다. 이것은 상당히 놀라운 반전이었다. 오전 회의에서 "해주는 군사력이 개미한 마리 들어가 배길 수 없는 곳"이라며 개방 제안을 강력하게 거부했던 그가 점심을 먹고 와서는 해주도 열어줄 수 있다고 대답했다. 김정일 위원장의 발언은 다음과 같이 추릴 수 있다.

— 오후에 가서 점심식사하고 군 장성들 좀 오라. 와서 해

주 그때 99년도 그때 그 결심을 되살릴 때면 어떤 문제가 있겠냐 하니까, 답이 문제없겠습니다. 그러면 노 대통령님하고 만나는데 항을 당장 개방하는 걸 내가 결심하라는가, 그건 문제없겠습니다. 군에서 그렇게 나오고. 해서 아직 내가 해주를 준다는 게 없고 그때 해주항을 해상으로서 물동량을 개성에다 지원하겠다 그렇게 합의를 보자고 하는데.

그러면 해주. 그 개성을 확고히 하는 조건이면 해주항을 주겠다. 그런데 조건이 하나 있는 거는, 군부에서 내가 결심하겠다 하니까 결심하시는 그 근저에는 담보가 하나 있어야 한다. 뭐야 그러니까, 이승만 대통령 시대 북방한계선 있지 않습니까? 그때 원래 선 긋는 38선을 위주로 해가지구. 그거 역사적 그건데, 그걸 다 양측이 포기하는, **정전협정을 평화협정으로 하는 첫 단계 기초단계로서는 서해를 남측에서 구상하는 또 우리가 동조하는 경우에는 제 일차적으로 서해 북방 군사분계선 경계선을 쌍방이 다 포기하는 법률적인 이런 거 하면 해상에서는 군대는 다 철수하고 그담에 경찰이 하자고 하는 경찰 순시**…….

해주문제 같은 것은 그런 원칙에서 앞으로 협상하기로 했다, 앞으로 그런 문제는 군사를 포함해서, 평화지대를. 지금 서해문제가 복잡하게 제기되어 있는 이상에는 양측이 용단을 내려서 그 옛날 선들 다 포기한다. 평화지대를 선포, 선언한다. 그러고 해주까지 포함되고 서해까지 포함된 육지는 제외하고, 육지는 내놓고, 이렇게 하게 되면 이건 우리 구상이고 어디까지나, 이걸 해당 관계부처들에서 연구하고 협상하기로 한다.

이렇게 해서 남북 정상은 해주를 포함하는 서해평화협력지대 설치에 합의했다. 결정적인 계기는 NLL문제 해법에 대한 공감이었다.

발언을 분석해보면 김정일 위원장은 경제협력사업 자체에도 관심이 있었지만 평화협정으로 이행해 체제의 안전을 보장받는 것을 그보다 더 중요하게 여긴 것 같다. NLL도 꼭 해결해야 할 문제지만, 그가 최종적으로 원했던 것은 NLL문제 해결 그 자체라기보다는 그 과정에서 남북이 확고한 군사적 신뢰를 쌓는 것이었다. 남북 사이에 군사적 신뢰가 없으면 북미관계 정상화를 포함한 평화협정체제로 이행할 수 없기 때문이다. 이런 각도에서 보면 회담 첫머리에 NLL문제를 들고 나온 것이 노무현 대통령의 진의眞意를 알아보기 위한 방편이었는지도 모른다. 김정일 위원장은 NLL문제를 제기해 노무현 대통령이 믿을 수 있는 파트너인지 가늠해보았다. 믿을 수 있다는 판단이 섰다. 그래서 일사천리로 모든 현안에 합의해주었다. 대화록이 전해주는 회담의 흐름을 보면 그렇게 추정하기에 충분하다.

2007년 남북정상회담에는 극적인 요소가 있다. 상세한 설명은 7장으로 넘기고 여기서는 핵심만 요약해보자. 노무현 대통령은 오전 회의에서 다양한 경제협력방안을 제안했다. 김정일 위원장은 노무현 대통령의 제안을 대부분 거부하고 상대방이 받아들일 수 없는 공동어로구역 설정방안을 제시했다. 회담이 꽉 막혔고 분위기가 매우 무거웠다. 그런 상황에서 노무현 대통령은 공동어로구역 제안을 일단 환영한 다음, NLL을 직접 건드리지 않으면서도 북의 희망사항을 실현할 수 있는 서해평화협력특별지대 설정방안을 역제안했다. 김정일 국방위원장이 그것을 수용했다. 이것은 전형적인 '윈윈 게임'win-win game이었다. 부분적으로 이해가 충돌하는 두 주체가 각자 더 나은 보상pay-off을 얻는 협력방안을 찾아내 합의에 이른 것이다.

남북 정상은 NLL문제를 구체적으로 어떻게 해결할 것인지 세부사항까지 다 합의하지는 않았다. "서해 북방 군사분계선 경계선을 쌍방이 다 포기하는 법률적 조처"를 한다는 김정일 국방위원장의 말과 "서해평화협력지대가 모든 경계선과 질서를 우선하는 것으로 정리"한다는 노무현 대통령의 말은 같은 것 같기도 하고 다른 것 같기도 하다. 「10·4공동선언」에는 이렇게 나와 있다. "남과 북은 해주지역과 주변해역을 포괄하는 서해평화협력특별지대를 설치하고 공동어로구역과 평화수역 설정, 경제특구건설과 해주항 활용, 민간선박의 해주직항로 통과, 한강하구 공동이용 등을 적극 추진해 나가기로 하였다." 세부합의까지 이르지 못했기 때문에 NLL문제 해법은 공동선언문에 명시하지 않은 것이다.

세부합의가 없었다고 해도 큰 문제는 아니다. 만약 서해평화협력지대 관련 합의사항이 모두 실현된다면 남북은 군사충돌이 빈번하게 일어나던 가상의 해상분계선 대신 각자가 그 나름의 경제적 이익을 얻을 수 있는 비무장 평화수역을 공유하게 된다. 군사 해도海圖에는 서해 NLL이 그대로 있다. 하지만 그 일대 해역에서 해군이 철수하고 경찰이 대신 관리하면 NLL은 '군사경계선' 성격을 상실한다. 두 정상은 큰 틀의 합의만 하고 남북총리회담과 장관급 회담, 장성회담 등 후속 실무회담에 구체적 방안을 만드는 과제를 주었다. 이것 역시 정상적이다. 최고권력자들이 마주 앉아 공동어로구역을 어디에 만들고 무엇을 기준으로 어획량을 할당하며 공동의 이익은 어떻게 나눌 것인지 토론하고 합의할 수는 없는 노릇 아니겠는가.

합의를 이루고 난 뒤 김정일 위원장이 예상치 못한 질문을 했다.

이 질문을 보면 서해평화협력특별지대가 제대로 실현되기를 그가 진심으로 희망했다는 것을 알 수 있다. 그는 대한민국 국민이 그 합의를 환영할지에 대해서 걱정했다. 노무현 대통령은 자신이 해나갈 수 있다고 호언장담했다. 안타깝지만 실현하지 못한 호언장담이 되었다.

김정일 위원장　　　이걸로 결정된 게 아니라 구상이라서 가까운 시일 내 협의하기로 한다. 그러면 남쪽 사람들은 좋아할 것 같습니까?

노무현 대통령　　　그건 뭐 그런 평화협력지대가 만들어지면 그 부분은 다 좋아할 것입니다. 또 뭐 시끄러우면 우리가 설명해서 평화문제와 경제문제를 일거에 해결하는 포괄적 해결을 일괄 타결하는 포괄적 해결방식인데 얼마나 이게 좋은 것입니까? 나는 뭐 자신감을 갖습니다. 헌법문제라고 자꾸 나오고 있는데, 헌법문제 절대 아닙니다. 얼마든지 내가 맞서나갈 수 있습니다. 더 큰 비전이 있는데, 큰 비전이 없으면 작은 시련을 못 이겨내지만 큰 비전을 가지고 하면 나갈 수 있습니다. 아주 내가 가장 핵심적으로 가장 큰 목표로 삼았던 문제를 위원장께서 지금 승인해주신 거죠.

김정일 위원장　　　평화지대로 하는 건 반대 없습니다. 난 반대 없고.

노무현 대통령　　　평화협력지대로.

김정일 위원장　　　협력지대로 평화협력지대로 하니까 서부지대인데 서부지대는 바다문제가 해결되지 않고서는 그건 해결되지 않습니다. 그래 바다문제까지 포함해서, 그카면 이제 실무적인 협상에 들어가서는 쌍방이 다 법을 포기한다, 과거에 정해져 있는 것, 그것은 그때 가서 할 문제이고 그러나 이 구상적인 문제에 대해서는 이렇게 발표해도 되지 않겠습니까?

노무현 대통령　　　예, 좋습니다.

두 정상은 이 합의가 만만치 않은 논란을 불러일으킬 것임을 예상했다. 북은 아무 문제가 없다. 김정일 위원장과 군부 핵심인사들이 합의하면 그것으로 충분하다. 독재체제는 그런 '장점'(?)이 있다. 유신체제 때는 우리도 그랬다. 그러나 민주화 시대 대한민국은 그렇지 않다. 국회가 있다. 야당도 있고 언론도 있다. 전문가와 시민단체도 있다. 무엇보다 국민 여론이 있다. 국민의 이해와 지지를 받아야 「10·4 공동선언」을 차질 없이 실행할 수 있다. 이 점에 대해 노무현 대통령보다 김정일 위원장이 더 근심이 많아 보였다. 슬픈 아이러니가 아닐 수 없다.

결과적으로 김정일 국방위원장이 옳았다. 큰 비전이 있었지만 노무현 대통령은 끝내 시련을 이겨내지 못했다. 이명박 대통령이 취임한 순간 「10·4공동선언」은 아무 효력도 없는 휴지조각으로 변했다. 노무현 대통령은 퇴임 1년여 만에 스스로 목숨을 끊었다. 김정일 위원장도 병으로 세상을 떠났다. 정상회담에서 두 사람이 한 모든 발언이 남김없이 공개되었다. 새누리당과 보수언론은 마치 NLL을 북에 가져다 바친 양 진실을 왜곡하고 노무현 대통령을 모함했다. 상당수 국민들이 그런 왜곡과 모함을 제목으로 뽑는 신문과 방송을 보고 그것을 진실이라 믿는다. 이런 분들에게 진실을 말씀드릴 방법이 달리 없다는 것이 너무나 안타깝다.

노무현 대통령이 살아 있다면

노무현 대통령이 NLL을 포기하지 않았다는 사실은 대화록만으로도 분명하게 확인할 수 있다. 그래도 의심이 남아 있다면 남북정상회담 이후 진행된 고위급 회담 경과를 보아야 한다. 2007년 11월 14일부터 사흘 동안 서울에서 남북총리회담을 했다. 「10·4공동선언 이행을 위한 합의서」를 비롯해 여러 가지 부속합의서를 체결했다. 개성공단 통행·통신·통관의 대폭적 개선과 해주경제특구 건설, 해주항 활용, 한강하구 공동이용, 민간선박 해주직항로 통과, 공동어로구역과 평화수역 설정 등 「10·4공동선언」 실현을 위한 세부 사업계획과 추진일정도 마련했다.

　뒤이어 11월 27일 평양에서 남북국방장관회담을 열었다. 그런데 여기서 공동어로구역 설정방식을 합의하지 못했다. 북은 우리의 북방한계선NLL과 자기네가 주장하는 해상 군사경계선 사이 해역을 고집했다. 남은 NLL을 중심으로 등면적 공동어로구역을 설정하자고 주장했다. 김장수 당시 국방부장관이 이 회담에 나갈 때 우리 정부 안에 이견이 있었다. 국방부는 NLL을 확고히 지키기 위해 NLL을 중심으로 하는 남북 '등거리 공동어로구역' 설정방안을 내놓았다. 반면 해수부는 어민들을 위해 황금어장이 있는 곳을 중심으로 남북이 같은 면적의 해역을 내놓는 '등면적 공동어로구역'을 제안했다. 연평도 근처 해역은 우리가 더 많이 내놓는 대신 북의 장산곶 서쪽, 중국 어선의 불법조업이 빈번하게 이루어지는 해역은 북이 많이 내놓도록 하는 방안을 만들었다. 이것은 두 부처의 과제가 다르기 때문에 자연스럽게 생긴 견해

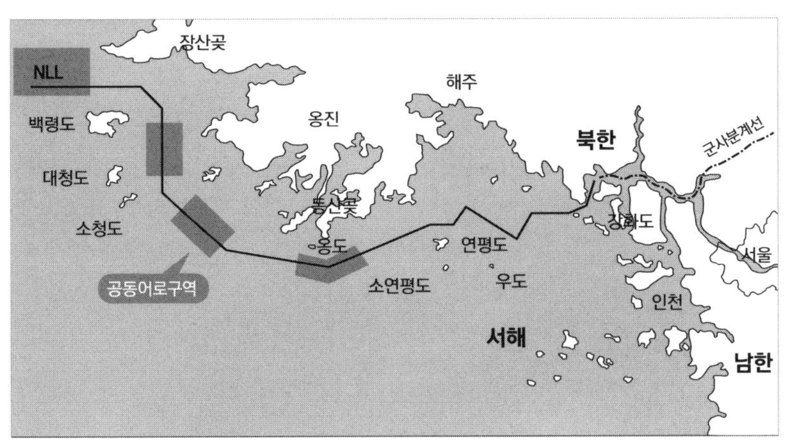

그림 3 노무현 정부가 만든 NLL 중심 등면적 공동어로구역 방안

차이였다.

대북업무를 직접 수행하는 통일부는 '등거리'든 '등면적'이든 수월하게 북과 합의할 수 있는 방안을 원했다. 북 군부 입장에서 보면 공동어로구역이 황해도 해안에 더 접근하는 'NLL 중심 등거리 방식'보다는 'NLL 중심 등면적 방식'이 덜 부담스러운 대안이었다. 결국 김장수 국방부장관은 〈그림 3〉의 'NLL 중심 등면적 공동어로구역' 해도를 가지고 남북국방장관회담에 나갔지만 합의를 하지는 못했다. 군사적 신뢰가 걸린 문제이기 때문에 남북장성회담을 열어 더 논의했지만 거기에서도 합의하지 못했다. 내가 아는 바로는 일이 그렇게 진행되었다. 이것은 노무현 대통령이 NLL을 포기한 적이 없다는 유력한 증거다. 만약 우리가 일방적으로 NLL을 포기했다면 합의를 이루지 못했을 리가 없다. 이런 사실은 김장수 안보실장이 2013년 10월 4일 국회 운영위원회에서 한 발언에서도 확인되었다. 그는 "노무현 대통령이 '소

신껏 하라'고 해서 남북국방장관회담에서 소신껏 NLL을 지킬 수 있었다"라고 말했다. 국방부도 뒤이어 이 사실을 인정했다.

박근혜 대통령은 누구보다 더 진실 가까이에 있다. 그는 대화록을 읽을 수 있다. 김관진 국방부장관에게 지시해서 2007년 남북정상회담 전후 국방부가 만들었던 회의자료를 받아 열람할 수 있다. 김관진 장관은 그 당시 합참의장이었던 만큼 국방부의 공동어로구역 논의 경과를 다 알고 있다. 'NLL 중심 등면적 공동어로구역' 설정방안을 들고 국방장관회담에서 북과 직접 협상했던 김장수 안보실장에게 상세한 경위를 물어봐도 된다. 문서로 기록되어 있지 않은 내용까지도 그의 머리에는 남아 있을 것이다. 그가 국방장관회담에 들고 갔던 'NLL 중심 등면적 공동어로구역' 설정방안이 박근혜 대통령이 후보 시절 말했던바, 'NLL을 지키는 선에서' 만드는 공동어로구역과 똑같은 것이라는 사실을 확인할 수 있을 것이다.

노무현 대통령은 NLL과 관련한 이념적 논란을 피하면서 서해의 평화와 남북의 경제적 공동번영을 이루는 방법을 찾으려고 고민했다. 대화록에는 그 고민의 흔적이 온전하게 남아 있다. 당은 달라도, 이념과 노선은 차이가 있어도, 대통령은 대한민국의 국정 최고책임자다. 전임 대통령이 했던 일에 완전히 공감하고 동의하지는 않는다 할지라도, 그 고민과 전략을 깊이 들여다보아서 현직 대통령에게 해가 될 일은 없다. 나는 자신 있게 말할 수 있다. 누가 대통령이든, 서해의 군사 충돌을 막고 평화가 깃들게 하는 방법을 진지하게 모색한다면 크게 다른 해법을 낼 수 없을 것이다.

박근혜 대통령은 DMZ를 생태평화공원으로 만들겠다는 공약을 했다. 첫 미국 방문 때 상하원 합동회의에서 그 말을 해서 큰 박수를 받았다. 노무현 대통령이 정상회담에서 김정일 국방위원장에게 한 제안과 똑같다. 그런데 북과 합의하지 않고 무슨 재주로 중화기가 들어와 있는 DMZ에 평화생태공원을 만든다는 말인가. 북과 합의해서 그렇게 할 경우 그것이 서해에 평화수역이나 공동어로구역을 만드는 것과 무엇이 다른가. 그렇게 한다고 DMZ 한가운데 있는 군사분계선이 없어지는가. 똑같은 것을 바다에서 하면 'NLL 포기'고 땅에서 하면 '남북 신뢰 프로세스'가 되는가.

집권여당인 새누리당은 깊이 병들어 있다. 근거 없이 남을 의심하는, 자기들 스스로 만든 병이다. 그들은 예나 지금이나 노무현 대통령이 대한민국보다 조선민주주의인민공화국을 더 좋아한 게 아닌지 의심한다. 자기들만 애국자라고 생각한다. 다른 의견, 다른 비전을 가진 사람은 '친북', '종북', '용공'이라고 매도한다. 이 병 때문에 이승만 대통령은 정치적 경쟁자였던 야당 지도자 조봉암을 법살法殺했다. 박정희 대통령은 강력한 라이벌이었던 야당 대통령 후보 김대중을 일본에서 납치해 현해탄에 수장水葬하려고 했다. 박근혜 대통령까지 같은 병을 앓고 있다면 실로 크나큰 국가적 불행이 아닐 수 없다.

대화록을 보든, 후속 총리회담과 국방장관회담을 보든, NLL이 헌법상의 영토선은 아니지만 남북이 두 국가로 나뉜 현실에서는 사실상의 영토선으로 작용하고 있다는 사실을 노무현 대통령이 무겁게 인식하고 있었다는 것은 의심할 여지가 없다. 그는 다만 NLL을 그저 지키기만 하는 게 아니라 군사충돌이 빈번하게 일어나는 서해를 평화와 번영의 해역으로 만드는 것이 대통령의 임무라고 생각했을 뿐이다. 그래서 평양에 가서 김정일 국방위원장을 설득했던 것이다. 이 목표가 잘 못된 것인가. 서해평화협력특별지대를 만드는 것이 그 목표를 이루는 데 효과가 없는 것인가. 그렇다면 비판해야 마땅하다. 하지도 않은 말을 지어내어 모함하고 비방하는 것이 아니라, 사실과 진실에 의거해 비판하고 논쟁한다면 그 얼마나 좋은 일이겠는가.

노무현 대통령이 NLL을 포기했다는 조작극에 국가정보원이 가담한 것은 더욱 심각한 문제다. 노무현 대통령은 재임 시절 국정원에 대해 "대통령이 시키지만 않으면 저 혼자 못된 짓을 하지 않는 데까지는 왔다"고 한 적이 있다. 그렇다. 겨우 거기까지밖에 못 갔다. 그런데 이명박 대통령이 임명한 원세훈 국정원장은 '못된 짓'을 넘어 '못난 짓'까지 했다. 국민 세금으로 월급을 받는 국정원 직원들이 올린 댓글의 수준이 너무나 저열해서 멀쩡한 정신으로는 인용조차 할 수가 없다. 남북정상회담 대화록 비밀 등급을 풀어 발췌본과 전문을 공개한 것도 '못난 짓'이다. 박근혜 대통령이 시켜서 했든, 아니면 청와대 주장처럼 그 스스로 한 일이든, 그 사건으로 인해 대한민국 국가정보기관은 국제사회의 웃음거리가 되고 말았다.

물리적인 힘을 합법적으로 행사할 수 있는 권력기관은 반드시 '문민통제'를 받아야 한다. 군대는 전쟁을 하기 위해 만든 조직이다. 갈등과 분쟁, 충돌이 있어야 존재의 의미를 느낀다. 대화록에 김정일 위원장이 군부를 '완고한 2급 보수'라고 하는 대목이 나온다. 맞다. 어느 나라든 군부는 '완고한 2급 보수'가 되기 쉽다. 정치적 문민통제가 없으면 그들은 외부의 적에 대한 적대감을 조장하고 물리적 충돌을 일으켜 전쟁의 위험을 높임으로써 자신의 권력을 강화하는 데 몰두하게 된다. 정보기관 역시 다르지 않다. 정보는 권력이다. 정치적 통제가 없으면 정보의 힘을 바탕 삼아 자신의 권력을 극대화하는 방향으로 움직이기 마련이다. 남재준 원장의 국정원은 사실상 '문민통제'에서 벗어나 있다. 그는 새누리당 정치인들 못지않은 '이념적 의심병' 환자로 보인다.

만약 노무현 대통령이 살아 있으면서 대화록 공개 사태를 맞았다면 어떻게 할까? 그냥 한번 상상해본다. 그라면 'NLL 국정조사'를 하자는 새누리당의 요구에 싱글싱글 웃으며 기꺼이 응할 것이다. 증인 채택을 한다면 당당하게 나갈 것이다. 채택해주지 않는다면 오히려 증인 채택을 요구할 것이다. 국가기록원에 가서 정상회담 준비와 후속조처 관련 모든 중요 문서를 다시 들여다보면서 있었던 사실 그대로 국민 앞에 증언할 준비를 할 것이다. 그 장면을 볼 수 없는 게 아쉽다.

2. 대화록 유출과
   범죄의 재구성

정문헌 의원이 허위 폭로를 한 이유

대통령 선거를 눈앞에 둔 시점에서 터졌던 소위 'NLL 포기' 허위 폭로는 선거가 끝난 뒤 국가기밀 누설 의혹과 국정원의 정치개입 추문, 대화록 공개 파문을 거쳐 국가기록원의 '사초史草 실종' 논란까지 걷잡을 수 없는 산불로 번졌다. 이 불길이 또 어디로 옮겨갈지 아직도 가늠하기 어렵다. 이 초대형 산불의 원인은 방화放火였다. 최초의 불씨를 던진 인물이 바로 정문헌 의원이었다. 그가 여기저기 불을 지르고 다니자 다른 사람들도 덩달아 뛰어들었다.

2012년 10월 8일 노무현 대통령의 소위 'NLL 포기 발언'을 최초로 폭로했을 때 그는 여러 가지를 함께 폭로했다. 어딘가에 2007년 남북정상회담 대화록이라는 것이 존재한다는 것과 아울러 그 대화록이 불법 유출되었으며 그 자신도 그것을 보았다는 사실까지 폭로한 것이다. 국회의원 면책특권 덕분에 국가기밀 누설죄로 처벌받을 염려가 없어서 그 자신은 위험성을 과소평가했겠지만, 이 폭로는 누구도 통제하기 어려운 강력한 정치적 폭발력을 가지고 있었다. 1장에서 이미 보았으니 그의 발언을 다시 인용하지는 않는다.

그로부터 아홉 달이 지난 뒤 국가기밀 유지를 본업으로 하는 국가정보원이 대화록을 공개함으로써 정문헌 의원이 한 폭로의 진위眞僞가 금방 드러났다. 우선 남북 정상이 '2007년 10월 3일 오후 3시 비밀 단독회담을 했다'는 정문헌 의원의 주장은 완전히 허무맹랑한 것으로 확인되었다. 대화록은 남북 정상이 오전 9시 34분부터 11시 45분까지, 그리고 오후 2시 30분부터 4시 25분까지, 모두 246분 동안 배석자를 두고 공식 정상회담을 했다는 사실을 명시하고 있다. 비밀 단독회담이라는 것 자체가 없었기 때문에 '북의 통일전선부가 만들어 우리 측 비선라인과 공유한 비밀 녹취록'이라는 것도 존재하지 않는다. 대화록은 공식 정상회담을 우리 측이 녹음해 만든 것 하나뿐이다. 노무현 대통령이 김정일 위원장에게 '미국의 땅따먹기', 'NLL을 주장하지 않을 것', '북한 핵보유를 옹호한 대가로 북한이 도와달라'고 했다는 주장도 모두 거짓이었다. '주한미군 철수나 한반도 통일문제에 대한 김정일의 발언에 동의한' 일도 없었다.

어느 정도 비슷한 게 대화록에 있기는 하다. '공동어로 활동을 하면 NLL문제는 자연스럽게 사라질 것', '서해의 안보군사 지도 위에 평화경제 지도를 덮어씌우자'라는 말은 대화록과 비슷하다. 노무현 대통령이 '전 세계를 돌아다니면서 북한이 핵보유를 하려는 것은 정당한 조치라는 논리로 북한 대변인 노릇을 열심히 하고 있으니까'라고 했다는 것은 여러 발언에서 떼내어 짜깁기한 것이다. "국제사회의 지지를 얻어 6자회담에서 핵문제를 풀어나가려는 북측 입장을 가지고 미국과 싸웠다", "외국 정상들과 만날 때 북 이야기가 나오면 대변인 변호인 역할을 했다"라는 것도 원래는 이어진 문장이 아니다. 회담 분위기를 풀어나가려고 노무현 대통령이 한 말들을 앞뒤를 잘라 이어 붙인 것이다.

여기까지 사실이 밝혀지자 새로운 의문이 생겼다. 정문헌 의원은 왜 사실이 아닌 것을 폭로했을까? 만약 일부러 거짓을 지어내지 않았다면 어떤 '문헌'을 보기는 보았을 텐데, 도대체 그가 본 건 무엇이었나? 국정원이 공개한 대화록 전문과 발췌본이 이 의문을 일정 수준에서 해소해주었다. 정문헌 의원은 첫 폭로를 한 2012년 10월 8일 이전에는 대화록 전문을 보지 못했다. 대화록 전문에는 회의 시간과 배석자 이름이 명시되어 있다. 만약 이것을 보았다면, 남북 정상이 단독회담을 했고 북 통일전선부에서 비밀 녹취록을 만들었다는 주장을 할 수 없다. 폭로 내용도 그렇게 허무맹랑하지 않았을 것이다. 정문헌 의원이 본 것은 국정원이 만든 발췌본이었다. 대화록을 발췌한 국정원 요원들은 그것을 읽을 사람, 다시 말해 이명박 대통령과 당시 청와대 외교안보 라인 고위인사들의 입맛에 맞도록 왜곡하고 조작했다. 노무현 대통령이 NLL을 북에 넘겨주고 김정일 위원장 앞에서 비굴하게 행동한 것처럼 보이도록 만든 것이다. 그 발췌본에는 회담 시간과 배석자 이름이 명시되어 있지 않았다.

정문헌 의원은 그 모든 것이 사실이라고 확신하면서 폭로했다. 그래서 사실이 아니면 정치생명을 걸겠다고 말한 것이다. 그렇다면 그가 발췌본 내용과 오후 3시 비밀 단독회담 등의 정보가 진실이라고 믿은 이유는 무엇이었을까? 발췌본이 이명박 대통령에게 보고하기 위해 만들어진 것이었고 비밀 단독회담을 했다는 정보를 준 사람이 당시 국정원의 고위인사였기 때문일 것이다. 그러나 그가 믿었던 그 국정원 고위인사는 2007년 남북정상회담의 실체를 정확하게 알지 못했거나, 일부러 허위 정보를 주었다. 정문헌 의원의 최초 방화에는 배후가 있었다고 보는 게 맞을 것 같다. 만약 국회의원을 부추겨 NLL 포기설을 폭로하도록 하기 위해 일부러 허위 정보를 주었다면, 정문헌 의원은 정보공작 정치의 가해자인 동시에 피해자일 수 있다.

대화록 유출 범죄의 용의자들

국정원이 허위 정보로 정치공작을 했다고 가정해도, 정문헌 의원이 아무 신념도 없이 그렇게 한 것은 아니다. 사실이 아니면 정치생명을 걸겠다고 한 데서 드러나듯, 그도 그 나름의 뚜렷한 신념을 지닌 정치인이다. 남들 눈에는 불장난으로 보였을지 모르지만 그는 시종일관 진지하게 그 일에 임했다. 단순히 누군가의 사주를 받거나 속아서 그렇게 한 게 아니라 그 나름의 진정성을 가지고 국가안보와 국익을 위해 남북정상회담 대화록 내용을 폭로한 것이다. '인간 정문헌'의 삶을 들여다보면 그렇게 인정하는 게 좋겠다는 생각이 든다.

국회의원 정문헌의 지역구는 강원도 속초, 고성, 양양이다. 그는 '공식적으로' 1966년 고성군에서 태어난 소장 정치인이다. 아버지도 정치인이었다. 새누리당 상임고문 정재철 전前 의원이다. 그는 아들에게 지역구를 대물림해주었다. 정재철 씨는 젊은 시절 사무직원과 부학장 등으로 부산여대에 재직하다가 박정희 소장이 5·16쿠데타를 일으켜 권력을 장악한 직후 보건사회부 공보관으로 공직에 진출했다. 대단한 친화력과 업무능력을 발휘해 출세했다는 평가도 있지만, 이후락 중앙정보부장의 총애를 받은 덕분이었다는 말도 있다. 확인할 방법은 없지만 나는 둘 모두 사실일 것으로 믿는다. 그 시절 대한민국에서 초고속 출세를 하려면 능력과 '백' 둘 모두가 있어야 했다.

정재철 씨는 전매청 차장과 재무부 기획관리실장, 산업은행 부총재 등의 공직을 거친 다음 유신 정권 막바지에 한일은행장이 되었다. 그때 김재규 중앙정보부장이 박정희 대통령을 시해한 10·26사건이 터졌다. 12·12군사반란과 광주학살을 통해 권력을 장악한 전두환 보안사령관이 최규하 대통령을 밀어내고 청와대를 차지했다. 그리고 헌법을 개정해 제5공화국을 만든 다음 또다시 체육관에 선거인단을 모아놓고 혼자 출마해 두 번째로 대통령이 되었다. 그가 민주정의당을 조직했을 때 정계에 입문한 정재철 씨는 그 이후 무려 네 번이나 국회의원을 하면서 국회재무위원장과 예결위원장을 지냈다. 2007년 서울 신라호텔에서 자서전 출판기념회를 열었는데, 전두환을 가리켜 '민의를 수렴하며 정도正道를 걸은 대통령'이라고 찬양했다가 사람들의 입길에 오르기도 했다.

정문헌 의원은 2003년 정치에 입문했다. 아버지의 지역구를 물려받아 2004년 17대 국회의원 총선에서 당선되었다. 2008년 18대 총선에서 낙선한 후 2009년부터 2년간 청와대 외교안보수석실 통일비서관을 지냈으며, 2012년 총선에서 다시 국회의원이 되었다. 정문헌 의원의 성장과정에는 유별난 데가 있다. 공식 출생지는 강원도 고성군이다. 하지만 1966년에는 부친이 서울에서 공직자로 일하고 있었던 만큼 실제로 그곳에서 태어나지 않았을 수도 있다. 초등학교부터 고등학교까지 모두 서울에서 다녔다. 그는 고등학교를 마친 다음 곧바로 미국 위스콘신대학교에 가서 정치학을 공부했다. 시카고대학교에서 정책학 석사학위를 받았다. 그런 다음 한국에 돌아와 고려대학교에서 정치학 박사학위를 취득했다. 보통은 대학을 한국에서 마친 뒤 미국 대학원에 진학해 박사학위를 취득하는데, 정문헌 의원은 특이하게도 정확히 반대 경로를 걸은 것이다. 군복무는 '6개월 방위'를 했으며 사유는 '독자'獨子였다. 박사학위를 딴 후 잠깐 동안 강원대학교와 동국대학교 대학원에서 강의를 했고 고려대학교 평화연구소 연구교수로 이름을 올린 다음 곧바로 정계에 입문했다. 국회의원을 두 번 하면서 새누리당의 대북정책과 안보정책 관련 위원회에서 활동했다. 원래는 친이명박계 성향이었지만 부친의 권유로 친박계로 전향했다는 소문이 있다. 부자간의 일이니 사실 여부는 알 수 없다.

특별히 뒷조사를 한 건 아니다. 정문헌 의원의 홈페이지와 포털 기사 검색만으로 이런 정도는 알 수 있다. 가족적 배경과 성장과정, 정치활동의 내용을 볼 때 정문헌 의원은 확실한 보수주의 성향의 정치인이라 할 수 있다. 그는 노무현 대통령이 대한민국의 이익을 해치는 일을 했다고 확신했기 때문에 비난받을 각오를 하고 폭로전을 시작한 것이다. 정문헌 의원은 'NLL 전선戰線'의 선봉장이자 모사謀士였다. 나는 박근혜 대통령 후보와 참모들이 이 싸움을 정밀하게 기획했다고 보지 않는다. 박근혜 후보, 김무성 총괄선대본부장, 권영세 종합상황실장 등은 설계도 없이 건축현장에 들어간 것으로 보인다. 그들을 끌어들인 인물이 바로 정문헌 의원이다. 그는 누군가의 하수인이 아니라 스스로 거사한 '확신범'이었다.

언제 어디서 무엇을 보았기에 NLL 포기 발언이 사실이라고 확신했는지, 정문헌 의원 스스로 그 경위를 밝혔다. 2013년 6월 28일 보도된 『서울신문』 인터뷰에서 그는 이렇게 말했다. "10·4 정상회담 1주년에 노무현 대통령이 이명박 대통령의 대북정책을 비판했다. 이명박 대통령은 정상회담록을 가져오라고 국정원에 지시했다." 정문헌 의원의 말이 옳다면 이때 이명박 대통령은 대화록이 있다는 사실을 이미 알고 있었다. 그 사실을 누가 말해주었을까? 당선인 시절 김만복 국정원장에게 들었을 수 있다. 이명박 대통령이 임명한 김성호 국정원장이었을지도 모른다. 국정원장 몰래 따로 청와대에 줄을 댄 국정원 간부였을 수도 있다.

그런데 이어지는 발언을 보면 정문헌 의원의 기억력은 그리 믿을 만한 수준은 아니다. "이때 NLL 발언 등이 담긴 발췌록 보고서가 올라갔다. 작성 시점은 대화록이 2급 비밀 공공기록물로 낮춰진 시점을 고려하면 2009년인 것 같다. 내용을 보고 노한 이 대통령이 원본을 요청했고 보고에 앞서 비서관 신분으로 일독했다." 이건 앞뒤가 맞지 않는다. 10·4공동선언 1주년이면 2008년 10월이다. 2009년이 아니다. 2008년 10월은 정문헌 의원이 청와대 통일비서관이 되기 전이다. 직접 겪은 게 아니라 누군가에게 전해 들은 부정확한 이야기거나, 자신이 관련된 불법행위를 감추기 위해 거짓말을 했을 가능성이 있다. 기자가 이 중요한 발언을 잘못 기록했을 가능성은 희박하다.

정문헌 의원은 이어서 대화록을 열람한 경위를 더 명확하게 이야기했다. "이후 2010년에도 이 대통령이 발췌록 보고서를 재요청했고, 그 과정에서 나는 내용 보고를 들어 숙지했다." 결국 정문헌 의원이 본 것은 국정원이 만든 대화록 발췌본이었다는 이야기다. 그가 본 발췌본 이 2013년 6월에 국정원이 공개한 바로 그 발췌본인지는 알 수 없다. 제2, 제3, 제4의 다른 발췌본들이 존재했을 가능성이 있기 때문이다. 이명박 대통령의 청와대는 비밀 기록 관리를 제대로 하지 않은 것 같 다. 원래 대화록은 비밀 등급이 1급인 공공기록물이었던 것으로 알려 져 있다. 청와대 비서관은 1급 비밀을 열람할 수 없다. 그런데도 정문 헌 비서관은 발췌본을 열람했다. 이명박 대통령이 1급 비밀을 직접 열 람한 게 아니라 취급인가도 없는 비서관을 통해 보고받은 셈이니, 이 것도 '국격'國格 추락이라면 추락이다. 1급 비밀이든 2급 비밀이든 대 화록 발췌본을 열람한 것이야, 대통령을 잘 보좌하려다 보면 그럴 수 도 있다 치자. 그러나 그것을 누설한 행위는 그냥 넘길 수가 없다. 정 문헌 의원은 『서울신문』 기자에게 자신이 저지른 '범죄행위'를 술술 풀어놓았다.

　　　　　― 김무성 의원이 지난해 10월 선대위 총괄본부장이 된 직후 전화를 걸어와 만난 자리에서 **내가 아는 대로 다 구두보고를 드렸다.** 김 본부장은 부산 유세 전에 노무현 대통령의 NLL 관련 발언을 유세에 써 도 법적 문제가 없느냐고 확인을 요청해오기도 했다.

　　이게 도대체 무슨 말인가. 청와대 통일비서관 시절에 본 비밀 기 록 내용을 박근혜 후보 총괄선대본부장 김무성에게 '아는 대로 구두보고를 했다'는 것이다. 2012년 10월 시점에서 이것이 심각한 기밀누설 범죄였다는 것은 논란의 여지가 없다. 의정 단상에서 한 발언이 아니기 때문에 국회의원의 면책특권으로 덮을 수 없다. 게다가 김무성 총괄선대본부장은 대화록 내용을 유세에서 말해도 되느냐고 그에게 물었다. 정문헌 의원이 뭐라고 대답해주었는지는 모르지만, 그는 박근혜 후보도 듣는 가운데 노무현 대통령의 정상회담 발언을 줄줄 읽었다.

정문헌 의원은 2012년 10월 8일 국회에서 첫 폭로를 하기 이전에는 대화록 발췌본만 보았다. 그때까지는 그가 대화록 전문을 보지 못했다는 것이 확실하다. 김무성도 마찬가지였다. 발췌본도 직접 보지 않았기 때문에 정문헌 의원을 불러 구두보고를 받았다. 그런데 그가 12월 14일 부산 서면 유세장에서 낭독한 것은 대화록 전문이었다. 이두 상황을 연결하면 한 가지 사실을 확인할 수 있다. 2012년 10월 8일과 12월 14일 사이 어느 시점에 박근혜 후보 선거대책본부 핵심인사들이 대화록 전문을 입수했다는 사실이다. 그렇다면 어디에서 대화록 전문을 입수했을까? 출처는 확실하다. 국회는 국가기록원에서 대화록을 찾지 못했다. 검찰이 결국 국가기록원에서 대화록을 찾았지만, 그 과정이 순탄하지 않았다. 그것이 국가기록원에서 유출되었을 가능성은 사실상 없다. 그렇다면 출처는 국가정보원 한 곳뿐이다. 국가정보원에 대화록 유출의 공범이 있는 것이다.

여기까지 대화록 유출 범죄의 용의자로 떠오른 사람은 최소한 셋이다. 정문헌, 김무성, 그리고 이름을 알 수 없는 최소 한 명의 국정원 직원이다. 국정원 직원과 김무성 사이에 또 다른 공범이 있을 수도 있다. 용의자는 더 있다. 현재 주중대사를 하고 있는 권영세, 국정원장

원세훈, 이명박 대통령이다. 경우에 따라서는 박근혜 대통령도 용의선 상에 오를 수 있다. 만약 내가 검사로서 이 사건을 수사한다면 그렇게 보고 수사를 진행할 것이다.

정문헌 의원은 소신이 뚜렷하지만 성격은 소심한 듯하다. 폭로 내 용이 거짓으로 드러났는데도 정치생명을 걸겠다는 약속을 지키지 않 았다. '해설집'이라는 것을 만들어 이미 허위로 판명된 것을 계속해서 사실이라고 우겼다. 그리고 그만하면 됐다 싶어서인지 'NLL 싸움'의 최전선을 떠나 후방으로 빠졌다. 그에게는 별일이 없을 것이다. 속초, 고성, 양양은 남북관계가 좋아져야 지역경제가 더 발전할 수 있지만, 그곳 유권자들은 그런 문제와 상관없이 정문헌 의원을 또 뽑아줄지 모 른다. 소심한 것이야 성격이니 어쩔 수 없지만, 그래도 정문헌 의원은 최소한 사과를 해야 한다. 국정원이 조작해 만든 발췌본을 보고 자신 도 착각을 한 것이라고 해명하는 것이 옳다. 그게 확신범다운 태도다.

정문헌 의원과 달리 김무성 의원은 매우 대범하고 당당한 확신범 이다. 2012년 12월 14일, 대통령 선거를 닷새 앞둔 날이었다. 당시 언 론은 박근혜 후보와 문재인 후보가 부산 서면에서 '격돌'한다고 보도 했다. 터무니없는 과장이다. 문학적 표현이라고는 하지만, 나가도 너 무 멀리 나갔다. 두 후보는 서로 다른 시간, 서로 다른 장소에서 서로 다른 청중을 향해 서로 다른 말을 하고 떠났을 뿐이다. '격돌'은커녕 옷깃도 스치지 않았다. 부산 서면은 시골 장터가 아니다. 박근혜 후보 는 서면 금강제화 앞에서, 문재인 후보는 큰길 건너편 주디스태화 앞 에서 유세를 했다. 이날 김무성 총괄선대본부장은 비를 맞아가면서 울 분에 찬 열변을 토해냈다. 이 장면을 보여주는 동영상은 언젠가 범죄

행위의 확실한 증거로 법원에 제출될 것이다. 그는 절박한 어조로 호소했다.

　　　　— 최고의 관심을 받고 있는 노무현 김정일 간 대화록을 최초로 공개하겠습니다. 노무현 대통령이 북한의 김정일에게 하는 말입니다. "그동안 외국 정상의 북측의 이야기가 나왔을 때 북측의 대변인 변호인 노릇을 했고 얼굴을 붉힌 적도 있다. 사고방식이 달라지고 NLL공세는 논리도 없고, 남측에서는 이것을 영토로 주장하는 사람도 있다, 헌법문제라고 주장하는 사람도 있는데 헌법문제가 절대 아니다. 얼마든지 내가 맞서나갈 수 있다. 5년 내내 북핵문제를 둘러싼 북측의 입장을 갖고 싸워왔고 북측 입장을 변호해왔다. 분명히 이야기하는데 방코델타아시아 문제는 미국의 실수인데 북측보고 풀라고 하는데 이것은 부당하다는 것 다 알고 있다. 제일 큰 문제는 미국이다. 역사적으로 제국주의가 반성을 하지 않았고, 오늘날 패권적 야망을 드러내고 있다는 것에 저항감도 가지고 있다. 작전계획5029 요구하고 있는데 못한다고 없애버렸다. 우리가 경수로 짓자고 말했다. 보고서 써내라고 말했다." 여러분 잘 들었습니까. 노무현이가 김정일에게 가서 한 말입니다. 기가 막히지 않습니까. 제가 여러분 앞에 이 내용을 낭독하면서 북받쳐서 제대로 읽지를 못했습니다. 남측 정상회담 준비위원장이 문재인이었습니다. 문재인이가 노무현과 똑같은 말을 하고 있는데 이런 사람이 대통령이 되어서야 되겠습니까. 10년 전에 30%의 지지율로 노무현을 대통령으로 만들지 않았습니까. 이번에도 문재인에게 30%의 표를 주겠습니까. 친북좌파세력이 정권을 잡는 것을 목숨을 걸고 막아야 합니다.

이것은 엄청난 사건이었다. 김무성 총괄선대본부장은 '최고의 관심을 받고 있는 노무현 김정일 간 대화록을 최초로 공개'했다. 그런데 놀랍게도 어느 언론사도 이 발언을 제대로 보도하지 않았다. 인터넷에서 2012년 12월 14일과 15일 뉴스 검색을 해보면 대화록의 최초 폭로를 알리는 기사가 한 건도 나오지 않는다. 위에 인용한 발언 내용은 『민중의 소리』가 당시 찍어둔 영상을 뒤늦게 찾아내 2013년 6월 26일 보도한 것이다. 그러나 어쨌든 이것은 정문헌 의원의 최초 폭로를 가볍게 뛰어넘는 정치적 거사擧事였다. 그가 낭독한 노무현 대통령의 남북정상회담 발언은 발췌본이 아니라 대화록 전문에서 정확하게 뽑아낸 것이었다.

부산 서면 유세장에서 김무성 총괄선대본부장은 자신이 대화록 유출 범죄를 저질렀다는 사실과 더불어 범죄의 동기까지 남김없이 '자백'했다. 그는 대화록 전문을 열람했다. 그게 아니라면 누군가 다른 사람이 대화록 전문을 읽고 만들어준 메모를 그대로 낭독했다. 범죄의 동기는 대통령 선거에서 이기려는 욕망이었다. 그는 대화록 전문 내용을 폭로함으로써 노무현 대통령의 비서실장이었던 문재인 후보 득표를 줄이려고 했다. 그는 친북좌파세력이 정권을 잡는 것은 목숨을 걸고 막아야 한다고 외쳤다. 목숨을 건 사람이 기밀누설죄로 감옥에 가는 것을 두려워하겠는가.

2013년 4월 국회의원 재선거에서 당선되어 다시 국회에 들어온 김무성 의원은 2013년 6월 26일 열린 새누리당 최고중진회의에서 자신이 저지른 범죄의 동기와 내용을 다시 한번 확인해주었다. 벌써 20년 가까이 '소장개혁파'로 일컬어지고 있는 남경필 의원이 국정원의 대화록 공개가 적절치 않은 일이었다고 지적했다. 그러자 김무성 의원은 남경필 의원을 야단치면서 아래와 같이 말했다. 그날 『뷰스앤뉴스』가 회의 참석자들을 취재해서 보도한 내용이다. 김무성 의원은 이런 말을 하지 않았다고 주장했지만 정정보도를 청구하거나 기자들을 고소하지 않았다. 사실상 인정한 것이다.

— 지난 대선 때 이미 내가 그 대화록을 다 입수해서 읽어봤다. 그걸 몇 페이지 읽다가 손이 떨려서 다 못 읽었다. 그 원문을 보고 우리 내부에서도 회의도 해봤지만, 우리가 먼저 까면 모양새도 안 좋고 해서 원세훈에게 대화록을 공개하라고 했는데 원세훈이 협조를 안 해줘가지고 결국 공개를 못 한 것이다. 그래서 이게 대선 때 공개가 안 된 것이다. 그런데 내가 너무 화가 나서 대선 당시 비가 추적추적 내리는 오후 3시쯤 부산 유세에서 그 대화록을 그 많은 사람들 앞에서 울부짖듯이 주욱 읽었다. 그런데 이상하게도 그때 기자들이 많이 와 있었는데도 그걸 기사화하지 않더라. 그때 기자들이 내 발언을 다 녹음도 했을 텐데 왜 그때 그게 보도되지 않은 건지 모르겠다. 그래서 그때 공개에 실패한 것이지, 결국 그때 공개된 것이나 마찬가지다. 이걸 가지고 자꾸 절차적 문제를 삼고 해서는 안 된다. 우리가 이번에 확실히 이걸 강력히 밀고 나가 진실을 가려야 한다.

더 무슨 증거가 필요할 것인가. 김무성 혼자 대화록을 입수해서 읽은 게 아니라 박근혜 후보 선대본 내부회의까지 했다고 하지 않는가. 이런 것을 형법에서는 '공모에 의한 공동정범'이라고 한다. 그런데 그는 하필이면 왜 그날 부산에서 대화록을 공개했을까? 하지 않아도 될 상황이면 하지 않으려고 했지만, 그때 선거 판세가 너무나 혼미했기 때문에 할 수밖에 없었다. 선거법에 따라 여론조사 공표가 금지되기 직전이었던 2012년 12월 12일, 많은 언론사들이 여론조사를 했다. 문재인 후보가 박근혜 후보를 거의 다 따라잡거나 역전한 결과가 여럿 나왔다. 게다가 국정원 여직원 댓글 사건이 터져서 여론이 어떻게 변할지 알 수 없는 상황이었다. 언론들은 그날 오전 새누리당 당사에서 김무성 총괄선대본부장이 심각한 얼굴을 하고 있는 사진을 앞 다투어 보도했다.

박근혜 후보 선거대책본부는 박빙의 선거를 유리하게 이끌기 위해 북풍을 일으키려고 했다. 하지만 그것은 정치적·법률적으로 매우 위험한 일이었다. 그래서 원세훈 국정원장에게 그 부담을 넘기려고 했지만 거절당했다. 김무성의 최고중진회의 발언에 따르면 원세훈 국정원장은 박근혜 후보 선대본이 대화록 전문을 입수했다는 사실을 잘 알고 있었다. 자기가 기관장인 국정원의 기밀문서가 정당에 유출된 것은 심각한 사태였다. 그런데도 그는 대화록을 공개하라는 요구를 거절했을 뿐, 대화록 유출의 경위를 밝히고 범죄자를 색출해야 할 국정원장의 책임을 다하지 않았다. 대화록 유출 범죄를 묵인한 것으로 미루어 원세훈 국정원장 역시 공범일 가능성이 매우 높다.

브레이브 하트, 김무성

박근혜 후보 선대본은 난관에 봉착했다. 원세훈 국정원장이 대화록 공개 요청을 거절했기 때문에 누군가 대신 총대를 메야 했다. 누가 할 것인가. 이런 일은 대범하고 용감한 확신범이라야 할 수 있다. 그래서 총괄선대본부장 김무성이 나선 것이다. 선거유세장에서 한 대화록 공개는 그의 단독범행이 아니었다. 그것은 박근혜 후보 선대본이 저지른 조직범죄였다. 2013년 6월 26일 『오마이뉴스』는 민주당 박범계 의원이 공개한 녹취록 내용을 보도했다. 그 녹취록의 주인공은 박근혜 후보 선대본 종합상황실장 권영세였다. 녹음파일의 주인은 월간지 기자였다. 그 기자는 만약 새누리당이 대화록을 공개할 경우 그것을 받아 특종보도를 할 기회를 얻기 위해 그 이야기를 듣고서도 기사를 쓰지 않았다. 녹취록에 따르면 2012년 12월 10일 서울 여의도의 한 식당에서 박근혜 후보 선대본 종합상황실장 권영세는 이렇게 말했다.

　　　— NLL 관련 얘기를 해야 하는데, **NLL 대화록 있잖아요. 자료 구하는 건 문제가 아닌데, 그거는 역풍 가능성이 있기 때문에 말 그대로 그거는 컨틴전시 플랜이고, 도 아니면 모고, 할 때 아니면 못 까지. 근데 지금 소스가 청와대 아니면 국정원이니까 대화록 작성하는 데서 거기서 들여다볼 수 있으니까. 그래서 이거는 우리가 집권하게 되면 까고.**

'컨틴전시'contingency는 '만일의 사태'라는 뜻이다. 이 시점에서 '만일의 사태'란 박근혜 후보의 당선이 위태로운 상황 말고는 다른 게 있을 수 없었다. '컨틴전시 플랜'은 그런 사태가 임박했을 때 실행하는 작전계획이다. 권영세의 발언은 박근혜 후보 선대본이 대화록을 입수했을 뿐만 아니라 그것을 선거에 활용할 계획을 가지고 있었다는 사실을 보여준다. 김무성의 말대로 선대본 내부회의를 한 것이다. 권영세 종합상황실장이 그런 말을 하고 나서 나흘이 지난 12월 14일, 박근혜 후보 선대본은 대통령 선거 승패가 불확실하다는 '컨틴전시' 상황에 봉착했다. 김무성 총괄선대본부장이 부산 유세에서 대화록을 공개한 것은 권영세가 말한 '컨틴전시 플랜'을 실행에 옮긴 것이었다.

박근혜 후보 선거대책본부는 노무현 대통령과 문재인 후보를 묶어 '친북좌파'로 몰아감으로써 강한 반북 정서를 가진 보수층 유권자를 결집하고 중도 성향 유권자를 흔들어놓으려고 했다. 그런데 하필왜 부산에서 했을까? 부산이 흔들리고 있었기 때문이다. 선거 전문가들은 문재인 후보의 부산·경남 득표율이 40퍼센트를 넘기면 박근혜 후보가 낙선할 것이라고 예상했다. 박근혜 후보 선대본은 문재인 후보의 부산·경남 득표율을 30퍼센트 수준에 묶어 반드시 이기겠다고 공언했다. 그래서 전략적 요충지인 부산에서 '북풍'을 일으키려고 한 것이다. 민정당—민자당—신한국당—한나라당이 큰 선거가 있을 때마다 일으켰거나 일으키려고 했던 '북풍공작'을 새누리당은 2012년 대통령 선거에서도 시도한 것이다. 옛말이 틀리지 않았다. 제 버릇 남 주기 어렵다.

김무성 의원은 용감한 사람이다. 'NLL 포기'를 주제로 한 거대한 연극무대에 올랐던 모든 배우 중에서 단연 돋보인다. 그는 아무것도 두려워하지 않았다. 감옥에 갈 각오를 단단히 하고 남북정상회담 대화록을 공개했다. 당시 그는 국회의원이 아니었다. 대화록을 보아서도 안 될 사람이었고, 더욱이 그것을 공개하는 것은 더더욱 안 될 일이었다. 그런데도 그는 망설이지 않았다. 김무성 의원은 도대체 어떤 사람인가.

　김무성은 1951년 부산 태생이다. 한양대학교 경영학과를 나왔고 다섯 번 국회의원에 당선되었다. 그는 '은수저'를 물고 태어난 행운아였다. 아버지 김용주 씨는 전남방직주식회사의 창업주였다. 김무성은 아버지를 잘 만난 덕분에 스물여섯 살에 (주)동해제강이라는 회사의 상무가 되었으며 서른두 살에 (주)삼동산업 사장이 되었다. 그런데 그런 그가 전두환 정권 때 김영삼을 찾아가 정치활동을 시작했다. 그래서 홈페이지에 자신이 1987년 6월 민주항쟁의 주역이었음을 자랑한다.

　통일민주당 총무국장 등 당직자로 지내던 김무성은 1987년 13대 대통령 선거에서 김영삼 후보 선대위 재정국장을 맡아 '돈 만지는 일'을 했다. 이런 일은 대통령 후보가 전적으로 믿는 측근 중의 측근이 한다. 그런데 김영삼 후보가 2등으로 낙선하는 바람에 빛을 보지 못했다. 그러나 김영삼 통일민주당 총재가 노태우, 김종필과 이른바 3당합당을 해 민자당을 창당한 후부터 정치적 탄탄대로에 올라섰다. 1993년 김영삼 대통령이 취임하자 청와대 민정비서관을 거쳐 내무부차관을 했다. 1996년 15대 총선부터는 부산 남구에서 내리 3선을 했다. 2008년 18대 총선에서 공천을 받지 못하자 탈당해 '친박무소속연대'를 내걸고 당선된 후 한나라당에 복귀했다. 2012년 19대 총선에 불출마했지만 2013년 4월 부산 영도 국회의원 재선거에 당선되었다. 새누리당이 한나라당이던 시절 그는 사무총장, 최고위원, 원내대표 등 요직을 두루 섭렵했으며 '친박좌장'이라는 별명도 얻었다. 잠시 갈등이 없었던 것은 아니지만, 박근혜 후보는 그를 총괄선대본부장으로 기용함으로써 힘을 실어주었다.

　김무성 의원은 대한민국 주류土流의 아들이다. 아버지 김용주 씨는 일제강점기 경북도회 의원, 조선임전보국단 간부였다. 조선임전보국단은 태평양전쟁이 터질 무렵 결성되어 군수품 헌납운동과 전시戰時 사상통일운동을 벌인 대표적 조선인 친일단체였다. 김용주 씨는 1941년 12월 7일 조선임전보국단 경북지부 결성식에서 전쟁에 나간 '황군'에게 위문편지 보내기 운동을 하자고 제안했다. 이 제안은 만장일치로 채택되었고『매일신보』에 상세하게 보도되었다. 해방 후에는 뛰어난 사업수완을 발휘해 일본인들이 두고 떠난 '적산'敵産 전남방직을 불하받아 재산을 모았다. 그 회사를 물려받은 김무성의 형 김창성은 2004년 노무현 대통령 탄핵 역풍으로 풍전등화 위기에 빠진 한나라당 박근혜 대표에게 염창동 당사를 빌려주었고 박정희 대통령 기념사업에도 참여했다.

　김무성 의원은 조선일보 방상훈 회장과 내외종內外從이다. 김무성 의원의 어머니가 방상훈 회장의 고모다. 김무성은 방상훈에게 고종사촌, 방상훈은 김무성에게 외사촌이다. 김무성 의원의 집안은 현대그룹과 사돈이다. 김무성 의원의 누나가 현대상선 현영원 회장과 혼인했다. 그 딸이 금강산관광 중단으로 5년 넘게 큰 곤경을 겪은 현정은 회장이다. 김무성 의원이 현정은 회장의 외삼촌인 것이다. 처가도 만만치 않다. 김무성 의원의 부인은 만주군관학교 출신으로서 이승만 대통령 비서관과 자유당 정권 공보처장, 박정희 시대 국회의원 3선을 한 최치환 씨의 딸이다. 대한민국의 소위 주류 인맥은 흔히 이런 역사적·사회경제적 배경을 가지고 있다.

　'가문의 영광'이라는 배경을 놓고 보면 김무성 의원의 용기는 더욱 돋보인다. 보통 사람들은 이 정도 되면 자기 자신을 매우 중요한 인물로 여기게 된다. 생각과 행동을 신중하게 하면서 남의 비난을 듣거나 치명적 공격을 당할 수 있는 행동을 삼간다. 자신은 더 큰일을 해야 한다고 생각한다. 그런데 김무성 의원은 정반대로 갔다. 젊어서는 박해받던 야당 지도자 김영삼을 도우면서 정치를 시작했다. 4선 국회의원 경력을 바탕으로 당대표, 대통령 후보에 도전하겠다는 야망을 품기에 손색이 없는 상황에서도, 국가기밀 누설 혐의로 무거운 처벌을 받을 위험을 무릅쓰고 박근혜 후보 유세차에 올라 '대화록을 낭독'했다.

'선공후사'先公後私와 '멸사봉공'滅私奉公의 투철한 신념과 빛나는 용기를 가진 사람이라야 할 수 있는 행동이다. 나는 김무성 의원을 좋아하지 않지만 이런 태도만큼은 인간적인 면에서 높이 평가한다. 영화 〈브레이브 하트〉에서 멜 깁슨은 사랑하는 여인을 위해 목숨을 걸었다. 정치드라마 'NLL 전투'에서 김무성은 박근혜 후보의 대통령 당선을 위해 목숨을 걸었다. 잠시 정치인 박근혜와 대립각을 세운 적도 있었지만, 대한민국 주류의 건아健兒 김무성의 대의大義에 대한 충성심과 열정은 식지 않았다.

사람은 부모에게서 생물학적 유전자를 물려받는다. 이것은 피할 수 없다. 그러나 문화유전자는 다르다. 물려받을 수도 있고 거부할 수도 있다. 각자의 선택이다. 김무성 의원의 가족사와 사회경제적 배경을 잠깐 탐사해본 것은 그를 이해해보고 싶어서였다. 그 이야기를 홈페이지에 올렸더니 어떤 언론인이 내가 연좌제를 적용해 김무성 의원을 공격했다고 비판했다. 이것이 옳은 비판일까? 그렇지 않다. 연좌제는 무엇인가. 연좌제는 친족이 한 행위를 이유로 어떤 사람에게 불이익을 주는 것이다. 대한민국 헌법 제13조 제3항은 연좌제를 금지하고 있다. "모든 국민은 자기의 행위가 아닌 친족의 행위로 인하여 불이익한 처우를 받지 아니한다." 조선시대처럼 누가 역적모의를 했다고 해서 친가, 외가, 처가를 몰살하면 그게 연좌제다. 유신시대처럼 아버지가 빨치산이었다고 아들의 육사 입학을 불허하면 그게 연좌제다. 민주화 이전 우리나라에는 연좌제가 있었다.

김무성 의원의 아버지 김용주 씨는 친일행위를 했다고 비판 또는 비난을 받았다. 하지만 그것뿐이다. 친일행위를 했다고 해서 당사자인 김용주 씨가 불이익을 받았다는 이야기를 듣지 못했다. 불이익은커녕 오히려 적산을 불하받아 큰 재산을 모았고 공직을 하기도 했다. 아들인 김무성 의원이 아버지의 친일행위 때문에 불이익을 받은 게 있는가? 전혀 없다. 어떤 정치인의 아버지가 친일행위를 한 적이 있다는 사실을 지적하는 것이 연좌제라면, 대한민국에서 친일행위를 비판하는 것은 헌법 위반이 된다. 나의 대한민국은 그런 대한민국이 아니다.

나는 김무성 의원이 집권세력의 유력한 정치인으로서 건전한 민족의식과 민주적 교양을 가지기를 바랄 뿐이다. 그렇게 하려면 대한민국 주류 가문의 문화유전자에 각인되어 있는 여러 정치적·철학적 경향에 대해서 비판적이고 냉정한 태도를 취할 필요가 있다. 그런데 그는 그 문화유전자를 비판하고 거부한 것이 아니라 기꺼이 상속받은 것으로 보인다. 그것은 부모가 한 것이 아니라 인간 김무성 자신의 선택이었다.

김무성 의원은 부모와 친척들에게서 보고 배운 대로 행동하는 정치인이다. 2013년 9월 그는 '좌파와의 역사전쟁'을 전개하는 국회의원

모임을 만들었는데 새누리당 국회의원 3분의 2가 회원으로 참여했다. 이 모임 창립행사에서 강연한 대학교수는 일제강점에 좋은 면이 있었다고 평가하고 이승만 정권을 긍정적으로 묘사했으며 민주화시대를 폄하하는 역사 교과서를 만든 사람이었다. 나는 김무성 의원이 친일을 정당화하고 독재를 미화하며 자유와 민주주의를 배척하는 가문의 문화유전자를 스스로 기꺼이 물려받았기 때문에 그런 행동을 하는 것이라고 해석한다. 이것을 지적하는 것은 부친의 친일행적을 비판하는 것이 아니라 공직자 김무성의 가치관을 비판하는 작업일 뿐이다. 정치인은 그런 평가를 면제받을 수 없는 직업이다. 만약 이것이 연좌제라고 한다면, 침략의 역사를 부정하면서 국가의 우경화와 재무장을 추구하는 일본 아베 수상을 이해하기 위해 그의 외조부가 태평양전쟁 A급 전범 반열에 올랐던 기시 노부스케라는 사실을 말하는 것도 연좌제가 될 것이다.

　연좌제는 나쁜 것이다. 삶은 각자의 책임이며 권리다. 친족이 한 잘못을 이유로 들어 어떤 사람에게 불이익을 주는 제도는 인간의 존엄을 해친다. 어떤 사람들은 박정희 대통령이 독재자였다는 것을 이유로 들어 박근혜 대통령을 비난하고 증오한다. 이것이 연좌제는 아니다. 그러나 논리적으로 불합리한 행동임에는 분명하다. 그렇다고 해서 박근혜 대통령의 언행과 관련하여 박정희 대통령을 거론해서 안 될 이유는 없다. 박근혜 대통령이 한국 경제를 이륙take-off시킨 박정희 대통령의 치적을 긍정적으로 평가하고 찬양하는 데 대해 나는 불만이 없다. 그러나 아버지가 저지른 인권유린과 독재, 간첩조작, 사유재산 강탈, 언론탄압, 사법살인까지도 옹호하려는 태도를 보일 때는 비판한다. 아버지와는 다르게 하라고 권한다. 그게 무슨 문제가 있다는 말인가.

나는 김무성 의원의 철학과 세계관을 비난하지 않았다. 국가기밀을 유출하고 누설하는 범죄를 저질렀다는 사실을 지적했을 뿐이다. 그 동기가 무엇이었든, 그는 법률을 위반한 책임을 져야 한다. 한 가지 다시 강조하고 싶은 것은 그가 확신범이라는 점이다. 그는 자기가 옳다고 믿는 신념 때문에 범죄를 저질렀다. 그 신념에 대해서는 법률논쟁이 아니라 철학적·역사학적 토론을 해야 한다. 하지만 그는 토론에 응하지 않을 것이다. 그가 영광스러운 가족사에서 물려받은 문화유전자에는 토론을 피하라는 행동방침이 각인되어 있기 때문이다.

법치주의는 누구를 위한 것인가

김무성 의원은 자기가 대화록을 최초로 공개했는데도 기자들이 보도를 하지 않은 게 이상하다고 말했다. 왜 그랬을까? 이유는 두 갈래로 추정할 수 있다. 첫째, 김무성 총괄선대본부장은 '폭로'에 관한 한 전적으로 신뢰할 만한 정치인이 아니었다. 그는 허위 폭로를 한 전과가 있다. 2003년도 일이다. 국회 본회의 대정부질문을 하던 김무성 의원이 강금실 법무부장관에게 '친북용공세력이 국회에 침투한 사실을 아느냐'고 물었다. 강금실 장관이 '지금 들었다'고 하면서 구체적으로 이야기해달라고 하자, 그는 보궐선거에서 당선되어 막 국회에 온 나를 지목했다. "유시민 의원이 2002년 대통령 선거를 앞두고 중국 북경 북한대사관에 가서 이회창 후보 부친 관련 자료를 받아 나왔다." 그러면서 정부의 엄정한 수사를 촉구했다. 내가 택시를 북경대사관 앞에 대기시켜놓고 북 대사관에 들어가 자료를 들고 나왔다는 것이었다.

강금실 장관이 내게 출입국 기록을 국회에 제출해도 괜찮겠느냐고 물었다. 나는 나 스스로 하겠다고 했다. 그때까지 나는 단 한 번도 중국에 간 적이 없었다. 급히 여권과 출입국 기록을 챙겨 왔고, 대정부질의가 끝난 직후 발언대에 올라가 신상발언을 했다. 여권과 출입국 기록을 공개했다. 그 폭로가 사실이라면 내가 정계를 떠날 테니, 사실이 아니라면 김무성 의원이 책임을 지고 정계를 떠나라고 제안했다. 며칠이 지난 후에 그는 제보가 잘못된 것이었다면서 국회 본회의장에서 사과했다. 그처럼 심각한 허위 폭로 '전과'가 있는 정치인의 폭로는 신뢰를 받기 어렵다.

둘째, 너무 엄청난 폭로여서 기자들이 믿지 않았다. 현장 취재기자들은 데스크로 정보 보고를 했을 것이다. 정치부장 등 언론사 '데스크'가 지시했다면 기사를 작성했을 것이다. 그러나 한 건도 기사가 나오지 않았다. 어느 언론사 데스크도 기사 작성 지시를 하지 않은 것이다. 우선 대화록이 존재하는지 여부가 그때는 확실하지 않았다. 존재한다고 해도 국회의원도 아닌 김무성이 그것을 보았을 리 없었다. 보았다고 해도 국가기밀을 선거 유세장에서 공개할 리 없었다. 굳이 하겠다면 친한 기자에게 주어서 특종보도를 하게 하면 될 일이다. 그렇게 하면 처벌받을 위험이 줄어든다. 이것은 아마도 선거를 유리하게 이끌기 위한 '아니면 말고' 식의 정치공세일 뿐이다. 이런 폭로에 언론이 놀아나서는 곤란하다. 그렇게 판단했기 때문일 것이다.

김무성 의원의 대화록 폭로는 남재준 국정원장이 대화록 전문을 공개한 후에야 비로소 뉴스 가치를 얻었다. 너무나 확실한 '범죄의 증거'였기 때문이다. 그가 대화록을 읽는 동영상도 그제야 공개되었다. 국회가 국가기록원에 있을 것으로 믿었던 대화록을 찾지 못했다는 사실도 대화록 유출 경로와 관련해 큰 의미가 있다. 김무성 총괄선대본부장이 부산 유세장에서 낭독한 대화록이 국가기록원이 아니라 국정원에서 나왔다는 증거이기 때문이다. 누군가 국정원이 보유하고 있던 대화록을 유출했고, 박근혜 선대위가 그것을 입수했으며, 그 일부를 김무성 총괄선대본부장이 유세장에서 공개했다. 누구나 그 범죄를 재구성할 수 있게 된 것이다. 검사들도 뉴스를 본다. 모를 리 없다. 그렇다면 검찰은 누가 고발하지 않아도 즉각 이 중대한 범죄에 대한 '인지수사'를 시작해야 한다. 그것이 검찰의 임무다.

그런데 그런 움직임이 전혀 보이지 않는다. "지금은 곤란하다. 조금만 기다려달라." 이명박 대통령이 한일정상회담에서 독도 영유권을 주장하겠다는 일본 수상에게 이렇게 말했다는 의혹이 있었다. 한일정상회담 대화록이 국정원에 있다고 하자. 그리고 누군가 그 대화록을 빼내 야당 국회의원에게 주었고, 그 국회의원이 대통령 선거 유세장에서 그것을 읽었다고 하자. 새누리당이 가만히 있겠는가. 검찰이 가만히 있겠는가. 절대 그렇지 않을 것이다. 그런데도 검찰은 국정원이 보관하고 있던 남북정상회담 대화록을 불법 유출하고 국가기밀을 공개한 범죄자들을 지켜보고만 있다. 이유가 무엇인가. 다른 게 아니다. 그 명백한 범죄행위에서 정치적 이익을 얻은 박근혜 후보가 대통령이 되었기 때문이다.

박근혜 대통령은 이 문제에 대해 침묵을 지키고 있다. 그는 엉뚱

하게도 국가기록원에 대화록이 없는 것을 두고 '사초 실종'을 개탄했
다. 김한길 민주당 대표가 여야 대표와 대통령이 만난 자리에서 이 문
제를 제기했지만, 그때 정치권에 널리 퍼져 있던 이야기를 한 것이라
면서 김무성 의원을 두둔했다. 선대위 종합상황실장 권영세와 총괄선
대본부장 김무성이 다 본 것을 박근혜 후보는 과연 보지 못했을까? 이
것을 선거에 활용하는 문제를 참모들이 모의하면서 후보에게는 정말
보고를 하지 않았을까? 그럴 수도 있다고 하자. 혹시 후보에게 흙탕물
이 튈지 모르니 우리끼리 후보 모르게 하자! 충성스러운 참모라면 그
렇게 할 수도 있다. 그런데 김무성 총괄선대본부장이 대화록을 낭독한
유세현장에 박근혜 후보도 함께 있었다. 이것이 국가기밀 누설이라는
것을 몰랐을 리 없다. 따라서 최소한 대화록 불법입수와 불법공개를
묵인한 정황이 있다는 것은 부정하기 어렵다.

　한발 더 양보해서, 박근혜 대통령이 대선 당시에는 전혀 몰랐다고
하자. 그래도 지금 시점에서는 자신의 핵심 선거참모들이 범죄를 저질
렀다는 사실을 모를 수 없다. 그런데도 박근혜 대통령은 말이 없다. 모
든 것을 국정원과 국회가 알아서 하라는 것이다. 대화록 문제와 관련
해서 박근혜 대통령이 거짓말을 한 적은 없는 것으로 안다. 대선 당시
에도 'NLL 수호'만 강조했고 지금도 'NLL은 피와 죽음으로 지킨 것'
이라는 정치적 수사만 입에 올릴 뿐이다. 그러나 거짓말을 하지 않는
다고 해서 진실을 말하는 것은 아니다. 대통령으로서 결코 침묵해서는
안 될 중대한 국가정보원의 대화록 유출 범죄에 대해 계속 침묵을 지
키는 것은 직무유기가 될 수 있다. 진실 은폐를 방조하는 것은 거짓말
을 하는 것과 마찬가지로 나쁜 행위다. 이렇게 할 것이라면 법치를 중

시하고 원칙을 지킨다는 '농담'이라도 그만해야 할 것이다.

박정희, 전두환, 노태우, 김영삼, 이명박, 박근혜 대통령은 모두 법치주의法治主義를 높이 받들었거나 받들고 있는 대통령이다. 그런데 그들은 법치와 법치주의를 구별하지 않는다. 그들에게 둘은 같은 것이다. '법으로 다스리는 것'이거나 '국민이 법을 잘 지키는 것', 또는 '법을 어긴 국민을 처벌하는 것'이다. 그러나 법치와 법치주의는 그런 것과는 전혀 다른 가치다. 법치를 그렇게 오해하는 것은 권력자들이 자기중심적 무지無知에 빠져 있기 때문이다. 악은 무지와 밀접한 관계가 있다.

법치는 '법으로 다스리는 것'이 아니라 '법이 다스리게 하는 것'이다. 독재자들은 권력을 가진 통치자統治者가 피치자被治者를 법으로 다스리는 것이 법치라고 생각한다. 통치자 자신은 법의 구속을 받지 않으면서 오로지 피치자만 법으로 구속한다. 이사李斯와 상앙商鞅 등 춘추전국시대 법가들이 이렇게 생각했다. 왕이 곧 법이다. 하지만 이런 것은 법치가 아니라 인치人治다. 권력을 가진 자가 스스로 만든 법으로 제멋대로 다스리는 자의적 통치일 뿐이다. 법치는 법이 통치자와 피치자를 모두 구속하는 것이다. 통치자가 법으로 피치자를 다스리는 게 아니라, 법이 통치자와 피치자 모두를 다스리는 것이다. 그런데 법이 다스리는 세상을 만들기는 매우 어렵다. 통치자가 법을 만들고 집행하기 때문이다. 대통령과 국회의원을 국민이 직접 선출하는 민주주의 사회에서도 통치자는 비교적 손쉽게 법의 구속을 벗어날 수 있다. 이럴 때 법은 '큰 고기만 빠져나가는 촘촘한 그물'이 된다. 지금 박근혜 대통령과 남재준 국정원장, 김무성 국회의원 같은 '큰 고기'들은 '피라미

만 걸려드는 촘촘한 법망法網'을 비웃고 있을지도 모른다.

법치주의는 이런 현실을 극복하기 위해 만든 이념이다. 피치자로 하여금 법을 지키게 하는 것은 법치나 법치주의와는 아무 관계가 없다. 인류 역사에서 통치자가 피치자를 법으로 구속하려 하지 않은 때는 없었다. 법치주의는 피치자를 구속하는 이념이 아니다. 그것은 법망을 만들고 그 법망으로 그물질을 하는 통치자를 구속하기 위해 만든 이념이다. 국가권력을 가진 사람의 자의적인 통치를 막기 위한 것이다. 쉽게 말하자. 우리에게 법치주의는 대통령을 비롯해 국가권력을 장악한 사람들이 자의적으로 통치하거나 법을 무력화해서 시민을 부당하게 괴롭히지 못하게 하기 위해 필요하다.

박근혜 대통령은 법치주의를 무시하고 있다. 박근혜 대통령을 위해서 일했거나 일하고 있다는 이유로, 검찰은 정문헌, 김무성, 권영세, 원세훈, 남재준 등 국가기밀을 유출하고 누설하고 정쟁에 악용한 범죄 용의자들을 눈감아주고 있다. 박근혜 대통령은 자신이 이 범죄와 연루되었을 수 있다는 '합리적 의심'에 대해 오직 침묵으로만 대응한다. 만약 내가 오해하고 있는 것이라면, 박근혜 대통령이 법무부장관을 통해 이 범죄자들을 수사하고 기소하도록 검찰을 지휘해야 한다. 그들의 행위가 범죄 구성요건을 충족하는지 여부에 대한 법원의 판단을 구해야 한다.

이것이 법치주의를 숭상하는 대통령으로서 마땅히 취해야 할 조처다. 야당은 이미 오래전에 그들을 고발했다. 검찰은 수사 중이라고 한다. 만약 검찰이 그들을 기소하지 않는다면 누군가는 재정신청을 해서 법원의 판단을 구해야 한다. 판사들이 범죄 구성요건 충족 여부를 살펴서 범죄가 성립했다고 판단하면 그들을 기소하도록 명령해야 한다. 노무현 대통령이 NLL 포기 발언을 했는지 여부, 국가기록원에 대화록을 남겼는지 여부는 중요한 문제지만 국가기밀 누설 범죄 성립 여부와는 아무 상관이 없다. 법을 위반해 국정원이 보유한 대화록을 유출하고 누설하고 선거에 악용한 행위의 진상을 밝히고 엄중하게 처벌해야 비로소 대한민국은 법치주의가 확립된 국가라고 할 수 있다.

이 문제와 관련해 한 가지만 덧붙인다. 검찰은 노무현 대통령이 봉하마을에 가지고 갔다가 국가기록원에 반환한 이지원e知園 사본에서 대화록을 찾아냈다. 대화록이 폐기되지 않았음은 분명하다. 노무현 대통령에게는 그런 행위를 할 만한 동기가 없었다. 국정원에도 대화록을 남겨둠으로써 후임 대통령도 볼 수 있게 배려한 마당에 자신의 최대 업적 가운데 하나인 남북정상회담을 기록한 문서를 왜 없애겠는가. 봉하 사저의 이지원 사본은 청와대 이지원을 통째로 복사mirroring한 것이다. 국가기록원으로 청와대 이지원을 넘겨주기 직전에 복사한 것인 만큼, 여기에 대화록이 있다면 국가기록원에 이관한 이지원 원본에도 있어야 한다. 만약 그렇지 않다면 이유가 무엇인지 검찰이 찾아내야 한다.

3. 친미국가도
   자주를 할 수 있는가?

남북 정상의 '자주론' 공방전

이제 본격적인 대화록 해설을 시작한다. 노무현 대통령이 말한 대로, NLL은 "무슨 괴물처럼 함부로 못 건드리는 물건"이다. 그런데 남북 정상은 그 '괴물'을 무장 해제하려고 했다. NLL문제는 정상회담의 가장 뜨거운 현안이었다. 남북 정상은 회담 내내 NLL문제를 두고 공방을 주고받았다. 하지만 결국 그들은 공동어로구역을 포함하는 서해평화협력특별지대를 설치하기로 합의했다. NLL을 없애지는 못하지만, 그것이 앞으로는 '괴물' 같은 힘을 발휘하지는 못하게 만들려고 한 것이다.

그러나 남북 정상이 가장 긴 시간을 들여 토론한 주제는 NLL문제가 아니었다. 북이 가장 높이 받드는 이념 또는 가치인 자주自主문제였다. 김정일 위원장은 남의 자주성 부족 때문에 우리 민족의 문제가 해결되지 않는다고 비판했다. 노무현 대통령은 지나치다 싶을 만큼 긴 시간을 들여 자주가 무엇이며 어떻게 자주를 이루어야 하는지 이야기했다. 대화록에 적힌 노무현 대통령의 발언은 겉보기에는 해명 같지만 실제로는 강력한 주장이었다. 때로는 강의를 하는 것처럼 보인다. 그것을 뭐라고 하든, 중요한 사실은 김정일 위원장이 노무현 대통령의 논리를 수긍하고 받아들였다는 것이다. 그가 자주에 대한 노무현 대통령의 주장을 받아들인 그 반전反轉의 순간이 2007년 남북정상회담 전체의 하이라이트였다. 그때부터 꽉 막혀 있었던 회담이 풀려나가기 시작했다. 오후 회담을 열기로 했으며, 오후에는 「10·4공동선언」에 담을 내용을 일사천리로 합의했다.

어느 사회든 가장 높이 내세우는 가치 또는 사회의 최고 목표가 있다. 나는 대한민국 사회의 가장 중요한 가치가 자유自由라고 생각한다. 우리는 각자의 주관에 따라 경제발전, 통일, 반공, 복지, 정의, 평등, 환경보호 등 다양한 주장을 할 수 있으며, 그런 다양한 견해에는 저마다의 근거와 타당성이 있다. 정답은 없다. 나는 자유를 가장 중시하지만 그것이 다른 모든 가치 위에 있다거나, 자유를 위해서는 다른 가치를 파괴해도 된다고는 생각하지 않는다. 그런 태도는 민주주의와 어울리지 않는 독선獨善 또는 가치의 독점이다. 대한민국은 사상과 표현의 자유를 보장하는 민주주의 국가다. 자기가 옳다고 믿는 것을 폭력으로 남에게 강제하지만 않는다면, 국민 대다수가 터무니없다고 판단하는 견해에 대해서도 표현의 자유를 보장해주어야 한다.

그렇다면 조선민주주의인민공화국 인민들은 뭐라고 할까? 자주가 정답이다. 다른 것은 모두 '틀린' 대답이다. 북은 주체사상이 사회생활의 모든 영역을 지배하는 전체주의 국가이기 때문이다. 모든 인민은 주체사상으로 무장하고 지도자의 말을 확고한 진리로 받들어야 한다. 사상과 표현의 자유 같은 것은 없다. 딴소리를 하면 부르주아 사상, 제국주의, 자유주의, 사대주의 같은 '잡사상'雜思想에 오염되어 있다는 증거가 될 뿐이다. 그런 사람은 자아비판과 노동을 통해 사상을 '교정'해야 한다. 남과 북은 거의 모든 면에서 서로 다른 사회지만, 가장 결정적인 차이는 바로 여기에 있다고 나는 믿는다.

그렇게 다른 두 국가의 국정 최고책임자들이 자주문제를 두고 벌인 토론은 실로 흥미진진하다. 그렇지만 회담의 하이라이트였던 이 토론은 우리 국민의 관심을 끌지 못했다. 언론이 보도하지 않았고, 지식인들도 그다지 주목하지 않았기 때문이다. 모두들 대화록에 'NLL 포기 발언'이 있는지 여부만 살폈다. 국가 정상들의 회담 기록을 이렇게 다루는 것은 너무나 유치하고 부박한 행위다. 남북 정상은 개인이 아니었다. 그들은 대한민국과 조선민주주의인민공화국의 국가원수이자 국민과 인민의 대표자였고, 서로 다른 두 사회의 정신적 가치와 지향을 대변하는 지도자였다. 두 정상이 전개한 자주론 공방전은 남과 북이 하나의 민족, 하나의 국가, 하나의 사회로 가기 위해서 해결해야 할 철학적·사상적 차이가 무엇인지를 분명하게 보여주었다. NLL문제와 자주론 공방은 둘 모두 중요하지만 그 차원은 현격하게 다르다.

자주는 북이 가장 높게 내세우는 이념 또는 가치다. 그들은 '우리식 사회주의'를 내세워 독재체제의 정당성을 옹호하며, 민족의 문제를 '우리 민족끼리' 해결하자고 말한다. 수십 년 동안 우리는 그들이 그렇게 말하는 것을 들었다. 그런데 북이 정말 우리 민족끼리 해결하려고 한 문제는 그리 많지 않았다. 중대한 현안이 있을 때 북은 먼저 미국과 협상하고 미국과 담판을 지으려고 했다. 때로는 대한민국을 일부러 배제하기도 했다. 북의 핵문제를 해결하려는 미국과 협상해 만든 1994년의 「제네바기본합의」가 대표적인 사례다. 남도 북을 인정하지 않으려 했지만, 북도 남을 인정하지 않고 이른바 '통미봉남'通美封南 전략을 구사한 것이 사실이다.

그러나 어쨌든 자주는 좋은 가치다. 사람은 누구나 자주적으로 사는 게 좋다. 타인의 자비심에 의존해서 살면 존엄을 지킬 수 없다. 대한민국의 미래는 대한민국 국민들 스스로 열어나가는 게 맞다. 민족의 운명도 남북 8,000만 우리 민족이 스스로 결정하고 만들어나가야 한다. 반대할 이유가 없다. 그런데 대화록에서 노무현 대통령과 김정일 위원장은 자주의 개념과 실현방법에 대해 크게 다른 생각을 드러냈다.

김정일 위원장은 기본입장을 발표할 때 대한민국을 비판하는 말로 문을 열었다. 곧바로 '자주' 문제를 꺼낸 것이다. 사실 이것은 별로 새로운 일이 아니며 놀랄 일도 아니다. 지난 60년 동안 북이 늘 해온 말이기 때문이다. 북은 대한민국을 '친일파가 세운 나라'로 간주했다. 자기네는 항일 무장투쟁세력이 국가를 세웠지만 대한민국은 미국 망명객 출신 이승만 대통령이 일제 부역자들을 등용해서 건국을 했다는 것이다. 그래서 일종의 도덕적·정치적 우월감을 지니고 대한민국을 대했다. '일제 식민지'에서 '미제 식민지'로 바뀐 '남조선'을 자기네가 해방시켜야 한다고 공공연히 주장했다. 비록 노골적으로 표현하지는 않았지만, 김정일 위원장도 이런 인식을 내비쳤다. 다음은 노무현 대통령의 기본입장에 대한 김정일 위원장의 응답이다.

— 대통령께서 말씀하신 바와 같이 그러한 목표를 가지고

사업을 하나하나 착실하게 해나가면 세계정세에도 어울리고. 우리 민족 문제를 우리 정상들끼리 조선 민족끼리 해결한다고 하는 모범을 보여줄 수 있겠다고 생각합니다. 6·15공동선언은 그저 상징화된 빈 구호가 되고, 빈 종이, 빈 선전곽이 됐다고 생각합니다. 내 솔직한 심정인데, 우리 민족이 자주성 결여로 지금 대국들의 장단에 맞추는…….

지금 많은 문제가 군사적으로 신뢰가 조성되지 않고서는 해결될 수가 없다고 생각합니다. 국방장관회담을 하자고 제기했는데, 그것도 우리가 안 하자는 것도 아니고, 정세의 흐름들 속에서 지금 자주성들이 결여되다 보니까 지금 지체되면 지체되고 연기되면 연기됐지. 지금 상급회담도 제대로 되지 않는데 정세에 따라서 했다 말았다 하기 때문에 난 바로 그 문제 생각했습니다. 남쪽 사람들이 자주성이 좀 있어야 되지 않겠는가. 자꾸 비위 맞추고 다니는 데가 너무 많다, 난 이렇게 생각했습니다. 자주성이 없다 하면 너무 인격 모독하는 것 같은데. 좋게 보면 눈치 보는 데가 많고, 우리 입장에서 보면 자기 주견대로 말을 못 하는가, 이렇게 내가 생각했습니다.

　"너무 인격 모독하는 것 같은데"라고 했지만, 이것은 망설임 없는 선제공격이었다. 남측이 자주성이 없어서 우리 민족의 문제가 해결되지 않는다고 대한민국 대통령 면전에서 말하는 것은 심각한 '인격모독'이다. 그러나 노무현 대통령이 곧바로 받아치지는 않았다. 그는 자주에 대한 김정일 국방위원장의 인식이 고지식하고 순진하며 비현실적이라고 보았다. 그러나 자주는 북의 자존심이 걸린, 최고 지위를 가진 가치였다. 그래서 일단 자주를 좋은 것이라고 인정해주었다. 나아가 대한민국이 친미국가라는 것을 사실로 인정했다. 그리고 다른 주제

를 다루면서 곳곳에서 '자주' 문제에 대한 김정일 국방위원장의 견해를
반박하고 설득했다. 조심스럽게, 끈질기게 그리고 진지하게.

　나는 그렇게 읽었다. 대화록 여러 곳에 흩어져 있는 자주문제에
대한 노무현 대통령의 발언을 연결해보면 그렇게 된다. 다음은 노무현
대통령이 자주론 공세에 대해 반격을 개시한 첫 발언이다. 앞서 밝힌
것처럼 꼭 필요하지 않은 부분은 조금씩 가지를 쳤다. 그러나 논리와
취지는 건드리지 않았다.

　　　— 자주의 문제를 많이 제기하시는데, 영국 토니 블레어
자문을 하는 기든스가 영국이 미국에 너무 의지하지 말고 좀 자주적으로 가
라. 유럽을 중시하라. 이렇게 조언을 해놓은 것을 봤습니다. 영국도 보기
에 따라 자주적으로 하지 못하고 있다는 비판을 받고 있는 것입니다. 그 수
준으로 올려버리면 세상에 자주적인 나라가 북측에 공화국밖에 없고 나머
지는 다 덜 자주적인 나라가 되는 것입니다. 그런데 분명한 것은 우리가 미
국에 의지해왔습니다. 그리고 친미국가입니다. 객관적 사실입니다. 해방될
때, 분단정부를 세우는 과정에서, 한국전이라는 과정을 거치면서 역사적으
로 형성되어온 것이어서 남측의 어떤 정부도 하루아침에 미국과 관계를 싹
둑 끊고 북측이 하시는 것처럼 이런 수준의 자주를 하는 것은 불가능합니
다. 그래서 나는 시간이 좀 필요하다, 점진적 자주로 가자. 김대중 대통령이
들어서시기 전까지는 점진적 자주에 대한 의지도 없었습니다. 김대중 대통
령은 실제로 자주란 말씀을 자주 하진 않으셨지마는 6·15회담부터 자주적
인 행보……

이것은 김정일 국방위원장의 기본입장 발표와 김계관 북측 6자회담 대표의 협상결과 보고가 끝난 직후 노무현 대통령이 한 말이다. 이 발언의 취지는, 누구의 눈치도 보지 않고 모든 일을 자기 소신대로만 하는 '절대적 자주' 개념은 적어도 대한민국 대통령에게는 전적으로 비현실적이라는 것이다. 그는 대한민국이 친미국가로 출발했고 지금도 친미국가지만 김대중 대통령 집권 이후 더 자주적인 국가로 발전해가고 있다고 주장했다. 노무현 대통령은 그렇게 주장하는 근거를 곧바로 상세하게 제시하면서 이것이 시대의 흐름이라고 설명했다.

— 어쨌든 자주국방이라는 말을 이제 우리 군대가 쓰기 시작합니다. 주적 용어 없애버렸습니다. 균형외교라는 말을 우리 정부에 와서 공공연하게 쓰고 있지 않습니까. 작전통수권 환수하고 있지 않습니까. 많은 사람들은 2사단 후방배치를 미국의 전략이라고 얘기하지만 그건 후보 때부터 얘기하던 나의 방침이기도 합니다. 인계철선 얘기하는데 미국이 인계철선이 되면 우린 자주권을 가질 수가 없는 것 아니냐. 국방을 거기다 맡겨놓고 어떻게 우리가 자주를 얘기할 수 있느냐. 그래서 2사단 철수한다는 것이 방침이었는데 마침 미국도 재배치계획을 가지고 있어서 일치해서, 용산기지를 이전하는 데 우리가 60억 달러라는 돈이 듭니다. 100억 달러가 들어도 대한민국 수도 한복판에 외국군대가 있는 것은 나라 체면이 아니다. 보냈고, 나갑니다. 2011년 되면.
그래서 자꾸 너희들 뭐하냐. 이렇게만 보지 마시구요. 점진적으로 달라지고 있구나. 이렇게 보시면 달라지는 것입니다. 전략적 유연성 문제에 있어서 우리가 현실을 인정하지 않을 수 없지만, 동북아시아에서 군대를 움직일 때에는 우리 정부의 승인을 반드시 받아야 된다. 합의했지 않았습니까. 작계5029라는 것을 미 측이 만들어가지고 우리에게 가는데, 그거 지금 못 한다. 이렇게 해서 없애버리지 않았습니까. 개념계획이란 수준으로 타협을 해가지고 있는데 이제 그거 없어진 겁니다. 우리는 전쟁 상황 자체를 동의하지 않기 때문에, 그건 뭐 갈 수 없습니다. 2012년 되면 작전통제권을 우리가 단독으로 행사하게 됩니다. 그다음에 어제 엊그제 국군의 날 행사 때 우리 안보 개념은 대북 안보만 있는 것이 아니다. 이제는 동북아시아 전체를 내다본 안보체제를 갖추어야 한다. 일관되게 여러 가지 이야기했습니다. 한반도가 동북아시아의 균형자가 되어야 한다. 이런 주장을 하고 있습니다. 이것은 내가 결의가 단호해서 그렇거나 훌륭해서 그런 것이 아니고 남쪽의 국민들의 보편적 정서로서 가고 있다는 것이죠. 우리 국민들 사이에서 그 흐름을 돌이킬 수 없는 것으로 굳혀나가는 것은 남북관계에 성과 있는 진전이 있어야 된다는 것이죠. 그래서 첫 번째가 평화에 대한 어떤 의지 표현이 있어야 되는 것 아니냐 이런 것입니다. 난 그렇게 우선 자주문제에 대해서 그렇게 점진적·시간적 개념으로 보고…….

여기 등장한 이슈들을 보라. 자주국방, 균형외교, 작전통제권 환수, 용산 미군기지 이전, 주한미군의 전략적 유연성, 작계5029, 동북아시아 균형자, 이것은 모두 노무현 대통령 임기 중 만만치 않은 논쟁을 일으켰던 외교안보 이슈들이다. 이 모든 문제를 두고 새누리당과 보수언론은 노무현 정부를 이념적으로 공격했다. 때로 진보언론과 진보 지식인, 진보적 시민단체들도 다른 각도에서 비판을 가했다. 노무현 대통령은 박정희, 김대중 대통령과 더불어 대한민국 정치사에서 가장 '문제적인 인물'임에 분명하다.

　　노무현 대통령은 대한민국의 변화를 예시하면서 자주문제를 흑백 논리로 볼 것이 아니라 점진적·시간적 개념으로 보자고 제안했다. 그의 주장을 요약하면 이렇게 된다. "지구촌은 자주적인 국가와 자주적이지 않은 국가로 이루어져 있는 것이 아니다. 각자 실력이 다르기 때문에 형편에 따라서 더 자주적인 나라와 덜 자주적인 나라들이 있을 뿐이다. 대한민국은 덜 자주적인 나라로 출발했지만 국민들의 의지 덕분에 더 자주적인 나라로 바뀌어왔다. 이 흐름을 더 분명하게 만들고 싶다면, 남북 당국이 마음을 모아 남북관계에 획기적인 진전을 이루어야 한다." 그렇게 상대방을 설득했다.

점진적 자주론과 회담의 반전

무협지 방식으로 표현하면, 여기까지 남북 정상은 각자 자기의 기본초식을 선보이며 일합一合을 겨루었다. 김정일 국방위원장은 그 이후 다른 초식을 펼치지 않았다. 그러나 노무현 대통령은 상대방이 본 적 없었을 새로운 초식을 펼쳐 보였다. 그는 대한민국이 '절대적 자주'가 아니라 '점진적 자주'를 할 수밖에 없다는 것을 명확히 했다. 나아가 세계사적 조건과 국제정세를 고려하면 조선민주주의인민공화국 역시 '절대적 자주'를 실현하기 어렵다고 주장했다. 그리고 다음과 같은 말로, 현실을 인정하고 유연한 자세로 국제사회에 들어오라고 권했다.

― 우리 민족끼리 아무리 하고 싶어도 그렇게 할 수 없다는 현실이, 우리 남측의 경제가 확 주름이 잡힌다든지 기업들이 곤란을 겪는 일들을 정부가 결정해야 된다는 것이, 되지도 않으면서 고립을 자초하는 자주는 할 수 없는 것이다. 세계 역사를 봐도 활발한 교역에 앞장선 국가들이 세계 패권을 가지고 왔던 것입니다. 우리는 세계 패권을 꿈꿀 수는 없겠지만, 한반도가 7,000만 경제권을 가지고, 그래서 동북아시아에 실제 중심을 잡는 이런 위치에 가자면 경제에 있어서 앞서 가야 되고 경제를 유지하자면 교역을 활발하게 안 할 수 없는 이런 애로가 있다는 점을 이해를 해주시면 고맙겠습니다. 우리 스스로가 그렇지만은 이와 같은 세계 경제의 현실 속에 북측도 함께 발을 들여야지, 시장에는 발을 디뎌야지, 안 디디고 어떻게 갈 수 있겠느냐. 그런 해명을 좀 말씀드리고요. 그래서 비위를 살피고 눈치를 보는 이유가 사대주의 정신보다는 먹고사는 현실 때문에 그렇게 되고 있다는 점을 잘 이해를 해주시면 좋겠습니다.

노무현 대통령은 북핵문제와 6자회담으로 주제를 옮겨가면서 다시 한번 김정일 국방위원장에게 충고했다. 평소 어법이라면 이렇게 말했을 것이다. "아니꼬운 걸 못 참는 게 자주는 아니지 않은가. 나라의 안전을 지키고 인민의 삶을 지키려면 참을 때 참고 굽힐 때 굽히는 지혜가 필요하다. 그렇게 해야 제3자인 국제사회의 이해를 얻고 친구를 만들 수 있다." 그렇지만 상대는 국제사회에서 고립된 채 수십 년 '고난의 행군'을 한 전체주의 국가의 최고권력자였다. 그렇게 말하는 건 현명한 화법이 아니다. 그래서 그는 김계관 외무성 부상의 말을 끌어들여, 더럽고 아니꼬워도 미국, 일본 등과 관계를 풀라고 권했다. 미국이 BDA(방코델타아시아은행)의 북 계좌를 동결하고 금융기관들의 대북 금융거래를 봉쇄한 사건 등에서 미국의 조처가 옳지 않지만 미국이 힘이 세니까 북이 고립되었다는 이야기를 하면서, 우리가 벗이 되고 힘이 되어줄 테니 고립으로 가는 자주 말고 진짜 자주를 하자고 말했다.

― 아까 김계관 부상이 그랬습니다. 적대시정책 철회하고, 비핵화는 전 조선반도에 한다. 이거 좋습니다. 이미 합의된 거니까. 지금은 6자회담 주제에 남북문제가 안 들어 있으니까 그렇지. 이것은 남북 간에도 충분히 합의하고, 이미 합의가 있는 거니까 지켜갈 수 있습니다. 그리고 평화적 이용권, 적극적으로 찬성합니다. 말하자면 미국이 안 줄려고 하면 6자회담은 성공할 수 없는 것입니다. 다만 시간적으로 신뢰를 확보해가는 과정 아니겠습니까.

신뢰를 누구를 기준으로 하느냐, 국제사회에서 사실 그렇습니다. BDA문제는 미국이 잘못한 것인데, 북측을 보고 손가락질하고, 북측보고 풀어라 하고, 부당하다는 거 다 알고 있습니다. 그러나 우리가 문제를 실질적으로 풀어나가기 위해서는 국제사회에서 지지를 확보해야 됩니다. 그래서 나는 지난 5년 동안 내내 북핵문제를 둘러싼 북측의 6자회담에서의 입장을 가지고 미국과 싸워왔고, 국제무대에 나가서 북측 입장을 변호해왔습니다. 그러나 실질적으로 내가 행동하면서, 미국하고 딱 끊고 당신 잘못했다고 하지 못한 것은 미국이 회담장을 박차고 떠나버리면, 북측도 좋은 일이 아니겠지만, 우리 남측으로 봐서도 좋지 않습니다.

남측은 평화가 흔들린다고 하면 주가가 땅에 떨어집니다. 해외에서 빌려오는 돈의 이자가 올라갑니다. 우리는 위원장하고 김대중 대통령하고 6·15

때 악수 한 번 했는데, 그게 우리 남쪽 경제에 수조 원, 수십조 원 번 거거든
요. 어제 사진도, 어제 내가 분계선을 넘어선 사진으로 남측이 아마 수조 원
벌었습니다. 뭐 장기적으로, 상징적으로 그런 것입니다. 그래서 6자회담 깨
지면 안 되니까, 미국 붙들고 같이 가야, 북측도 못 나가게 해야, 그래서 6자
회담 가면 아마 북측하고 가장 긴밀하게 얘기하는 쪽이 우리가 아니었을까
그렇게 생각합니다.

우리가 선진강국이 되자면, 그럼에도 불구하고 미국하고 적대관계, 관계정
상화 풀어야 되고요. 일본하고도 아니꼬워도 문제를 풀고 가야 합니다. **남
북이 말하자면 완전한 협력관계에 들어서고 북측이 국제관계에 들어서고
나면 쫓아내지 못하거든요. 지금은 세게 하면 고립이 되지만, 자리를 잡고
난 뒤에 세게 하면 자주가 되거든요. 자주가 고립이 아니라 진짜 자주가 될
수 있도록 그렇게……**.

대화록을 보면 이 대목은 노무현 대통령이 장시간 계속해서 말을
하기 때문에 마치 강의를 하는 것처럼 보인다. 대화록만 보아서는 김
정일 위원장이 어떤 표정으로 듣고 있는지는 알 수 없다. 누군가 자주
에 대해 면전에서 이렇게 말하는 것을 듣는 경험을 그는 예전에 한 적
이 없었을 것이다. 최고권력자의 말이 곧 법이 되는 전체주의 국가에
서 누가 이런 비판과 조언을 해주었겠는가. 대화록이 공개된 직후 이
대목을 처음 읽었을 때, 손에서 땀이 났다. 김정일 위원장이 도대체 어
떻게 나올까, 조마조마한 심정으로 읽었다. 그가 노무현 대통령의 긴
발언을 끊지 않은 것으로 보아 주의 깊게 듣는 것 같았다. 노무현 대
통령은 아마도 말이 조금씩 빨라졌을 것이다. 그는 논리적으로 막힘이

없을 때 말이 빨라지는 습관이 있었다. 자주에 대한 긴 '강의'가 끝났을 때, 김정일 위원장은 뜻밖에도 이렇게 말했다.

— 옳습니다. 노 대통령님의 견해를 충분히 알았습니다.

이때는 오전 회담이 막바지에 와 있었다. 대화록이 옳게 작성된 것이라면, 김정일 위원장의 이 반응은 이날 두 차례 회담 전체의 하이라이트에 해당하는 극적 반전이었다. 그는 '노 대통령님의 견해'가 '옳다'고 말했다. 통역이 필요 없어서 그런지, 이 회담에서는 두 정상과 배석자들이 질문과 답을 주고받거나 발언 중간에 끼어드는 장면이 여러 차례 나왔다. 남북 정상은 상대방을 부를 때 가끔 '님'을 붙이기도 했고, 자기를 가리킬 때 '나'와 '저'를 섞어 쓰기도 했다. 대화록에는 몇 군데 되지 않지만, 실제로는 더 자주 그랬을 수 있다. 정확하게 확인하려면 국정원이 보유한 녹음파일을 들어봐야 할 것이다. 호칭문제가 크게 중요한 건 아니다. 그러나 회담 분위기가 어떠했는지 파악하는 데는 적지 않은 도움이 된다. 어찌 되었든, 김정일 위원장이 이렇게 말한 시점부터 회담 흐름이 눈에 띄게 호전되었다. 그리고 잠시 뒤 오후에도 회담을 하기로 뜻을 모았다.

김정일 위원장은 김일성 주석의 아들이다. 그는 자수성가한 권력자가 아니었다. '청년대장'이니 '민족의 향도성嚮導星'이니 하는 이름으로 불리는 '왕세자'로서, 일찍부터 '지도자 수업'을 받으며 권력을 세습했다. 북의 교과서만 가지고 공부했으며 그 틀 안에서 지적·정신적 자산을 축적했다. 정규 대학을 나오지 못한 사람으로서 산전수전, 공중전까지 다 겪은 끝에 대한민국 국정 최고책임자 자리에 오른 노무현 대통령과는 달리 심각한 사상적·이론적 비판과 도전을 받은 적도 없었다.

'김정일 비서 동지'는 1982년 가을 「주체사상에 대하여」라는 논문을 발표했다. 그때 강원도 보병연대 소총중대의 작전병이었던 나는 GP 급수시설을 만드는 토목공사에 투입되어 두 달 동안 야전생활을 했는데, 중대장이 가지고 온 텔레비전으로 밤마다 북측 방송을 보곤 했다. 들키면 보안사에 잡혀갈지 모른다고 생각했지만 강렬한 호기심을 억누를 수 없었다. 10분짜리 방송뉴스에서 8분 동안 그 소식이 나왔다. 중동 건설현장 일꾼을 포함해서, 그 논문을 받아들고 감격해서 우는 북 인민들이 줄줄이 등장했다. 하지만 논문 내용은 하나도 소개해주지 않았다. 궁금했다. 나만 그런 게 아니었다. 1980년대 중반 대한민국에는 그 논문을 구하려고 애쓰는 청년들이 많았다. 남들이 눈치 채지 못하게 하려고 그것을 「대하여」라고 불렀다. 서울의 공단 주택가에 간첩이 「대하여」를 뿌리고 다닌다는 소문을 듣고, 평소 하지 않는 새벽 산책을 나간 사람도 있었다. 나는 어찌어찌해서 복사판을 하나 구했다. 그런데 그것은 논문이라고 할 수 없는 소책자였다. 참고문헌도 각주도 없었다. 심각한 철학적·역사학적·정치적 쟁점이 있는 것도 아니었다. 그저 '주체사상의 명심보감'이라 하면 좋을, 일종의 도덕 교과서였다.

한 번 더 무협지 버전으로 돌아가자. 왕세자로 자라서 왕이 되었던 김정일 위원장을 상대로 비주류 아웃사이더 출신 노무현 대통령은 '점진적·상대적 자주론'이라는 낯선 초식을 펼쳤다. 그 초식이 통했다. 김정일 위원장이 받아들였다. 그 사실이 중요하다. 노무현 대통령을 만나지 않았다면, 그는 북의 교과서와 다르게 자주문제에 접근하는 방법을 단 한 번도 깊이 생각해보지 못한 채 세상을 떠났을지 모른다. 대화는 좋은 것이다.

친미와 자주는 반대말이 아니다

노무현 대통령은 오후에도 자주론에 관한 발언을 이어나갔다. 서상기, 김무성 의원 등 새누리당 정치인들이 격한 분노를 터뜨렸던 '반미 발언'이 대부분 여기에서 나왔다. 그들의 분노와 아울러 노무현 대통령의 의도를 이해하기 위해 그 발언들을 옮겨본다. 좀 길지만 함께 감상해보자.

    — 제일 큰 문제가 미국입니다. 나도 역사적으로 제국주의 역사가 세계 인민들에게 반성도 하지 않았고 오늘날도 패권적 야망을 여실히 드러내고 있다는 인식을 가지고 있습니다. 그리고 그 점에 관해서 마음으로 못마땅하게 생각하고 저항감도 가지고 있고 새로운 기회가 필요하다는 인식도 가지고 있습니다.

객관적으로 나는 이렇게 생각해봅니다. 미국이 군사력을 가지고 개입하고 시장에 대한 규제를 가지고 정치적 원력을 행사한다. 말하자면 미운 나라에 대해서는 경제제재를 한다든지, 미국의 국내법만 가지고도 상당한 위력을 가지고 있습니다. 그리고 다음에는 과학기술을 가지고 정치적으로 이용하고 있습니다. 그런데 과학적 패권이라는 것은 시간이 좀 지나면 상호적인 관계로 변화를 형성하고. 군사적인 문제는 세계적으로 보아서 아프리카라 할지라도 타격이라든지 일시적인 침략은 가능할지 모르지만 지배는 불가능한 시대로 간다고 보기 때문에 과거 제국주의 시대 같은 그런 침략과 지배, 이것을 자위력으로 행사하기는 어려울 것입니다. 이라크에서도 그런 것이 증명되고 있습니다. 그렇게 세상은 바뀌어가고 있고 경제·시장규제를 가지고 정치적 원력을 행사하는 것도 과연 어느 시기까지 갈 수 있을까? 앞으로 10년, 20년, 변화를 내다보면서 곧 한계에 봉착한다고 생각합니다. 중국과의 관계에서 본다면 미국이 중국에 대해서 그와 같은 경제권력을 행사하기가 매우 어려운 상황일 것입니다.

그러나 개별기업들이 아직까지 국내법을 가지고 상당히 두려워하고 있는 것은 사실입니다. 하지만 전체적으로 상황이 변해가고 있고, 이러한 상황을 이용해서 한민족이 슬기롭게 서로 단결하고 또 자주의 문제도 시간을 갖고 서서히 풀어갈 수 있지 않은가 그러한 믿음을 갖고 있습니다. 우리 남측 국민들에게 여론조사를 해봤는데, 제일 미운 나라가 어디냐고 했을 때 그중에 미국이 상당 숫자 나옵니다. 또 동북아시아에서 앞으로 평화를 해롭게 할 국가가 어디냐, 평화를 깰 수 있는 국가가 어디냐 했을 때 미국이 일 번으로 나오고 제일 많이 나오고 많은 사람들이 미국을 지목하고, 그다음은 일본을 지목하고 다음을 북측을 지목했습니다.

남측에서는 이 변화라는 것도 10년 전만 해도 상상할 수 없었던 인식의 변화를 가져오고 있습니다. 이러한 것이 우리 민족이 자주적으로 문제를 풀어나갈 수 있는 환경의 변화라고 생각합니다. 또 남측의 지도자로서 그러한 환경의 변화를 지켜만 보고 있지 않을 것입니다. 오전에 내가 말씀드렸듯이 여러 가지 노력을 통해 자주적인 역량을 강화해나가고 있습니다. 그 점에 대해서는 의논을 드리고 싶고 그러한 전망을 가지고 풀어나가자고 말씀드리고 싶습니다.

대한민국 대통령이 지난 시대 미국의 제국주의 행태에 대해서, 그리고 오늘날 미국의 대외정책에 대해서 이렇게 비판적인 인식을 가지고 있다는 사실을 어떻게 보아야 할까. 나는 개인적으로 노무현 대통령의 인식에 전적으로 동의한다. 내가 반미주의자여서 그런 게 아니다. 현실과 역사를 있는 그대로 보면 그 말이 옳다고 할 수밖에 없다. 미국 행정부는 미국의 이익을 추구한다. 당연하다. 한국 정부도 한국의 이익을 최우선으로 삼아야 한다. 그것이 세계 정부가 존재하지 않는 지구촌에서 모든 국민국가의 정부가 가져야 마땅한 태도다. 이것이 상식이다. 미국 행정부는 나라 밖에서 자기네가 미국의 이익이라고 생각하는 것을 추구하기 위해 때로 옳지 않은 일을 한다. 베트남전쟁이 그랬고, 이라크전쟁이 그랬다. 다른 사례도 숱하게 많다.

미국은 언제나 옳은 일을 했다고 믿는 사람도 있을 것이다. 각자 자신의 기준에 따라 판단할 자유와 권리가 있다. 그러나 노무현 대통령이 마치 '신성모독'神聖冒瀆의 죄를 범하기라도 한 양 떠드는 것은 어리석은 짓이다. 미국은 우리의 가장 중요한 우방이지만 무작정 섬기거나 숭배해야 할 대상은 아니다. 한국과 미국은 경제적·군사적·외교적·정치적으로 서로를 필요로 하기 때문에 친구로 지내는 것이다. 그러나 가까운 친구라고 해서 그가 하는 모든 행동을 다 옳다고 할 필요는 없다. 가까운 친구도 잘못하는 일이 있을 수 있다. 그럴 때는 그 잘못을 이야기해주기도 하고, 때로 다툴 수도 있는 것이다. 미국의 정책이 우리나라의 이익을 침해하거나 도덕적으로 잘못되었다고 생각할 때 그것을 비판하는 것은 우리 국민 누구나 누려야 할 자유며 권리다.

먹고사는 문제와 현실의 제약 때문에 친미를 하는 것은 '사대주의'가 아니다. 대한민국은 미국과 좋은 관계를 유지하는 게 여러모로 이익이다. 지금도 그렇지만, 혹시 통일이 된다고 해도 그런 면이 있다. 전쟁은 보통 이웃 나라들 사이에서 벌어진다. 다른 나라를 침략하는 나라는 먼저 이웃부터 침략하기 마련이다. 우리 민족사에서 중국과 일본 말고는 쳐들어온 나라가 없었다. 먼 곳에 있는 나라와는 크게 다툴 일이 없다. 한반도는 엄청나게 넓은 영토와 역시 엄청나게 큰 영토 욕심을 가진 중국과 긴 국경을 맞대고 있다. 예전 같지는 않지만 여전히 막강한 군사력을 가진 러시아와도 국경을 공유한다. 현해탄 건너에는 과거의 침략행위를 여전히 사과하지 않고 우경화의 길을 걷는 경제대국 일본이 있다. 미국은 먼 곳에 있는 힘센 나라다. 우리와 전쟁을 할 이유가 별로 없다. 그런 나라와 정치적·경제적·군사적으로 좋은 관계를 맺어서 나쁠 것은 없다고 생각한다.

친미 그 자체는 나쁘지 않다. 반미도 마찬가지다. 그러나 친미주의는 좋지 않다. 반미주의도 역시 좋지 않다. 친미주의와 반미주의는 전략에 불과한 친미와 반미를 이념적 목표 또는 도덕적 가치로 삼기 때문이다. 친미주의자는 반미를 반미주의와 같은 것이라고 본다. 반미주의자는 친미주의와 친미를 구분하지 않는다. 각자 이데올로기로 물든 색안경을 끼고 있기 때문이다. 누군가 노무현 대통령이 정상회담에서 미국을 비판한 것을 두고 반미주의자라고 비난한다면, 그것은 그 사람 자신이 친미주의라는 이데올로기에 사로잡혀 있기 때문이다. 그런 사람들은 생존전략인 친미를 절대적으로 추구해야 할 목표나 도덕적 원칙으로 삼는다. 그렇게 되면 미국 정보기관이 주미한국대사관을 불법 도청했다는 사실이 드러나도 변변한 항의조차 하지 못하게 된다. 숭배의 대상에게 어찌 항의를 하겠는가.

대한민국 헌법 제66조는 대통령에게 '국가의 독립'을 수호할 책임을 부여했다. '국가의 독립'은 형식만을 의미하지 않는다. 정부가 있고 유엔에 가입했다고 해서 국가의 독립이 보장되는 것은 아니다. 우리나라가 직면한 문제들을 우리 국민의 이익과 행복을 위해 우리 스스로 결정하고 책임질 능력을 갖추고 또 그렇게 실행할 수 있어야 비로소 제대로 된 독립국가라 할 수 있다. 한반도의 평화는 우리에게 생존이 걸린 문제다. 평화로운 한반도를 만들려면 남북이 화해하고 공존하면서 교류하고 협력해야 한다. 우리 스스로 판단해서 그에 필요한 일을 해야 한다. 그럴 때 대한민국은 명실상부한 독립국가라고 할 수 있다. 그 문제를, 미국이든 중국이든, 다른 나라에 맡겨서는 안 된다.

대한민국 정부는 미군 점령 아래서 수립되었다. 한국전쟁 당시 수많은 젊은이들을 희생시키고 엄청난 돈을 쏟아부은 미국의 지원이 없었다면 1950년에 조선민주주의인민공화국에 흡수되어 사라졌을 것이다. 미국은 전쟁 후에도 우리에게 원조를 주고 차관을 제공했다. 동서 냉전시대에 우리나라는 미국산 제품 수입을 철저하게 막았다. 그러나 미국은 자국 시장에서 한국에 '최혜국대우'를 해줌으로써 수출주도형 산업화에 성공하는 데 필요한 환경을 만들어주었다. 미군은 전쟁이 끝난 후에도 60년째 대한민국에 주둔하고 있다. 우리도 적지 않은 주둔

비용을 부담하지만 미국 정부는 그보다 훨씬 더 많은 비용을 지출해왔다. 대한민국을 지원한 미국 정부의 동기와 목적이 무엇이었든, 이것은 엄연한 사실이다. 대한민국은 역사적으로 형성된 '친미국가'다.

그러나 그렇다고 해서 모든 한국인이, 대한민국의 대통령이, 반드시 친미주의자여야 할 이유는 없다. 우리는 친일파를 등용해 만든 가난한 독재국가로 출발했지만 산업화와 민주화에 성공함으로써 우리 스스로 정통성 있는 국가를 만들어 국제사회의 당당한 일원이 되었다. 대한민국은 경제적·정치적·군사적·문화적으로 독립한 자주국가로 가는 길을 차근차근 걸어왔으며, 앞으로 더 당당한 자주국가로서 미국과 좋은 관계를 유지해나갈 수 있을 것이다. 바로 이것이 우리 헌법이 대통령에게 책임을 맡긴 '국가의 독립성'을 수호하는 길이다. 노무현 대통령은 그런 책임을 무겁게 인식하면서, 미국의 패권이 거스를 수 없는 현실임을 인정하고 지구 차원의 기술적·정치적·경제적 변화의 흐름을 활용해 점진적으로 자주국가를 향해 나아가야 한다는 평소 소신을 피력했다. 반미국가만 자주를 할 수 있는 게 아니다. 친미국가도 자주를 할 수 있다. 그런 말이다. 여기에 도대체 무슨 문제가 있는가.

우리 속담에 "보지 않는 데서는 나라님 욕도 한다"고 했다. 남북은 수백만 명이 죽고 다치는 참혹한 전쟁을 벌였다. 반세기가 넘도록 이념적·군사적으로 대립했다. 그런 두 국가의 정상이 역사상 두 번째로 마주 앉은 게 2007년 정상회담이었다. 그 자리에서 북을 설득하기 위해 미국 흉을 좀 본 게 무에 그리 잘못된 일인가. 8장에서 살펴보겠지만, 대화록에는 두 정상이 미국뿐만 아니라 은근히 일본 흉도 보고 중국과 러시아 흉도 보는 장면이 그대로 담겨 있다. 미국을 흉보는 시간이 상대적으로 길었던 것은 북핵문제와 6자회담, 개성공단 등 미국의 협조를 받아야 해결할 수 있는 현안이 압도적으로 많았기 때문이다.

대한민국 대통령이 비공개 정상회담에서 미국을 비판한 것을 두고 격분하는 분들에게 충고를 드린다. 살아가기 위해 친미를 하는 게 아니라 친미 그 자체를 훌륭한 도덕적 규범이라고 착각하고 있는 것이 아닌지 우리 스스로 돌아보자. 사대주의에 젖어 무조건 미국을 추종하고 있지 않은지 자성해보자. 개인이든 국가든 정신이 남에게 종속되면 품격과 존엄을 잃게 된다는 것을, 우리의 선조들이 무엇을 위해 일제 강점에 맞서 목숨을 걸고 싸웠는지를 생각하자. 대한민국은 친미국가지만, 친미와 자주가 반대말인 것은 아니다. 친미국가면서도 자주국가일 수 있다. 나는 그렇게 믿는다.

4. 북핵문제,
   어떻게 풀 것인가

북핵은 반드시 폐기해야 한다

　　— 나는 지난 5년 동안 내내 북핵문제를 둘러싼 북측의 6자 회담에서의 입장을 가지고 미국과 싸워왔고, 국제무대에 나가서 북측 입장을 변호해왔습니다.

　　오전 회담에서 노무현 대통령은 이렇게 말했다. 이 대목만 보면 가장 먼저 국정원의 대화록 발췌본을 열람했던 서상기 국회 정보위원장의 심정을 어느 정도는 이해할 수 있다. 이 발언을 본 순간 그는 격분했다. 놀라서 손발이 덜덜 떨렸다. 다른 것도 아닌 북핵문제와 관련해서 "5년 내내 북측의 입장을 가지고 미국과 싸워왔고 국제무대에 나가서 북측 입장을 변호"했다니, 대한민국 대통령이 이럴 수가 있는가! 이런 '종북반미' 행위를 어떻게 용납할 수 있다는 말인가! 여기 명백한 증거가 있다. 국민에게 진실을 알려야 한다! 그렇게 마음먹었다. 그래서 그는 시종일관 국회 정보위원회 위원장이 아니라 국정원의 대리인처럼 행동한 것이다.

그런데 노무현 대통령은 도대체 왜 그렇게 말한 것일까. 그것을 이해하려면 구절양장九折羊腸 같았던 북핵문제의 전개과정을 먼저 알아보아야 한다. 북은 지금까지 세 차례 지하 핵실험을 했다. 2006년 10월이 첫 번째, 2009년 5월이 두 번째, 그리고 2013년 2월이 세 번째였다. 북은 핵무기 개발에 성공했다고 주장한다. 게다가 장거리 미사일과 인공위성 발사실험도 수시로 하고 있다. 만약 핵폭탄을 소형화하고, 또 진로를 정밀하게 원격조종할 수 있는 대륙간 탄도미사일을 개발하는 데 성공한다면 북은 미국 본토를 공격할 능력을 가지게 된다. 이러한 행위가 1991년 12월 31일 남과 북이 합의해 발표한 「한반도의 비핵화를 위한 공동선언」을 비롯해서 그동안 남북 당국이 했던 모든 합의에 위배된다는 것은 말할 필요도 없다. 북의 조국평화통일위원회는 2013년 1월 그 공동선언이 무효라고 선언했는데, 그런 비판이 마음에 걸려서 그랬는지도 모른다.

우리 국민들은 대부분 북핵을 폐기해야 한다고 생각한다. 나중에 통일하면 우리 것이 될 테니 상관없다거나, 심지어는 북의 핵폭탄을 '민족의 보물'이라고 하는 특이한 사람들도 없지는 않다. 그러나 그런 주장에 동조하는 국민은 많지 않다. 특히 일본의 재무장을 경계하는 사람들은 북의 핵무기 개발과 미사일 시험발사가 동북아시아의 군사적 긴장을 고조시켜 일본 우익의 정치적 득세와 재무장을 부추기는 부작용을 초래했다고 지적한다. 타당한 지적이다. 나는 개인적으로, 남이든 북이든 스스로 핵무기를 만들지 말아야 하고 타국의 핵무기를 영토 안에 들여오지도 말아야 한다고 생각한다.

하지만 핵무장에 반대하고 북의 핵개발을 비난한다고 해서 북핵을 폐기할 수 있는 것은 아니다. 조선민주주의인민공화국은 유엔에 가입한 주권국가다. 100만 명이 훨씬 넘는 상비군에다 각종 중화기와 생화학무기를 보유하고 있다. 북 스스로 핵을 폐기하지 않는다면, 전쟁이 아니고는 남들이 그 핵무기를 없앨 방법이 없다. 하지만 그 문제가 아무리 심각하다고 해도 전쟁은 바람직한 해법이 아니다. 핵보유를 이유로 들어 북을 선제공격하는 것은 국제법상 심각한 문제가 있다. 핵무기를 개발한 나라가 북 하나만 있는 게 아니다. 아주 많이 가진 나라도 있다. 미국과 러시아, 중국 같은 강대국이다. 핵확산방지협약NPT에 아예 가입하지 않은 핵보유국도 있다. 국제법상 문제가 없다고 해도 전쟁을 해서는 안 된다. 한국전쟁 교전당사국들은 6·25 때와는 비교할 수 없을 만큼 크고 강한 화력을 보유하고 있다. 또다시 전면전을 벌였다가는 우리 민족 전체가 아주 망하고 말 것이다.

전쟁을 하지 않고 핵을 폐기하려면 협상을 해야 한다. 다른 방법은 없다. 만약 북이 내건 핵 폐기의 조건이 합리적이라면 그것을 수용해야 한다. 북의 요구가 지나치거나 사리에 맞지 않는다면 끈질기게 협상해서 누그러뜨려야 한다. 실제로 우리는 오랜 기간 그런 노력을 해왔다. 북과 직접 대화도 했고 6자회담도 했다. 노무현 대통령이 "북핵문제를 둘러싼 북측의 입장을 가지고 미국과 싸워왔고, 국제무대에 나가서 북측 입장을 변호해왔"다고 한 것은 그런 뜻이다. 미국 정부가 북의 요구를 최대한 수용해 핵문제를 평화적으로 해결할 수 있도록 최선을 다해 노력했다는 말이다. 알고 보면 그리 흥분할 일이 아니다. 노무현 대통령은 북이 내건 핵 폐기의 조건이 대체로 합리적이라고 판단했다.

북핵은 반드시 폐기해야 한다. 대한민국의 안전과 동북아시아의 평화를 위해서만이 아니라 북을 위해서도 그렇게 하는 게 좋다. 이 문제를 해결하려면 북이 6자회담에서 일관되게 견지해온 입장을 존중해야 한다. 그것이 객관적으로 옳은 해결책이고, 또 북 역시 경우에 따라서는 핵을 완전히 폐기할 수 있다는 태도를 가지고 있기 때문이다. 물론 달리 볼 근거가 전혀 없는 것은 아니다. 북은 2012년 4월 핵무기 보유국 선언을 했다. 2013년 3월에는 '경제·핵무력 건설 병진竝進노선'을 천명했다. 과연 북이 이미 만든 핵무기를 포함해 모든 핵을 포기할 의사가 있는지에 대해서는 면밀하게 따져보아야 한다.

두 정상은 상당히 긴 시간 북핵 관련 대화를 나누었다. 김정일 위원장은 오전 회담 기본입장 발언을 마칠 때 노무현 대통령의 동의를 구한 다음, 북측 협상단장으로 6자회담을 막 마치고 돌아온 김계관 외무성 제1부상을 회담장에 불렀다. 6자회담은 남북 두 당사자와 미국, 중국, 러시아, 일본 등 주변 4강의 외교 당국자들이 북의 핵문제 해결책을 논의하는 협상단위다. 중국이 주선해 만든 회담이어서 2003년 8월 제1차 회담부터 줄곧 베이징에서 열렸다. 2008년 12월 수석대표 회담을 한 후로 5년 동안은 한 번도 열리지 않았다. 남북관계가 나빠지면 6자회담이 동력을 잃는다. 남북관계가 개선되면 다시 열릴 것이다.

김계관 단장이 두 정상에게 결과를 보고한 그 6자회담은 2007년 9월 27일부터 30일까지 나흘 동안 열린 제6차 2단계 회담이었다. 남측 협상단장은 천영우 외교부 차관보였다. 노무현 대통령은 10월 2일 오후 평양으로 갔기 때문에 회의 결과를 전문電文으로만 받았을 뿐 아직 천영우 협상단장의 보고를 직접 받지 않은 상황이었다. 북은 이 회담을 앞두고 8월 중순과 9월 초에 미국 측과 쌍무접촉을 했다. 6자회담이 진행되는 도중에도 문제가 생기면 따로 회담을 했다. 김계관 수석대표는 그런 경과를 설명한 후 회담 결과를 다음과 같이 요약 보고했다. 그의 보고는 핵문제에 대한 북의 기본입장과 해결방안을 언론보도를 통해서 보는 것보다 훨씬 명확하게 표현하고 있다.

— 근본문제에 대해서는 다 합의를 했습니다. 우리가 할 것은 무엇인가? 2007년 12월 31일까지 연내에 신고와 무력화를 하는 것입니다. 우리는 구체적으로 날짜 줄 용의가 있다. 그렇게 12월 31일까지 다 하겠다. 그 대신에 미국도 테러지원국 명단 삭제와 적성국 문건 해제를 기본으로 하는, 우리를 적으로 규정한 제도적인 법률적인 장치들을 해제하라. 말 대 말도 못 하겠다 하면 행동 대 행동은 언제 하겠나. 이거야 말 대 말인데 다 합의한 건데. 제네바에서 합의한 거 그거 이행하자고 손을 뗐지 않은가. 2·13합의문이 있기 때문에 상기하면서 우리가 행동하는 데 병행하여 제네바에서 합의한 선에서 한다. 그렇게 해가지고 합의문을 만들었는데.

북은 이 회담에서 핵 신고와 무력화를 연내에 하겠다고 했다. '무력화'는 우리가 쓰는 말로 하면 '불능화'다. 남북의 용어는 다르지만 뜻은 같다. 6자회담 제6차 2단계 회담은 큰 성과를 냈다. 김계관 단장의 보고에서 드러난 북의 기본입장은 이렇게 정리할 수 있다. "핵의 신고와 불능화를 즉각 할 의향이 있다. 미국도 북을 테러지원국 명단과 적성국 명단에서 삭제하라. 말로만 하지 말고 행동 대 행동으로 하자."
미국이 북을 적대시하지 않는다는 것을 보증하면 핵을 폐기하겠다는
말이다. 북의 이러한 기본입장은 핵 신고 대상에 대한 문제에도 똑같
이 나타난다. 김계관 단장은 이렇게 보고했다.

> ― 내용적으로 볼 때 신고에서는 우리가 **핵계획, 핵물질,
> 핵시설** 다 신고합니다. 그러나 핵물질 신고에서는 무기화된 정형은 신고 안
> 합니다. 왜? 미국하고 우리하고는 교전상황에 있기 때문에 적대상황에 있
> 는 미국에다가 무기상황을 신고하는 것이 어디 있갔는가. 우리 안 한다. 핵
> 계획과 관련해서는 모든 핵계획인데 농축우라늄 문제가 해결되는 차제로
> 한다. 무력화는 미국이 주무가 되고 거기에 러시아, 중국 전문가들 초청해
> 서 영변에 가서 그 뒤 요구된 오갔다는 거 다 보여주고, 사진 다 찍게 하고,
> 설계도면까지 다 보여줘서 **연내 가능한 대상이 어딘가 범위가 어떻게 되겠
> 는가를 다 논의하였고 그거에 따라서 합의를 하였습니다.**

두 정상은 보고를 받은 뒤 두 가지에 대해 공감을 나누었다. 첫째,
미국 측이 남북정상회담이 진행 중이라는 이유로 자꾸 회담 결과 공개
를 늦추려고 하는데 그럴 필요가 없다는 것이었다. 이는 정상회담에서
6자회담에 직접 영향을 주는 합의는 하지 않겠다는 데 두 정상이 공감
했음을 의미한다. 하지만 결국 서명과 발표가 늦어지는 바람에 6자회
담 제6차 2단계 회담 합의문은 「9·30합의」가 아니라 「10·3합의」가
되었다. 둘째, 북핵문제를 6자회담 틀에서 풀어나가자는 기존의 합의
를 재확인했다. 여기에는 새로울 것이 없다. 그런데 김계관 단장이 보

고를 마치고 나가기 전에 핵문제에 대한 북의 기본입장을 다시 정리해서 말했다. 김정일 위원장이 그걸 모를 리 없으니, 이는 분명 노무현 대통령이 들으라고 한 말이었다.

— 지금 우리하고 미국과 차이점이 뭔가 하면, 우리는 미국의 적대시정책 때문에 생긴 거니까 적대시정책을 바꿔라 이겁니다. 그런데 그 문제에서 아직도 행동은 안 하고 말로만 바꾼다. 바꾼다. 좋은 말 하다가 어떤 때 뒤집어서 거친 말 또 했다 말았다. 이게 첫째 문제점이고. 둘째는 우리는 전 조선반도 비핵화를 요구하고 있습니다. 그들은 북반부 비핵화, 우리한테서 핵무기 빼앗아내면 비핵화 다 되었다고 생각하는 게 차이점입니다. 세 번째는 우리는 평화적 핵 활동은 해야 되겠다는 거고 미국은 핵이라고 붙은 건 다 안 된다는 겁니다. 이걸 조정해나가는 과정에서 많이 꺾이고 있지만 아직도 우리는 여기에 대해서 어떤 태도 변화가 있는가를 예의 주시하면서 대응해나가고 있습니다. 그래서 이 문제는 6자 틀걸이 내에서 풀며, 6자 틀걸이가 아주 좋다. 이런 데서는 점점 일맥상통하는 점을 갖고 있습니다.

북의 기본입장은 이렇게 요약할 수 있다. "미국의 대북 적대시정책 폐기, 한반도 전체 비핵화, 그리고 평화적 핵 활동 보장, 이 세 가지를 미국이 행동으로 보장하면 6자회담 합의를 통해 북도 동시행동으로 핵을 폐기하겠다." 물론 이것이 전부는 아니다. 북이 최종적으로 원하는 것은 한반도에 정전협정을 대체하는 평화협정체제를 구축함으로써 체제의 안전을 완전하게 보장받는 것이다. 그래서 이미 개발한 핵무기는 이 목표를 이루는 최종 단계에서, 다시 말하면 정전협정을 대체하는 평화협정을 체결해 북과 미국이 '교전상태'를 완전히 벗어나는 시점에 폐기하겠다는 것이다. "핵물질 신고에서는 무기화된 정형은 신고 안 합니다. 왜? 미국하고 우리하고는 교전상황에 있기 때문에 적대상황에 있는 미국에다가 무기상황을 신고하는 것이 어디 있갔는가. 우리 안 한다." 김계관 단장의 이 말은 바로 그런 뜻이다. 어쨌든 북은 핵을 폐기하겠다는 생각을 가지고 있다. 미국이 말로 합의한 것을 행동으로 이행하면 핵물질과 핵시설, 핵계획은 다 폐기할 수 있고, 정전협정을 대체하는 평화협정을 체결해 북미관계를 정상화하면 이미 개발한 핵무기도 폐기하겠다는 것이다. 북이 이미 개발한 핵무기에 대해 이런 입장을 가지고 있다는 사실을, 나는 대화록을 보고 처음 알았다.

북핵문제 파노라마

북핵을 폐기하는 것은 간단한 일이 아니다. 지금 북은 국제사회에 핵보유국 지위 인정을 요구하고 있다. 북의 세 차례 핵무기 실험 성공 여부에 대해서 전문가들 사이에 이견이 있다. 미국 행정부 당국자들 사이에서도 최근에는 북의 핵보유를 인정하는 발언이 나오고 있다. 북이 일단 '짝퉁' 수준 핵무기를 만들었다고 해두자. 하지만 이 '짝퉁'이 '명품'으로 변할 가능성을 배제할 수 없다. 나는 앞에서 핵문제 해결에 대한 북의 기본입장을 살펴보았다. 이것을 어떻게 평가해야 할까? 북이 무리한 요구를 하면서 억지를 부린다고 할 수 있을까? 그렇지 않다.

북의 논리가 전적으로 옳다고 말할 수는 없을지 몰라도 최소한 일리는 있다.

게다가 1994년 「제네바기본합의」와 2005년 「9·19공동성명」을 비롯해, 북이 그렇게 주장할 수 있는 역사적·국제법적 근거도 있다. 그래서 노무현 대통령이 핵문제에 관해 북의 입장을 지지하면서 6자회담 틀 안에서 협상을 통해 핵문제 해결을 추진한다는 기존의 입장을 그대로 확인해준 것이다. 노무현 대통령이 "5년 동안 내내 북핵문제를 둘러싼 북측의 6자회담에서의 입장을 가지고 미국과 싸워왔고 국제무대에 나가서 북측 입장을 변호해왔"다고 한 것은 사실이다. 그런데 그렇게 말한 이유와 배경은 거의 알려져 있지 않다. 북핵문제는 상황과 경과가 복잡다단하고 우여곡절이 많았기 때문에 전문가가 아니면 이해하기가 어렵다. 나는 대화록에 등장하는 노무현 대통령과 김정일 위원장의 말에 좋은 해결책이 들어 있다고 생각한다.

조선민주주의인민공화국은 폐쇄적인 독재국가로 인식되어 있다. 맞다. 북은 그런 나라다. 그런데 독재는 북 권력집단이 스스로 선택했지만 폐쇄는 좋아서 한 게 아니다. 북도 고립을 원하지 않는다. 고립과 폐쇄에서 벗어나려고 김일성 주석 때부터 지금까지 그들 나름대로 애를 썼다. 구소련과 동유럽 사회주의 체제가 무너지고 중국이 본격적인 경제개혁에 나섰던 1990년대 초 김일성 주석은 달라진 국제정세에 유연하게 대응하려고 했다. 마침 남에서도 북방외교를 모토로 내건 노태우 대통령이 그런 변화를 추동하기 위해 선제적인 노력을 기울였다. 이것을 기억하는 사람이 별로 없다는 게 무척 안타깝다.

노태우 전 대통령은 인기가 없다. 그냥 인기가 없는 게 아니라 존재감 자체가 없다. 좋아하는 사람도 드물지만 미워하는 사람도 적다. 비록 군사반란과 부정부패를 저질러 유죄선고를 받기는 했지만, 그는 1971년 대통령 선거 이후 처음으로 국민이 직접 선출한 대통령이었다. 대통령으로서 한 일도 있다. 무엇보다 냉전체제 붕괴라는 세계사의 대전환을 맞아 '북방외교'의 기치를 들고 옛 사회주의권의 러시아, 중국, 동유럽 국가들과 수교함으로써 한국 기업의 활동범위와 해외시장을 크게 확장했다. 한반도에 평화를 정착시킬 기회가 왔다고 판단해 북과 적극 대화하고 협력했다. 그는 새누리당과 그 전신인 한나라당, 신한국당, 민자당, 민정당 소속의 어느 대통령보다 더 훌륭한 대북정책을 폈다. 이것은 간과해서는 안 될 정치적 업적이라고 생각한다. 그가 남북관계를 대결에서 공존으로 바꾸기 위해 한 노력을 되돌아보자.

노태우 대통령은 취임 반년이 채 되지 않았던 1988년 7월 7일 「민족자존과 통일 번영을 위한 대통령 특별선언」을 발표했다. 이른바 「7·7선언」이다. 여기서 남북 동포의 상호교류와 해외동포의 남북 자유왕래, 이산가족 생사확인, 남북교역 문호개방을 공세적으로 제안했다. 군사용이 아니라면 우리의 우방국이 북과 물자를 교역하는 것을 용인하고 국제무대에서 남북 대결외교를 종결하며 북이 미국, 일본과 관계를 개선하는 데 협력하겠다는 뜻을 밝혔다. 북이 즉각 화답하지는 않았지만, 노태우 정부는 북에 대한 비방방송을 일방적으로 중단하는 등 화해를 위한 전향적 조처를 취했다.

그런데 북은 「7·7선언」에 화답하는 대신 당시로서는 무척 엉뚱해 보이는 문제를 들고 나왔다. 1990년 5월 「조선반도의 평화를 위한 군축방안」을 발표해 한반도 전체를 비핵지대화하자고 제안한 것이다.

주장하는 내용은 달랐지만 평화를 원한다는 점에서 접근 가능성을 본 남북 당국은 1990년 9월부터 고위급 회담을 시작했다. 1991년 7월 북측은 남북 당사자들이 한반도를 비핵화하는 방안을 내놓았다. 노태우 대통령이 화답했다. 9월 24일 유엔총회 연설에서 주한미군의 핵무기 철수 문제를 협의할 용의가 있다고 밝힌 것이다. 불과 사흘 후 미국 정부가 한반도에서 핵무기를 철수하기로 결정했다는 소식이 나왔다. 미군은 우리 국민 모르게 대한민국 땅에 전술핵무기를 반입해 배치해두고 있었던 것이다.

군복무를 하던 1980년대 초, 나는 '핵 투발 훈련'에 참가한 적이 있다. 밤에 미군이 괴상하게 생긴 특수차량을 골짜기에 가지고 와서 대낮처럼 불을 밝히고 무언지 알 수 없는 작업을 했다. 인근 포병부대의 155밀리미터 포가 동원되었다. 우리는 외곽 경계를 맡았기 때문에 작업과정을 보지는 못했다. 그러나 포병부대 친구에게, 그것이 155밀리미터 포로 소형 핵폭탄을 쏘는 훈련이었다는 이야기를 들었다. 그걸 쏘면 우리 '땅개'들은 어쩌란 말이야? 동료들의 그런 불평을 들으면서 생각했다. 이런! 우리 땅에 언제 핵무기가 들어온 거야! 노태우 대통령이 말한 핵무기는 바로 그런 전술핵무기였다.

노태우 대통령의 유엔총회 연설과 미국 정부의 핵무기 철수 발표는 양국 정부가 사전에 조율했을 것이다. 한국전쟁 정전협정 50주년을 눈앞에 둔 한반도에 변화의 기운이 감돌기 시작했다. 두 달 후인 1991년 11월 8일 노태우 대통령은 「한반도 비핵화와 평화구축을 위한 선언」을 발표했다. 그는 "대한민국은 핵무기를 제조·보유·저장·배치·사용하지 않으며, 국내의 핵시설과 핵물질을 국제사찰에 철저히 공개하고 핵연료 재처리 및 핵 확장 시설을 보유하지 않는다"라고 선언하고 북에 상응하는 조치를 요구했다. 남북관계는 급물살을 탔다. 남과 북의 총리들은 1991년 12월 13일 「남북기본합의서」에 서명했다. 1년 넘게 대화하고 협상한 결실이었다. 「남북기본합의서」의 의미와 역사적 중요성에 대해서는 6장에서 상세히 살펴볼 것이다. 여기서는 이 중요한 합의가 나온 배경에 한반도 비핵화에 대한 남북 당국자들의 공감이 작용했다는 점을 지적해둔다.

여기까지는 큰 문제가 없었다. 그런데 북미관계가 갑자기 악화되었다. 빌미를 제공한 책임은 북에 있었다. 예전에는 북핵이 아니라 주한미군이 보유한 전술핵무기가 문제였다. 북은 1985년 핵확산방지협약에 가입했고 한반도 전체의 비핵화를 선제적으로 주창했다. 그런데 1989년 미국 정찰위성이 영변에 플루토늄 재처리 시설이 있다는 사실을 탐지해냈다. 미국이 국제원자력기구IAEA를 통해 이것을 문제 삼고 나서자 북은 플루토늄 생산량을 자진 신고하는 등 협조적인 태도를 보였다. 그러나 국제원자력기구가 북의 신고량과 자기네 추정치가 크게 다르다면서 특별사찰을 요구하는 등 강경한 태도를 보였다. 북은 1993년 들어 핵확산방지협약을 탈퇴해버렸다. 미국이 군사공격 가능성을 거론하고 북이 반발하면서 북미관계가 험악해졌다.

노태우 대통령이 진도를 많이 나간 덕분에 남북관계는 그나마 괜찮았다. 1993년 2월에 취임한 김영삼 대통령은 남북정상회담을 추진했다. 그는 일생의 라이벌이었던, 그리고 통일정책 분야에서 비전과 실력을 널리 인정받고 있었던 야당 지도자 김대중을 크게 의식했다. 김영삼 대통령은 김일성 주석을 직접 만나 남북관계를 획기적으로 발전시킴으로써 평화통일의 기초를 다진 대통령으로 평가받고 싶어했다. 그런데 돌발상황이 벌어졌다. 1994년 7월 8일 김일성 주석이 심장마비로 사망한 것이다. 남북정상회담은 무산되었다. 그런데 그 후 김영삼 대통령은 어쩐 일인지 갑자기 대북강경책을 들고 나와 남북관계를 냉탕에 집어넣어버렸다. 공식 조문을 하자고 제안한 야당 정치인들을 이념적으로 공격하는 광풍이 일어났다. 이른바 '조문파동'이다. 정상회담은 해도 되는데 조문은 왜 하면 안 되는지, 논리적으로는 도저히 설명할 수 없는 사태가 벌어진 것이다. 북은 김정일에게 권력을 승계하는 작업에 들어갔다. 전쟁위기설이 한반도를 덮쳤다.

이때 미국 대통령을 지낸 지미 카터가 나섰다. 그는 개인 자격으로 평양을 방문했고, 워싱턴으로 돌아가 빌 클린턴 대통령을 설득했다. 이런 일이 가능했던 것은 클린턴 대통령이 북핵문제를 평화적으로 해결하려는 의지를 가지고 있었기 때문이다. 1994년 10월 21일 미합중국과 조선민주주의인민공화국은 스위스 제네바에서 북핵 해결을 위한 「북미기본합의」Agreed Framework between the U.S.A. and the DPRK를 체결했다. 보통 「제네바합의」라고 하는 것이다. 「제네바합의」에서 북미 양측은 해야 할 일과 하지 말아야 할 일을 명확하게 정했다. 다음은 쉽게 이해할 수 있도록 조항의 순서와 표현을 바꾼, 「제네바합의」의 핵심내용이다.

— 북은 2003년까지 플루토늄을 생산할 수 있는 **흑연감속로를 경수로로 바꾸고**, 이를 위해 현재 사용하고 있는 원자로 운행을 중단한다. 또한 한반도비핵화선언을 시행하는 데 필요한 조처를 시작하며 **핵확**

산방지협약에 잔류한다. 동결되지 않은 시설에 대한 국제원자력기구의 감시를 받아들인다. 이미 **사용한 핵연료봉**은 재처리하지 않으며, 일단 저장한 후 폐기한다. 여기에 상응하여 **미국**은 북미관계를 정치적·경제적으로 완전히 **정상화**하고 북을 위협하거나 북에 **핵무기를 쓰지 않기**로 공개 약속한다. 또한 경수로를 완성해 전력을 생산하는 시점까지 난방과 전력생산에 쓸 **중유를 북**에 제공한다.

북이 원한 것은 북미관계 정상화와 평화보장이었다. 미국이 원한 것은 북이 핵무기를 개발할 가능성을 원천봉쇄하는 것이었다. 양측은 진지하게 협상한 끝에 각자 원하는 것을 얻었다. 무력을 쓰지 않고 협상으로 갈등을 해결한 모범사례라고 할 수 있다. 경수로와 중유를 제공하는 것은 기존 원전의 운행을 중단하면 북이 에너지 부족 사태에 빠지는 만큼, 그 손실을 '실비로 보상'하기 위해 만든 일종의 부속합의에 지나지 않았다. 북은 합의사항을 준수했다. 미국도 해마다 중유 50만 톤을 북에 제공했다. 한국은 미국, 일본과 함께 한반도에너지개발기구 KEDO를 설립해 경수로 원자로를 짓는 일에 착수했다. 김대중 대통령이 제1차 남북정상회담을 해서 「6·15공동선언」을 발표하는 등 남북 관계도 전에 없이 훈훈해졌다. 이렇게 계속 일이 진행되었다면 북핵문제는 완전히 해결되었을 수도 있다.

그런데 2001년 조지 부시 대통령이 취임하면서 일이 어그러지기 시작했다. 그는 소위 'ABC(Anything But Clinton)노선'을 걸었다. 국내외를 막론하고 빌 클린턴 대통령이 했던 모든 정책을 부정하고 그와 반대로만 하려 한 것이다. 이명박 대통령이 취임과 동시에 노무현 대통령이 한 모든 일을 다 부정한 것과 비슷하다. 북미관계가 꼬일 수밖에 없었다. 1987년 KAL기 폭파사건 이후 '테러지원국'으로 지정되어 대외교역과 외교활동에 규제를 받고 있었던 북을 부시 대통령과 미국의 '네오콘'(신보수주의자)들은 '불량국가'로 규정했다. 2001년 9·11테러 사건이 발생하자, 부시 대통령은 북을 이란·이라크와 한데 묶어 '악의 축' 국가로 지목했다. 그리고 이 나라들을 선제 핵공격 대상으로 규정하는 '부시 독트린'을 발표했다.

2002년 10월 부시 행정부가, 북이 우라늄 농축시설 보유를 인정했다고 발표했다. 북은 그런 사실을 시인한 적이 없다고 했지만 북핵문제는 다시 위기국면으로 치달았다. 부시 행정부는 경수로 건설을 막았다. 중유 지원도 중단해버렸다. 「제네바합의」가 사실상 파기되었다고 판단한 북은 탈퇴를 유보하고 있던 태도를 바꾸어 2003년 1월 핵확산방지협약을 다시 탈퇴했고 그동안 세워두었던 영변 원자로를 가동했다. 한반도 정세와 남북관계의 주도권을 되찾아왔던 김대중 대통령도 막 나가는 부시 대통령과 북을 말릴 능력은 없었다. 클린턴 대통령이 김대중 대통령을 극진히 예우했던 것과 달리, 'ABC노선'을 한반도에 적용한 부시 대통령은 김대중 대통령을 무시했다.

2003년 2월 노무현 대통령이 취임했을 때 북미관계는 무척 험악했다. 그는 한반도 정세에 대한 대한민국의 주도권을 되찾아오려고 했다. 북의 핵시설에 대한 군사적 공격을 검토하고 있던 부시 대통령과 맞설 수밖에 없었다. 내가 들은 바로는, 노무현 대통령이 "북의 핵시설을 공격하는 군사행동을 할 경우 미국 공군은 우리 국군의 협력을 받을 수 없을 것"이라고 미국 측에 통보했다고 한다. 노무현 대통령 취임

초기에 청와대에서 점심을 먹은 일이 있었다. 대한민국 국민의 생사가 걸린 일인데도, 문제는 북미 양국이 일으키고 정작 대한민국 대통령은 할 수 있는 일이 없는 현실에 대해 그는 분노를 터뜨렸다. "우리가 동의하지 않는 한 미국이 전쟁을 할 수는 없다. 나는 절대 동의해주지 않을 것이다." 그렇게 말했다.

노무현 대통령은 반미주의자가 아니었다. 그러나 대한민국의 국익을 크게 해치는 미국의 정책에는 분명하게 반대했다. 미국의 이라크 파병 요구를 받아들인 것도 양상은 다르지만 동기는 같았다. 이라크 전후복구사업에 한국 기업이 참여해 돈을 버는 것은 아무런 고려사항이 아니었다. 이라크전쟁은 국제법적으로 문제가 있고 동기도 나쁘다고 생각했다. 그러나 북핵문제와 남북관계를 평화적으로 풀어나가려면 어느 정도라도 부시 대통령의 이해와 협조를 받아야 했다. 친미주의자가 아니어도 대통령은 어느 정도 친미를 할 수밖에 없는 것이 우리의 현실이다. 그는 북핵문제의 평화적 해결이라는 '큰 국익'을 위해 도덕적 비난을 받을 각오를 하고 비교적 작은 규모의 병력을 비전투임무를 주어 이라크로 보냈다. 한마디로 말해 이라크 파병은 부시 대통령의 '심기 관리'를 위해 어쩔 수 없이 한 선택이었던 것이다.

노무현 대통령은 6자회담을 적극 활용했다. 전망을 밝게 만드는 성과가 나오기도 했다. 2005년 7월에 시작해 9월 19일에 끝난 제4차 6자회담은 「9·19공동성명」을 채택했다. 남북과 미국, 중국, 러시아, 일본의 수석대표들이 서명한 이 성명의 핵심내용은 다음과 같이 정리할 수 있다.

― 북은 모든 핵무기와 현존하는 핵계획을 포기하고 조속히 핵확산방지협약NPT과 국제원자력기구IAEA의 안전조치에 복귀한다. 미국은 핵무기 또는 재래식 무기로 조선민주주의인민공화국을 공격 또는 침공하지 않으며, 대한민국은 영토 내에 핵무기를 접수 또는 배치하지 않는다. **핵에너지의 평화적 이용에 관한 북의 권리를 존중하며** 적절한 시기에 북에 대한 **경수로 제공 문제에 대해 논의**한다. 북미 양국은 상호 주권을 존중하고 평화적으로 공존하며 관계정상화를 위한 조치를 취한다. 북일 양국은 과거와 현안사항의 해결을 기초로 하여 관계정상화를 위한 조치를 취한다. 참가국들은 에너지, 교역 및 투자 분야에서의 경제협력을 증진하며 북에 대해 에너지 지원을 제공한다. **대한민국은 북에 200만 킬로와트의 전력을 공급하는 제안을 재확인**한다.

「9·19공동성명」은 「제네바합의」보다 더 포괄적이고 강력했다. 「제네바합의」는 북의 '핵시설 동결'을 위한 북과 미국의 양자兩者합의였다. 그런데 「9·19공동성명」은 북의 모든 '핵무기와 핵계획을 폐기'하는 다자多者합의로, 핵에너지의 평화적 이용권을 보장했다. 북미관계뿐만 아니라 북일관계까지 정상화하고, 더 나아가 6자회담 참가국과 북의 경제협력을 증진한다는 내용까지 들어 있었다. 그렇지만 이 공동성명의 문장은 모두 '공약한다', '약속한다' 또는 '재확인한다'로 끝났다. 행동이 아니라 말로만 합의한 것이다. 그래서 6자회담 수석대표들은 「9·19공동성명」 마지막에 다음 조항을 붙여두었다.

― 6자는 '공약 대 공약', '행동 대 행동' 원칙에 입각하여

단계적 방식으로 상기 합의의 이행을 위해 상호 조율된 조치를 취할 것을
합의했다.

　　일단 '공약 대 공약'으로 합의하고 한 걸음씩 '행동 대 행동'으로
나아가기로 한 것이다. 말에서 행동으로 나아가는 것은 쉽지 않았다.
대북송전 제안은 정동영 통일부장관의 작품이었다. 그는 이 제안을 함
으로써 6자회담을 활용해 남북관계를 개선하고 북핵문제를 해결하는
돌파구를 만들었다. 당시 야당은 돈으로 따지면 30년간 20조 원이나
된다는 계산서를 내놓고 '천문학적인 대북 퍼주기'라는 비난을 퍼부었
다. 그런데 왜 하필 200만 킬로와트였을까? 「제네바합의」에 따라 지
어주기로 했던 경수로 원자로 두 기의 예상발전량이 200만 킬로와트
였기 때문이다.

　　이전의 다른 합의들처럼, 「9·19공동성명」도 온전히 실현되지는
못했다. 행동이 따라주지 않았기 때문이다. 그런 상황에서 북이 하필
이면 미국 독립기념일이었던 2006년 7월 4일에 맞추어 대포동 2호를
발사했다. 스커드 미사일도 쏘았다. 미사일 실험 그 자체는 핵문제와
관계가 없다. 그러나 장거리 미사일이 소형 핵폭탄과 결합하면 미국
본토를 위협하는 무기가 될 수도 있다. 이렇게 되자 북미 양국은 마치
「9·19공동성명」이 존재하지 않는 것처럼 행동했다. 미국은 북을 적대
시하는 정책을 강화했다. 북은 6자회담에서 핵 폐기를 논의하던 기간
에도 핵무기 개발 작업을 계속했다.

　　그러나 대화와 협상 말고는 문제를 해결할 수 있는 길이 없었다.
부시 대통령도 임기가 끝나가는 상황이라 강경책으로 일관하기는 어

려웠다. 2007년 2월, 6자회담 제5차 3단계 회담이 열렸다. 이 회의에서 6자회담 참가국들은 「9·19공동성명」을 실행에 옮기는 데 필요한 초기 조치를 논의한 끝에 '행동 대 행동'으로 실천할 수 있는 몇 가지 사항에 합의했다. 이것을 「2·13합의」라고 한다. 이 합의의 핵심내용을 요약하면 아래와 같다.

— 북은 재처리 시설을 포함한 영변 핵시설을 폐쇄·봉인하고 IAEA와의 합의에 따라 모든 필요한 감시 및 검증활동을 수행하기 위해 **IAEA 요원을 복귀**토록 초청한다. 또 사용 후 연료봉에서 추출한 플루토늄을 포함하여 **모든 핵 프로그램의 목록을 여타 참가국들과 협의**한다. 미국은 **북을 테러지원국 지정에서 해제하기 위한 과정을 개시**하고 **적성국 교역법 적용을 종료하기 위한 과정을 진전시킨다.** 참가국들은 북에 대해 중유 5만 톤 상당의 긴급 에너지 지원을 위한 운송을 60일 안에 시작한다. 그리고 공동성명의 완전한 이행을 목표로 한반도 비핵화, 북미관계 정상화, 북일관계 정상화, 경제 및 에너지 협력, 동북아 평화·안보 체제 문제를 다루는 실무그룹을 만들어 30일 안에 회의를 개최한다. 초기 조치 기간, 북 핵 프로그램의 완전한 신고와 모든 현존하는 핵시설의 불능화를 포함하는 다음 단계 기간 중, **북에 중유 100만 톤 상당의 경제·에너지·인도적 지원을** 제공한다. 관련 당사국들은 적절한 별도 포럼에서 한반도의 **항구적 평화체제에 관한 협상**을 한다.

초기 조치를 규정한 「2·13합의」에 이어 2007년 9월 말에 열린 제6차 2단계 회담에서 「9·19공동성명」 합의사항 이행을 위한 2단계 조치를 담은 「10·3합의」가 나왔다. 남북정상회담에서 김계관 수석대표가 들어와 보고한 것이 바로 이 합의내용이었다. 「9·19공동성명」이행 첫 단계 조치인 「2·13합의」가 차근차근 실행에 옮겨졌고, 2단계 조치인 「10·3합의」도 처음에는 무리 없이 이행되었다.

그러나 2008년 12월 수석대표들의 회담 이후 6자회담은 중단되고 말았다. 근본적인 이유는 남북관계 악화에서 찾아야 할 것이다. 이명박 대통령은 「10·4공동선언」을 포함해, 노무현 대통령 당시 대한민국 정부 당국자가 북과 직접 합의하거나 6자회담에서 주변 4개국과 함께 합의한 모든 것을 부정해버렸다. 그는 "북이 핵을 먼저 포기하고 개방·개혁을 하면 경제지원을 해서 1인당 국민소득 3,000달러를 만들어주겠다"는 소위 '비핵개방 3000'을 내세웠다. 체제의 안전보장을 목표로 핵과 미사일을 가지고 세계 최강 미국과 '기 싸움'을 해왔던 북이 이 말을 듣고 스스로 무장을 해제할 리 없었다. 결국 남북관계는 최악으로 치달았다. 남북·북미 대화가 모두 막혀버렸고 6자회담마저 더는 열리지 않았다. 북은 추가 핵실험을 했고, 위성 발사실험으로 위장한 장거리 탄도미사일 발사실험도 계속했다.

이렇게 해서 북핵문제는 오늘날까지 중대 현안으로 남게 되었다. 이것은 원래 남북관계가 아니라 북미관계에서 발생한 문제였다. 문제를 근본적으로 해결하려면 북미 양측이 각자 자기가 원하는 것을 받고 상대가 원하는 것을 주어야 한다. 북은 그렇게 할 의사가 있다고 본다. 비록 2012년 4월 헌법 전문을 개정해 핵보유국임을 천명했고 2013년 3월 경제와 핵무력 병진노선을 내세웠지만 북이 핵보유를 통해 얻으려고 하는 궁극적 목표가 체제안전과 평화보장이기 때문에 협상을 통해 해결할 수 있는 가능성은 여전히 남아 있다.

미국이 원하는 것은 미국 국민의 안전을 보장하기 위해 북의 핵무기와 장거리 미사일을 폐기하는 것이다. 공식적으로는 그렇다. 만약 이것이 진심이고 다른 목적이 없다면, 북미 양국은 지금이라도 당장 협상 테이블로 나올 수 있을 것이다. 일단 미국 행정부가 마음을 먹어야 한다. 노무현 대통령이 "6자회담에서의 북측의 입장을 가지고 5년 내내 미국과 싸울" 수밖에 없었던 것은 미국이 진지하게 이 목표를 추구하지 않았기 때문이다.

북이 원하는 평화보장을 제도적으로 완전하게 실현하려면 남과 북, 미국과 중국이 합의해 정전협정을 폐기하고 평화협정을 체결해야 한다. 북에 대한 미국의 테러지원국 지정과 적성국 규제의 해제와 북미관계 정상화도 당연히 함께 이루어져야 한다. 그런데 북이 진심으로 핵 포기 의사를 지니고 있다고 해도 평화협정 체결은 결코 쉬운 일이 아니다. 두 가지 중대한 장애물이 있다. 하나가 해상 군사경계선 문제다. 다른 하나는 정전협정에 명시된 '외국군대의 철수' 문제다. 해상 군사경계선 문제는 평화수역이나 공동어로구역을 설치함으로써 우회할 수 있다고 해도, 주한미군 철수 문제는 대한민국 국민들이 동의하기가 쉽지 않을 것이다. 그러나 그럼에도 대화하고 협상해서 문제를 풀어야 한다.

오바마 대통령에게 기대를 건 사람들이 있었다. 그러나 그는 북핵 문제 해결과 한반도 평화에 도움이 되는 일을 한 게 거의 없다. 관심이 없지는 않겠지만 깊이 알지 못해서 그런 게 아닌가 싶다. 하지만 누굴 탓하겠는가. 김대중 대통령과 노무현 대통령은 한반도 정세는 미국이 아니라 우리 책임이라고 생각하면서 대북관계를 적극적으로 관리했다. 미국이 대한민국 정부가 동의하지 않는 군사행동을 하지 않도록 특별한 노력을 기울였다. 사실 대한민국 대통령만큼 북을 잘 아는 사람은 지구촌 어디에도 없다. 오바마 대통령은 우방인 한국 정부의 대북정책을 존중하면서 일을 처리해왔다. 그런데 파트너가 하필이면 이명박 대통령이었다. 좀더 지켜보아야 하겠지만, 북핵문제에 관한 한 박근혜 대통령도 다르게 할 것 같지가 않다. 그는 2013년 10월 7일 APEC 정상회의에 참석하기 위해 인도네시아 발리에 가서 시진핑 중국 국가주석과 회담했다. 이 자리에서 북이 먼저 핵 폐기 의사를 분명하게 밝히지 않으면 6자회담을 열지 않겠다는 뜻을 밝혔다.

한국전쟁은 끝나지 않았다

북미 양국과 6자회담 참가국들이 「제네바합의」와 「9·19공동성명」을 완벽하게 이행했다면 북이 계속해서 핵실험을 하는 일은 없었을 것이다. 지금이라도 「9·19공동성명」과 그 후속합의들을 살리면 좋겠으나 전망이 밝지 않다. 무엇보다 6자회담 자체가 5년 넘게 열리지 못한 채 표류했다. '명품'이든 '짝퉁'이든, 북은 세 차례 핵실험을 했으며 핵보유를 선언했다. 호미로 막을 수도 있었던 것을 가래로도 막기 어려운 상황이 된 셈이다. 이젠 가래로라도 막을 수만 있다면 다행이다.

2007년 남북정상회담에서 김계관 협상단장은 미국의 대북 적대시정책 폐기, 한반도 전체 비핵화, 그리고 평화적 핵 활동 보장, 이 세

가지를 행동으로 보장하면 6자회담 합의를 통해 핵을 폐기하겠다는 북의 입장을 확인했다. 이것은 북미관계 정상화, 경수로 지원, 북에 대한 미국의 핵 위협 제거를 명시한 「9·19공동성명」의 내용과 일치하는 것이었다. 그런데 그 이후 「9·19공동성명」을 실행하는 것만으로는 해결할 수 없는 새로운 문제가 생겼다. 북이 핵무기를 개발한 것이다. 새로운 문제는 새로운 해법을 요구한다.

김계관 외무성 부상은 남북정상회담에서 교전상대방에게 자기네 무기상황을 신고할 수는 없다고 말했다. 북미관계를 개선 또는 정상화하는 것만으로는 부족하게 된 것이다. 북이 핵무기까지 신고하고 폐기하게 하려면 미국이 북의 '교전상대방'이 아니어야 한다. 김계관은 이를 명확히 했다. 정전협정을 대체하는 평화협정을 체결해 북의 체제안전을 더욱 확실하게 보장하지 않으면 이미 개발한 핵무기를 포기하지 않겠다는 것이다. 이것이 북의 공식 입장이다. 따라서 북핵문제의 완전한 해결과 한반도 비핵화를 위해서는 정전협정을 대체하는 평화협정을 체결해야 한다. 북이 입장을 바꾸지 않는 한, 그 길 말고는 다른 평화적 해결책이 없다. 「9·19공동성명」이 호미라면 「평화협정」은 가래라고 할 수 있다.

그런데 북은 도대체 왜 그러는 것일까. 북의 태도를 이해하려면 정전협정의 성격을 들여다보아야 한다. 1953년 7월 27일 발효된 한국전쟁 정전협정의 정식 명칭은 「국제연합군 총사령관을 일방으로 하고 조선민주주의인민공화국 최고사령관 및 중국인민지원군 사령관을 다른 일방으로 하는 한국 군사정전에 관한 협정」이다. 국제연합군 총사령관 클라크, 북한군 최고사령관 김일성, 중국인민지원군 사령관 펑더

화이가 협정문에 서명했다. 세계 역사에서 정전협정이 60년 동안이나 유지된 사례는 단 하나도 없다.

정전협정문은 서언과 본문 5조 36항, 부록 11조 26항으로 구성되어 있다. 서언에는 협정의 목적과 성격이 나온다. 본문 5개조는 군사분계선과 비무장지대, 정전의 구체적 조치, 전쟁포로 처리, 정부에 대한 건의사항 등을 담고 있다. 정전협정의 목적과 성격을 서언은 다음과 같이 규정했다.

　　　　　—　국제연합군 총사령관을 일방으로 하고 조선인민군 최고사령관 및 중국인민지원군 사령관을 다른 일방으로 하는 하기下記의 서명자들은 쌍방에 막대한 고통과 유혈을 초래한 한국충돌을 정지시키기 위하여서 최후적인 평화적 해결이 달성될 때까지 **한국에서의 적대행위와 일체 무장행동의 완전한 정지를 보장하는 정전을 확립**할 목적으로 하기下記 조항에 기재된 정전조건과 규정을 접수하며 또 그 제약과 통제를 받는데 각자 공동 상호 동의한다. **이 조건과 규정들의 의도는 순전히 군사적 성질에 속하는 것이며**, 이는 오직 한국에서의 교전 쌍방에만 적용한다.

여기에서 '한국'은 대한민국이 아니라 한반도를 의미한다. '한국충돌', '한국에서의 적대행위', '한국에서의 교전 쌍방' 모두 마찬가지다. 북이 가진 정전협정문에는 '조선'이라고 되어 있을 것이다. 서언뿐만 아니라 정전협정문 전체가 다 그렇게 되어 있다. 모쪼록 오해가 없기를 바란다.

서언에 나오는 것처럼, 정전협정은 '최후적인 평화적 해결이 달성

될 때까지 적대행위와 무장행동의 정지'를 보장하기 위한 '군사적 조치'를 담은 것이다. 적대행위와 무장행동을 정지하지만 전쟁이 끝난 게 아니라는 뜻이다. 전투를 일단 멈추는 데 합의했다는 것 이상도 이하도 아니다. 그래서 이 '조건과 규정들의 의도는 순전히 군사적 성질에 속하는 것'이라고 한 것이다. 서명당사자는 군사적 행위를 지휘한 군사령관들이었다. 그들의 임무는 전투를 하는 것이다. 전쟁을 시작하고 끝내는 것은 국가원수의 권한이다. 전쟁을 완전히 끝내려면 군사령관들이 아니라 국가원수들이, 정전협정이 아니라 평화협정을 맺어야 한다. 정전협정문에 기재된 김일성의 직책은 조선인민군 최고사령관과 조선민주주의인민공화국 원수 두 가지였다. 그러나 그는 국가원수로서 서명한 게 아니다. 인민군 총사령관으로서 서명했을 뿐이다. 정전협정에 관계 각국 정부에 대한 건의사항을 담은 본문 제4조가 들어간 것은 바로 그 때문이었다. 본문 제4조는 아래와 같다.

— 한국문제의 평화적 해결을 위하여 쌍방 군사령관은 쌍방의 관계 각국 정부에 정전협정이 조인되고 효력을 발생한 후 **삼개월내에** 각기 대표를 파견하여 **쌍방의 한 급 높은 정치회의를** 소집하고 한국으로부터의 모든 **외국군대의 철수 및 한국문제의 평화적 해결문제들을 협의**할 것을 이에 건의한다.

여기서도 '한국'은 '한반도'를 의미한다. 전투를 멈추는 것은 군사령관들이 할 수 있다. 그러나 평화를 이루는 것은 국가원수의 몫이다. 군사적 과제가 아니라 정치적 과제다. 그러나 정전협정 제4조는 실현되지 않았다. 이승만 대통령은 정전협정 체결 자체를 반대했다. 북과 마주 앉아 정치협상을 할 생각도 없었다. '쌍방의 한 급 높은 정치회의'는 석 달 이내에 열리지 못했다. 아홉 달이 지난 1954년 4월부터 두 달 동안 스위스 제네바에서 열렸다. 이승만 대통령은 이 회의를 못마땅하게 여겼지만 미국의 강력한 요청을 받고 변영태 외무부장관을 대표로 보냈다. 북에서는 남일 외상이 참석했다.

한국전쟁 교전당사국 대표들은 정전협정이 명시한 대로 '모든 외국군대의 철수와 한국문제의 평화적 해결문제들을 협의'했지만, 한반도가 동서 냉전체제의 진열장이 되고 남북의 적대감이 극도로 고조된 상황에서 무슨 성과가 날 리 없었다. 회의는 흐지부지 끝나고 말았다. 그로부터 무려 43년이 흐른 뒤 비슷한 성격을 가진 회담이 열렸다. 1997년 12월부터 1999년 8월까지 남과 북, 미국과 중국 대표가 참가하는 '4자회담'이 스위스 제네바에서 열린 것이다. 대표들은 여섯 차례 본회담을 하면서 한반도 평화체제를 수립하는 방안에 대해 논의했다. 그러나 특별한 성과를 내지는 못했다.

북핵은 여전히 해결되지 않은 문제로 남아 있지만 최근 들어 좋은 징후들이 나타났다. 2013년 4월 12일 한미 외무부장관들은 「9·19공동성명」에 기초해서 한반도 비핵화를 이루자"는 요지의 성명을 냈다. 8월 들어서는 나라 안팎에서 6자회담을 재개해야 한다는 전문가들의 발언이 나오기 시작했다. 정세현, 정동영 등 전임 통일부장관들이 6자회담을 한국전쟁 교전당사국들의 4자회담으로 바꾸어 한반도 평화체제 수립방안을 논의하자는 제안을 꾸준히 내놓고 있다. 이 모두가 의미 있는 것이라 생각한다.

정전협정체제가 이토록 오래 지속된 것은 한국전쟁이 무승부로 끝났기 때문이다. 사실은 미국과 중국이 승부를 내지 못한 것이다. 베트남전쟁 이전까지는, 미군이 성조기를 들고 가서 이기지 못한 전쟁은 한국전쟁 하나밖에 없었다. 북은 7월 27일을 '전승일'로 기념하지만 허황한 자기자랑에 지나지 않는다. 자기네가 전면전을 일으켜 수백만 명의 사상자를 냈지만 원래 있었던 38선 근처에 휴전선이라는 새로운 경계선만 만들었을 뿐 얻은 것이 전혀 없었다. 뭘 이겼다는 말인지 모르겠다. 이것이 무승부로 끝난 전쟁임을 인정하고 앞으로 다시는 전쟁의 비극이 벌어지지 않도록 하겠다고 약속하고 진지하게 노력하는 것이 옳은 태도일 것이다.

남북정상회담에서 노무현 대통령은 평화체제 문제를 제기했다. 그런데 김정일 위원장이 맞장구를 쳐주지 않아 심도 있는 논의를 하지는 못했다. 다음은 노무현 대통령이 오전 회담에서 기본입장을 발표하면서 한 발언이다.

— **남북 주도하에 통일지향적인 평화체제를 구축하는 것**이 급선무이며 이를 위해서는 북미관계 정상화와 남북 군사적 신뢰구축을 통한 냉전체제 종식과 핵문제 해결이라는 두 가지 큰일을 해야 할 것입니다. 전쟁이 종식되지 않은 상태에서 55년간 지속되는 현 상황은 청산되어야 하며 이런 면에서 북미관계가 정상화되어야 할 것입니다. 나는 김 위원장께서 북미관계 개선을 위한 문만 열어놓는다면 미국이 이에 상응한 관계개선 조치를 속도를 내서 취하도록 계속 재촉할 것입니다. 나는 이번 정상회담에서 김 위원장과 함께 우리 민족의 장래를 위해 **남과 북이 주도해서**

평화체제 협상을 시작하기로 했다는 것을 전 세계에 공표하게 될 수 있으면 좋겠습니다. 그리고 가급적 빠른 시일 내에 **한반도 평화체제 포럼을 출발시키는 것이 필요**하며, 협상 개시에 도움이 된다면 **부시 대통령이 제안한 방식대로 3국 정상이 만날 수도 있을 것이라고 생각**합니다.

노무현 대통령은 남북이 먼저 평화체제 협상을 시작하자고 제안했다. 북미관계를 잘 풀어야 하기 때문에 부시 대통령이 주도하는 모양새를 갖춰 남·북·미 3국 정상회담을 할 수도 있다고 했다. 3국 정상회담 문제는 부시 대통령과 노무현 대통령 사이에 이야기가 오간 흔적이 있다. 김정일 국방위원장의 발언을 보면, 그도 그 정보를 이미 듣고 회담장에 온 것 같다. 그렇지만 반응이 신통치 않았다. 되면 나쁠 것 없고, 안 돼도 그만이라는 분위기였다. 아마도 부시 대통령에 대한 불신과 불만 때문이었을 것이다. 다음은 김정일 위원장의 응답이다.

— 얼마 전에 **부시 대통령이 노무현 대통령에게 전화할 때 종전선언 문제를 언급했다는 말이 지금 돌고 있는데 그것이 사실이라면 아주 의미가 있습니다.** 물론 종전을 선언하는 것만으로는 문제가 해결될 수 없지만 그것이 **하나의 시작으로는 될 수 있다고 보면 어떻겠는가 나는 생각**합니다. 조선전쟁에 관련 있는 3자나 4자들이 개성이나 금강산 같은 데서 분계선 가까운 곳에서 모여 전쟁이 끝나는 것을 공동으로 선포한다면 평화문제를 논의할 수 있는 기초가 마련될 수 있다고 이렇게 생각합니다. 그래서 노무현 대통령께서 관심이 있다면 **부시 대통령하고 미국 사람들과 사업해서 좀 성사시켜보는 것도 나쁘지 않지 않는가 이렇게 생각합니다. 그다음**

에 그런 조건이 될 때 정전협정을 평화협정으로 완전히 바꾸는 게 어떻겠는가 이렇게 생각합니다.

관심 있으면 해보시라. 되면 나쁘지 않다. 김정일 국방위원장은 그런 정도로 가볍게 받은 다음, 우리의 NLL과 북이 주장하는 해상 군사경계선 사이에 공동어로구역을 만들어 남북의 군사적 신뢰를 도모하는 문제로 화제를 끌고 가버렸다. 노무현 대통령은 오전 회담뿐만 아니라 오후 회담에서도 이 문제를 다시 거론하지 않았다. 더 이야기해봐야 진도를 나가기 어렵다고 판단한 것으로 보인다. 아쉬운 일이다. 그때 남북 두 당사자가, 우리부터 평화체제 구축을 위한 협상을 시작하겠다고 합의했더라면 더 좋았을 것이다.

북핵문제를 해결하려면 앞으로 무엇을 어떻게 해야 할까? 우리가 마음먹는다고 해서 다 될 수 있는 건 아니다. 어떤 방안이 되었든 북이 화답하고 나와야 실현 가능성이 생긴다. 북은 권력 이행기에 있다. '권력의 3대 세습'은 아직 완료되지 않았다. 김정은 체제는 김정일 체제가 그랬던 것처럼 일종의 '유훈통치체제'로 볼 수 있다. 이 체제는 북의 권력집단이 현상유지노선을 채택했음을 의미한다. 북은 김정일 국방위원장이 2007년 남북정상회담에서 보인 것과 같은 방어적 태도를 큰 틀에서 유지하는 가운데, 국제정세 변화와 경제적 난관 때문에 도저히 거부할 수 없는 분야에서만 유연성을 보일 것이다.

바람직한 변화의 조짐이 없는 것은 아니다. 북은 개성공단을 살려내기 위한 실무협상에서 융통성을 보였다. 통행·통관이나 남측 근로자의 안전, 입주기업의 경영 애로 해소와 관련해 우리 측 요구를 여러 가지 받아들여 공단을 재가동했다. 북이 군사·정치 문제를 들어 통행제한을 한 것이 애초부터 잘못이었다. 뒤늦게라도 태도를 바꾼 것은 큰 다행이다. 비록 원만하게 성사되지는 않았지만, 북은 갑자기 일정을 연기하기 전까지는 추석맞이 남북 이산가족 상봉을 위한 협의와 준비를 전례에 따라 진행했다. 또 금강산관광을 되살리기 위한 협의를 적극 제안했다.

금강산관광을 재개하려면 북은 무엇보다 박왕자 씨 사망사건에 대해 솔직하게 사과하고, 진지한 협의를 거쳐 재발을 막을 수 있는 조처를 취해야 한다. 북은 이미 현정은 회장에게 유감 표시와 재발방지 약속을 했다. 그러나 이명박 정부는 정부 차원이 아닌 민간인과의 약속은 신뢰할 수 없다면서 금강산관광 재개를 위한 협의를 거부했다. 현정은 회장에게는 약속을 하면서 우리 정부에는 하지 않는 것은 합리적 태도가 아니다. 피해자 박왕자 씨가 관광객 행동준칙에 어긋나는 행동을 한 것은 사실이다. 그러나 그렇다고 해서 남에서 온 관광객을 총으로 쏘아 죽인 것은 비교할 수 없을 만큼 큰 잘못이다. 일부러 그랬던 것이 아니라면 북 당국이 처음부터 본의 아닌 사고였음을 인정하고 사과와 보상을 했어야 마땅하다. 남도 북을 이해하고 배려해야 하지만, 북도 남을 존중해야 한다.

개성공단 재가동은 일단 이루어졌지만 또 중단될 가능성을 배제할 수는 없다. 이산가족 상봉과 금강산관광 재개는 이루어질 수도 있고 이루어지지 않을 수도 있다. 박근혜 대통령의 대한민국 정부와 김정은 체제의 조선민주주의인민공화국 정부 사이에 아직 신뢰가 형성되지 않았기 때문에 앞으로도 남북관계는 불안정하고 예측하기 어려운 변화를 보일 것이다. 이런 현안들을 다 잘 해결한다고 해도 크게 달라질 것은 없다. 이것은 모두 김대중·노무현 정부가 하던 것이다. 이명박 대통령이 중단시킨 것을 원위치한다고 해서 남북관계가 진전되는 것은 아니다. 북의 입장에서 보면 이런 것은 '유훈통치체제'의 범위 안에서 유연성을 보인 것일 뿐이다.

최근 나타나는 남북관계 개선 현상 가운데 가장 큰 의미가 있는 것은 개성공단 재가동이다. 개성공단은 남과 북의 경제적 상호의존성을 실현하는 공간이다. 이것을 영구 폐쇄하면 남과 북 모두 만만치 않은 경제적 타격을 받는다. 그래서 양쪽 모두 무작정 사태를 최악의 상황으로 몰아가지 못한 것이다. 개성공단을 폐쇄하면 입주기업과 협력업체, 그리고 거기서 일하는 근로자들이 직접 경제적 피해를 입는다. 그 피해를 일부라도 보상하려면 엄청난 세금이 들어간다. 크든 작든 국민경제 전체에 악영향을 주게 된다.

그런데 그보다 더 큰 것이 남북관계 악화와 전쟁 분위기 조성으로 인해 대한민국 국가브랜드의 가치가 하락하는 것이다. 이명박 대통령은 후보 시절 자기가 당선되기만 하면 종합주가지수 3,000이 되고 임기 중 5,000을 돌파할 것이라고 호언장담해 표를 모으는 데 성공했다. 뻔히 알면서 사기를 친 것이다. 만약 그게 사기가 아니라 진심이었다면 결코 남북관계를 파탄으로 몰고 가지는 않았을 것이다. 만약 「10·4공동선언」을 신속하게 실행했다면 개성공단은 몇 배 더 커졌을 것이다. 해주경제특구에 한국의 기계산업과 중화학산업이 진출했을 것이다. 조선업체들이 북의 남포와 안변에 진출했을 것이다. 토목건설업체들은 한강과 임진강 하구의 모래를 준설해 개성과 평양을 잇는 고속도

로를 만들었을 것이다. 개성공단보다 수백 배 큰 규모의 남북경협사업
이 진행되면 경제적 상호의존성 때문에 남과 북 어느 쪽도 관계를 파
국으로 몰아가지 못한다. 한반도가 군사적·정치적으로 안정될수록 대
한민국 국가브랜드의 경제적 가치는 더 커질 것이다.

앞을 향해서 큰 걸음을 내디디려면 남북 모두 '비상한 결단'을 해
야 한다. 정치적·외교적·군사적 '밀당'과 기 싸움으로는 북핵 폐기
와 한반도 비핵화, 적대행위의 완전한 종식, 남북 주민의 자유로운 왕
래, 경제협력사업의 비약적 확대를 이룰 수 없다. 이런 것들은 진심으
로 원해야만 이룰 수 있다. 만약 북핵 폐기와 한반도 비핵화를 진심으
로 바란다면, 전투행위의 일시적 중단을 합의한 정전협정을 평화협정
으로 바꾸어 한국전쟁을 완전히 종식하고 한반도를 평화의 땅으로 만
들기를 진심으로 원한다면, 그렇다면 정전체제 60년 동안 우리의 내면
을 지배해왔던 낡은 고정관념과 결별해야 한다. 인식의 대전환이 필요
하다.

북을 생판 억지만 부리는 불량국가라고 생각하는 고정관념을 버
려야 한다. 북의 권력자들도 이성이 있으며 합리적인 계산을 하고 합
목적적인 전략을 구상하는 사람들임을 인정해야 한다. 대화록에 등장
하는 김정일 위원장과 김계관 외무성 제1부상의 발언을 보라. 비록 인
생철학과 세계관은 우리와 다르지만, 그들 역시 자기가 원하는 것을 얻
기 위해 합리적으로 생각하고 판단하며 때로 타협하고 양보할 줄 안다.

결국 문제는 북미관계로 돌아간다. '미국이 문제'라고 한 노무현
대통령의 진단은 옳다. 6자회담의 틀에서 테러지원국 지정 해제부터
북핵의 폐기, 북 에너지 문제 해결 등 모든 것을 일괄타결 방식으로 한

꺼번에 해결하고, 북이 미국·일본과 수교함으로써 국제사회의 일원으로 들어오게 하는 것이 가장 좋은 해결책이다. 이런 흐름 위에서 남북이 정전협정을 대신할 평화협정을 체결하고 미국과 중국이 이를 보증해주는 것이 북의 핵무기를 완전히 폐기하고 한반도 평화와 남북의 공동번영을 여는 유일한 길이다. 다른 길은 없다고 생각한다.

우리 정부 당국자들은 미국과 중국 등 주변국 지도자들에게 북을 설득하거나 압박해달라고 부탁하는 행위를 그만두어야 한다. 독립한 주권국가 정부의 대표가 그런 행동을 하는 것은 몹시 부끄러워해야 할 일이다. 세 차례 지하 핵실험을 하고 핵보유를 선포함으로써, 북은 대한민국뿐만 아니라 지구촌 전체를 자극했다. 그렇지만 북을 비난하고 고립시키는 것이 해법은 아니다. 박근혜 대통령의 인사人事를 보면, 안타깝게도 앞날이 어두워 보인다. 그는 평생 북과 싸우는 일을 한 사람들로 국정원과 청와대 외교안보 라인을 채웠다. 그런 사람이 나쁘다는 게 아니다. 필요 없다는 것도 아니다. 그러나 그들은 전투에 능한 사람들이다. 전쟁을 끝내고 평화를 만드는 일을 해본 적이 없다. 그런 참모들만 둔 대통령이 정전협정체제를 종식하고 평화협정체제로 이행하는 데 도움이 되는 일을 하기를 기대하기는 어렵다.

5. 북의 체제붕괴는
    좋은 일인가

작계5029와 북의 급변사태

2012년 10월 8일 정문헌 의원이 남북정상회담 대화록 내용을 '최초 폭로'한 것은 널리 알려져 있다. 그러나 그가 두 달 후인 12월 14일 여의도 새누리당 당사에서 기자회견을 열어 노무현 대통령의 남북정상회담 발언 내용을 '추가 폭로'했다는 사실을 아는 사람은 많지 않을 것이다. 그 '추가 폭로'의 핵심은 '작계5029' 폐기문제였다. 『연합뉴스』를 비롯한 그날의 언론보도를 살펴보면 정치부 기자들도 대개 그렇게 판단해서 '작계5029 폐기'를 기사 제목에 넣었다. 작계5029는 한반도 평화와 통일, 혹시 일어날지도 모르는 북의 체제붕괴와 관련한 중대 사안이다. 그런데도 어찌된 일인지 큰 관심을 끌지 못했다.

기자회견에서 정문헌 의원은, 노무현 대통령이 작계5029를 언급하면서 '미국의 요구를 막아냈다'고 말했다고 폭로했다. 원세훈 국정원장이 그 내용을 인정했다는 주장도 함께 내놓았다. 원세훈 국정원장이 정말 그랬는지는 모르겠지만, 노무현 대통령이 그런 말을 한 것은 분명한 사실이다. 정문헌 의원의 '최초 폭로'는 거짓이었지만 '추가 폭로'는 진실이었던 것이다. 그는 그 두 달 사이에 대화록 전문을 입수해 열람했다. 노무현 대통령의 발언은 대화록에 다음과 같이 기록되어 있다. 발언 시점은 오전 회담 후반부였다. 이 발언은 3장에서 정상들의 자주론 공방을 다룰 때 인용한 발언에도 포함되어 있다.

— 작계5029라는 것을 미 측이 만들어가지고 우리에게 가는데, 그거 지금 못 한다. 이렇게 해서 **없애버리지 않았습니까.** 개념계획이란 수준으로 타협을 해가지고 있는데 이제 그거 없어진 겁니다. 우리는 전쟁 상황 자체를 동의하지 않기 때문에, 그건 뭐 갈 수 없습니다. 2012년 되면 작전통제권을 우리가 단독으로 행사하게 됩니다.

미국이 만들려고 한 작계5029를 노무현 대통령이 없애버렸다는 말이다. 달리 해석할 여지가 없다. 그런데 정문헌 의원은 왜 하필이면 그날, 다른 것이 아니라 이 발언을 '추가 폭로'했을까? 작계5029를 없애버린 노무현 대통령의 행위가 대한민국의 국익을 해치는 '친북반미' 행위였다고 말하기 위해서였다. 이 사실을 알리면 유권자들이 노무현 대통령을 비난하면서 그 비서실장이었던 문재인 후보도 불신하게 되리라고 기대했다. 그래서 대선 투표일 나흘 전, 김무성 총괄선대본부장의 부산 유세장 대화록 낭독 몇 시간 전에 미리 기자회견을 한 것이다.

이 작전이 얼마나 큰 효과를 냈는지는 확인할 방법이 없다. 작계5029는 우리 민족의 운명과 한반도의 미래에 엄청난 영향을 줄 수 있는 군사작전계획이지만, 유감스럽게도 그게 무엇인지를 정확하게 알고 이해하는 국민은 별로 많지 않았다. 그걸 정확하게 알 정도로 한미관계와 남북관계에 해박한 사람이라면 그런 폭로를 듣고 정치적 판단을 바꾸었을 가능성은 거의 없다. 정문헌 의원이 이 발언을 추가 폭로한 것은 작계5029가 무엇인지 잘 모르는 유권자를 겨냥한 행동이었다. 새누리당은 입소문 돌리는 일을 전문으로 하는 구전조口傳組 선거운동원을 보유하고 있다. 그들은 자기네와 한편인 신문의 기사 제목을 근거로 삼아 경로당이나 시장통을 돌면서 이런 말을 하고 다녔을 것이다. "노무현이가 김정일이 편들려고 미국하고 싸웠다더라!" "문재인이도 똑같애. 빨갱이야!" 온라인 공간의 선동은 국정원 심리전단 요원들이 맡았다. 그들은 돈을 주고 고용한 민간인 협력자들과 함께 엄청난 국민 세금을 탕진하면서 맹렬한 댓글작업을 전개했다.

그렇다면 작계(작전계획)5029란 무엇인가? 1급 군사기밀이기 때문에 대통령과 안보 분야 최고위층 말고는 누구도 그 내용을 알지 못한다. 그러나 그것을 만든 목적과 개요 정도는 일반에 알려져 있다. 그런 정도는 언론이 보도하고 네티즌들이 블로그에 퍼 날라도 국정원이나 국방부가 문제 삼지 않는다. 작계5029의 존재 여부조차 확인해주지 않는 게 정부 방침이니, 그런 이야기를 했다고 잡아갈 수도 없는 것이다.

작계5029는 '북의 급변사태急變事態'에 대비한 미국의 한반도 군사작전계획이다. 주한 미군의 임무는 한반도와 동북아시아의 평화를 지키는 것이다. 공식적으로는 그렇다. 실제로는 어떨까? 미국의 군사적 이익을 지키는 것이다. 이미 한 차례 북이 일으킨 전면전에 크게 당한 적이 있기 때문에, 한미연합사는 당연히 북의 전면도발 또는 그와 유사한 사태에 대비하는 작전계획을 가지고 있어야 한다. 박정희 대통령 시절이었던 1970년대 중반 주한미군사령관이 지휘하는 한미연합사령부는 북이 전면전을 일으킬 경우에 대비해서 작계5027을 만들었다고 한다. 작계5029가 그 후속편이라는 것은 제목만 보아도 알 수 있다.

작계5027은 내용이 명확하며 정치적 논란의 여지도 별로 없다. 북이 전면전을 도발할 경우 미군의 전력을 신속하게 배치하고, 전략적으로 중요한 북의 시설을 타격·파괴하며, 대규모 상륙작전을 벌여 북 지역을 군사적으로 통제하고, 최종적으로 한국 정부가 주도하는 가운데 한반도 통일을 이룬다는 것이다. 누가 사령관이든 이런 식으로 군사작전을 세울 것이다. 전쟁을 하자는 말이 아니다. 하지 말아야 하지만, 만에 하나 전면전이 터진다면 이런 방식으로 최대한 신속하게 끝을 내는 게 좋다는 뜻이다.

그런데 국제정세와 한반도 상황이 다른 방향으로 흘러갔다. 1980년대 말 소련과 동유럽 사회주의 체제가 무너져 지구촌 차원의 냉전이 종식되었다. 과거 사회주의 진영 내부에 구축되어 있었던 이념적 연대감뿐만 아니라 경제적 분업체제와 교역관계도 허물어졌다. 안정적인 교역 파트너를 상실한 북은 경제적 불확실성에 봉착했다. 북은 국제정세의 변화에 능동적으로 대응하기 위해 대화에 나섰다. 김일성 주석은 노태우 대통령과 대화해 「남북기본합의서」를 체결했다. 한반도의 국지적 냉전체제도 흔들리기 시작했다. 게다가 1998년 2월에 취임한 김대중 대통령이 북을 포용하는 정책을 폈다. 북이 전면전을 도발할 가능성이 사실상 사라진 것이다. 그 대신 예전에 없었던 새로운 위험이 등장했다. 북이 외화를 벌기 위해 미국에 적대적인 국가와 반미 테러리스트 조직에 대량살상무기를 판매할 위험, 또는 북의 체제가 붕괴해 사회적·정치적·군사적 혼란이 벌어질 가능성이 대두한 것이다. 한미연합사는 이 새로운 위험에 대비해 새로운 작전계획을 세워야 했다.

나는 작계5029라는 것이 실제로 존재하는지 여부를 모른다. 1급 군사기밀이기 때문에 한미 양국의 정부와 군사당국은 그 존재 여부를 확인해주지 않는다. 그러니 그 내용이야 더더욱 알 수가 없다. 다만 합리적으로 생각해본다면, 한미연합사가 전면전에 대비한 작계5027을 대체하는 새로운 작전계획을 마련했으리라고 추정할 수 있다. 나는 미국이 김대중 정부 시절 새로운 작전계획을 준비했는데 노무현 대통령이 대한민국의 주권을 침해할 우려가 있다는 이유로 논의를 중단시켰다는 소문을 들은 적은 있다. 그런데 남북정상회담 대화록을 보니 그게 단순한 소문이 아니었다. 정말 그런 일이 있었다.

작계5029는 실체가 있다. 그리고 미국이 하려고 했지만 노무현 대통령이 반대해서 없애버렸다는 것도 사실이다. 노무현 대통령이 김정일 국방위원장에게 거짓말을 한 게 아니라면 그렇게 보아야 한다. 그런데 그 말을 듣고서도 김정일 국방위원장은 작계5029의 내용이 무엇인지 묻지 않았다. 북도 정보기관이 있으니, 그도 알 만큼은 알고 있었던 것이다. 2013년 봄, 북이 한미합동 군사훈련을 맹비난하면서 개성공단 통행을 일방적으로 막았다. 정전협정이 무효라고 선언하기도 했다. 10월에는 미 해군 7함대 항공모함 조지워싱턴호의 한반도 군사훈련 참가를 비난하면서 인민군 동원태세를 선포했다. 한미합동 군사훈련에 대해 북이 지나치게 신경질적인 반응을 보이는 것을 보니, 노무현 대통령이 폐기했던 작계5029를 이명박 대통령이 부활시킨 것이 아닌가 싶다.

노무현 대통령이 작계5029를 폐기한 이유

미국이 만든 작계5029를 폐기한 노무현 대통령의 행위를 어떻게 평가해야 할까? 그것이 어떤 내용을 가지고 있는 것인지 알아야 판단할 수 있다. 한반도 평화와 민족의 공존공영, 평화적 통일에 도움이 되는 계획인데도 폐기했다면 잘못한 것이다. 그러나 그 반대라면 잘한 것이다. 미국이 하려는 것을 하지 못하게 했다는 사실만 가지고서는 잘잘못을 가릴 수 없다. 정문헌 의원은 작계5029가 어떤 내용인지 말하지 않았다.

작계5029는 어떤 내용을 담고 있는가. 나는 참여정부 국무위원이었을 때 어떤 회의에서도 그에 대한 이야기를 듣지 못했다. 안보관계 장관들끼리만 논의했기 때문이다. 그 논의에 참여했을 것 같은 분에게 슬쩍 물어본 적이 있었다. 그는 빙긋이 웃기만 할 뿐, 업무상 아무 관련이 없는 보건복지부장관의 질문에는 대답해주지 않았다. 특별한 정보가 없을 때는 언론보도나 평화운동가들의 말을 참고하는 수밖에 없다.

2012년 12월 20일 『노컷뉴스』 보도에 따르면, 작계5029는 북의 급변사태에 대한 군사적 대응을 담은 것이라고 한다. 북의 급변사태는 다섯 가지 유형이 있다. 핵과 미사일 등 대량살상무기 유출, 불안한 권력승계, 내부 쿠데타, 북 주민의 대규모 탈북사태, 한국인 인질사태(예컨대 개성공단 근로자들) 등이다. 이런 보도에 대해서 우리 정부는 아무 반응도 보이지 않았다. 그 정도 선에서 보도하고 논의하는 것은 무방하다고 판단하는 것 같다. 나는 이 보도가 사실에 근접한 것이라고 본다.

이 다섯 가지 유형의 가상적 급변사태는 대비할 필요가 있다. 정치적·경제적·군사적 대응책을 세우고 특급 기밀로 가지고 있어야 한다. 그런데 노무현 대통령은 왜 그것을 하지 못하게 했을까? 미국 측에서 만든 내용이 바람직하지 않다고 판단해서 그랬을 것이다. 그는 작계5029를 '개념계획' 정도로 해서 미국과 타협을 했다고 말했다. '개념계획'은 군사적 대응조처를 구체적으로 명시하지 않은 기본적 대응방안이다. 노무현 대통령은 작계5029가 무엇인지는 한 마디도 이야기하지 않았지만 그것을 만드는 데 반대한 이유는 확실하게 밝혔다. 두 가지 이유가 있었다. 대화록 곳곳에서 그의 인식을 읽어낼 수 있다.

첫째는 전시戰時작전통제권(전작권) 문제다. 노무현 대통령은 한국전쟁 때부터 주한미군사령관이 행사해온 전작권을 2012년에 돌려받기로 미국과 합의했다. 대화록에서 그는 미국 행정부가 먼저 계획을 세웠고 그것이 자신의 소신과 일치했기 때문에 합의했다고 말했다. 이것은 중요한 정보다. 그런데 이명박 대통령이 환수를 연기한 탓에 아직 전작권을 돌려받지 못했다. 박근혜 대통령은 또다시 그 시기를 늦추어달라고 미국에 요청하는 중이다. 아마도 그렇게 될 것이다. 언제 환수하게 될지 알 수가 없다. 2007년에도 전작권은 미군사령관이 가지고 있었다. 만약 당장 북의 급변사태를 이유로 한미연합군을 북 지역에 투입한다면 전쟁 또는 그와 유사한 사태가 벌어진다. 그리고 전작권을 주한미군사령관이 행사한다. 한국과 미국 사이에 국익과 관련해 아무런 갈등이나 충돌이 없다면 상관없다. 그러나 현실은 그렇지 않다. 주한미군은 근본적으로 동북아시아에서 미국의 국익을 지키기 위해 한국에 주둔하고 있다. 국군 통수권자인 대통령은 미국이 아니라 대한민국과 8,000만 동포의 생명과 안전을 지켜야 한다. 상황에 따라서는 미군사령관과 대한민국 대통령이 추구하는 목표와 그 목표를 이루기 위해 선택하는 수단에 심각한 차이가 있을 수 있다.

이런 이유 때문에 노무현 대통령은 작계5029를 강력하게 반대했다. 북에서 대량살상무기가 유출되었다는 것을 이유로 북한 지역에 한미연합군 병력을 투입한다고 하자. 그런데 그와 관련한 판단과 결정을 주한미군사령관이 지휘하는 한미연합사가 '독자적'·'자의적'으로 한다면 어떻게 될까? 미국은 북한의 대량살상무기 유출을 미국에 대한 테러 위협을 증가시키는 행위로 간주하고, 미국의 안전을 지키기 위해 한반도에 주둔하고 있는 미군이 군사적 대응을 할 명분이 있다고 주장할 것이다. 이라크전쟁도 그렇게 해서 일어났다. 여기에 북이 군사적으로 맞대응을 하면 전쟁이 일어난다. 대한민국 대통령의 판단과 관계없이 국군이 북을 상대로 한 전쟁에 끌려들어가게 되는 것이다.

만약 작계5029가 이런 방식으로 미국 행정부의 판단과 결정에 따라 북에 한미연합군을 투입하는 길을 열어두고 있다면 대한민국 대통령으로서는 반대하는 것이 옳다. 노무현 대통령은 이렇게 표현했다. "우리는 전쟁 상황 자체를 동의하지 않기 때문에, 그건 뭐 갈 수 없습니다. 2012년 되면 작전통제권을 우리가 단독으로 행사하게 됩니다." 그게 바로 그 이야기다. 달리 해석할 수가 없다.

노무현 대통령이 작계5029를 영구적으로 폐기하는 데 성공한 것은 아니다. 자신의 임기 동안 논의하지 못하게 했을 뿐이다. 다음 대통령에게 이래라 저래라 할 수는 없다는 것을 잘 알고 있었다. 다만 2012년에 전작권을 환수해 한미연합사의 구성과 역할이 달라지고 나면, 정권이 보수세력으로 넘어가도 북의 급변사태에 대한 대비를 작계5029와는 다른 차원에서 하게 될 것이라고 기대했다. 그러나 그 기대는 허물어졌다. 이명박 대통령은 전작권 환수를 미루었다. 그는 그런 조건 위에서 작계5029를 미국의 주장대로 확정했을 것이다.

　작계5029는 단순한 군사작전계획이 아니다. 북은 이것을 '흡수통일을 노리는 침략계획'으로 간주한다. 서해와 동해 NLL과 육상 DMZ 근처에서 한미 해군과 육군이 연합훈련을 하고 미군이 최신형 무인정찰기와 폭격기, 항공모함을 투입하는 것에 대해 북이 매우 날카로운 반응을 보이는 것도 이 훈련이 작계5029에 따른 것이라고 의심하기 때문이다. 정전상태에 있는 한반도에서 한국전쟁의 '교전상대방'이었던 북으로 하여금 공포감을 가지게 하면 분쟁과 갈등을 평화적으로 해결하기 위한 협상을 하기가 어렵다. 노무현 대통령은 북이 체제안전에 대한 심각한 불안감을 느끼지 않아야 진지하게 남북관계 개선과 핵폐기를 위한 협상에 임할 것이라고 판단해서 작계5029 폐기 이야기를 한 것이다.

북의 체제붕괴는 바람직한 일인가

노무현 대통령이 작계5029에 반대한 이유는 한 가지 더 있다. 그는 북의 체제붕괴를 바람직하지 않은 일로 여겼다. 일부러 북의 체제를 무너뜨리는 데 반대했을 뿐만 아니라, 북의 급변사태를 은근히 기대하면서 그에 대처하는 작전을 세우는 것 자체가 좋지 않은 정책이라고 판단했다. 북이 안정적으로 체제를 유지하면서 남북경제협력을 통해 경제적 부흥을 이루어나가도록 하는 것이 한반도 평화와 통일에 도움이 된다고 보았다. 내가 지어낸 말이 아니다. 그런 생각이 대화록에 분명하게 드러나 있다. 이런 점을 고려하면 대화록 폭로와 불법공개 행위를 색깔론으로 정치적 이익을 보려는 단순한 정치공세로만 볼 수 없다. 한반도 평화와 통일을 바라보는 철학과 전략의 충돌에서 빚어진 사건인 것이다.

노무현 대통령은 오전 회담을 시작하면서 평화와 통일의 관계에 대한 평소 생각을 말했다. 마음먹고 한 말인데도, 표현방식이 지나치게 원론적이어서 그랬는지 김정일 위원장에게 별로 강한 인상을 남기지 못했던 것 같다. 김정일 위원장은 이 말에 아무런 직접적 반응을 보이지 않았다.

— 통일 이전에 한반도에 평화가 공고하게 정착되는 것이 시급하고 중요하다고 생각합니다. 평화의 토대 위에서 교류협력을 통해 신뢰를 쌓아가다 보면 통일은 점차적으로 저절로 오는 것이라고 생각합니다. 확고한 평화의 토대 위에서 통일을 이룬다는 것이 우리의 입장이며, **통일을 위해서 평화를 희생시키지 않는다는 것이 원칙이 되어야 한다고 생각합니다.**

　　노무현 대통령은 먼저 평화가 확고하게 정착되고 교류협력이 확대되면 통일이 저절로 올 것이라고 말했다. 통일 이야기는 하지 말자는, 미리 준비한 제안이었다. 이 회담에서 남북 정상들은 「6·15공동선언」의 합의를 언급한 것 말고는 통일에 관한 이야기를 일절 나누지 않았다. 김정일 위원장이 노무현 대통령의 제안을 묵시적으로 받아들였다고 해석해도 될 것이다. 노무현 대통령은 햇볕정책을 계승·발전시키려고 노력했지만 평생 통일방안을 연구했던 김대중 대통령과는 접근방식이 달랐다. 그의 통일론에 굳이 이름을 붙이자면 '선평화 후 통일론'이라고 할 수 있다. 평화가 확고하게 정착되지 않은 상황에서 통일방안을 논의하면 성과는 없고 갈등만 생길 뿐이라고 본 것이다. 노무현 대통령은 임기 내내 통일에 대해서 특별한 말을 하지 않았다.

　　"통일을 위해서 평화를 희생시키지 않겠다"는 말은 중요한 메시지를 담고 있다. 어떤 경우에도 물리적인 힘의 충돌을 동반하는 방식으로 통일을 추진하지 않겠으니 '흡수통일'을 두려워하지 말라는 것이다. 자주문제와 관련해 작계5029를 폐기한 이야기를 한 것도 이런 맥락에서 해석할 필요가 있다. 오전에 노무현 대통령은 이런 메시지를 제공함으로써 김정일 국방위원장을 안심시키려고 노력했다. 그러나 그게 잘된 것 같지 않았다. 그래서 오후에는 북이 체제를 안정적으로 유지하면서 발전하기를 원하며, 우리는 독일식의 갑작스러운 통일을 원하지 않는다는 것을 더욱 노골적으로 이야기했다. 김대중 정부와 노무현 정부가 북에 돈을 퍼주어 체제를 연명시켰다고 주장하는 분들은 이런 발언을 보고 몹시 분개했을 것이다. 다음은 노무현 대통령이 오후 회담 시작 직후에 한 발언이다.

— 오늘 내 점심 먹으면서 남측 수행원들 보고 우리가 말을 조심하자, 우리식으로 이런 말을 한 것이 사실 불신을 야기하고 오히려 우리에게 방해가 된다, **개혁·개방을 유도하기 위해 온 것이 결코 아닙니다. 경제의 성과를 생각하는 것이죠.** 북측 체제를 존중하는 것이 약속일 뿐만 아니라, 도리일 뿐만 아니라 우리에게 이익이 된다. 독일식의 급작스런 통일은 독일이 엄청난 비용을 부담했기 때문에 우리는 그런 능력도 없고 독일은 유럽을 주도하고 있는 국가이지만 우리는 그렇지도 않고. 때문에 거기에 따른 비용과 혼란을 감당할 수 없고 그럴 리도, 있을 리도 없겠지만 어느 것이 이익이냐고 가정했을 때 우리는 북측이 굳건하게 체제를 유지하고 안정을 유지한 토대 위에서 경제적으로 발전하는 것이 우리에게 이익이라고 다들 생각하고 있습니다.

오전에는 김정일 위원장이 노무현 대통령 면전에 대고 남측이 자주성을 상실했다며 '인격모독'적 발언을 했다. 그런데 오후에는 노무현 대통령이 그 못지않은 '인격모독'적 발언을 했다. "우리는 북이 동독처럼 붕괴하기를 바라지 않는다. 그렇게 되면 우리도 좋지 않다. 우리는 감당하지 못한다." 면전에 대고 그렇게 말한 것이다. 전혀 그럴 가능성이 없다면야 농담이 되겠지만, 실제 그런 위험이 있고 북의 권력층이 두려움을 가지고 있다면 아픈 데를 찌르는 말이 될 수 있었다. 이런 아슬아슬한 발언을 주고받았는데도 「10·4공동선언」에 합의할 수 있었던 것은 두 정상 모두 상대방의 말을 인격모독이 아니라 솔직한 의사표시로 받아들였기 때문이다.

북의 권력층은 체제붕괴와 흡수통일에 대한 공포감을 가지고 있다. 왜 그렇지 않겠는가. 60년 전 북은 세계 최강 미국과 3년 동안 전쟁을 했다. 남북과 미국, 중국 등 교전당사국 모두가 얻은 것 없이 상처와 고통만 받았다. 수많은 민간인들이 북 인민군과 중국 지원군을 겨냥한 미 공군기의 폭격에 희생되었다. 북측의 피해는 남측에 견줄 바가 아니었다. 평양을 비롯한 주요 도시들은 성한 건물이 거의 남지 않았을 정도로 융단폭격을 당했다. 게다가 1980년대 막바지 구소련과 동유럽 사회주의 체제가 무너진 뒤부터는 지속적인 경제난에 시달렸다.

북의 인민들은 굶주림과 자연재해와 전염병에 죽어나갔다. 북은 항만과 도로를 비롯한 물적 인프라를 제대로 유지·관리하지 못했다. 에너지가 부족해 나무로 난방과 취사를 해야 했기에 사람 발길 닿는 곳은 다 민둥산이 되었다. 중국을 제외하면 믿을 만한 무역 파트너가 없었던 탓에 원자재와 중간재를 조달하지 못해 제조업 생산의 순환이 끊어졌다. 게다가 휴전선 남쪽에는 막강한 미군과 전투력을 더욱 증강한 국군이 있다. 미국은 북을 테러지원국과 적성국으로 지목해 무역과 금융거래를 규제했다. 두려움을 가지기에 충분한 상황이다. 정치체제는 그대로 두고 경제만 개혁·개방하는 중국식 개혁조차도 체제붕괴에 대한 두려움 때문에 받아들이기가 어렵다. 이것이 북의 현실이다. 김정일 국방위원장은 오전 회담 때, 추가적인 공단 조성 제안을 단호하게 반대하면서 그 이유를 솔직하게 털어놓았다.

— 우리 민족끼리 정신에 기초해서 풀어나가야 하는데 나는 오늘 대통령께서 제안하신 문제에 대해서는 내가 하나 즉석에서 생각한 것은 새로운 공단들을 내오자고 하는 문제는 아직도 우리나라가 중국 땅이

라던가 러시아 원동 땅도 아니고 조그만 땅인데, 거기서 다 뜯어 공단들만 하려고 하면 우리가 이때까지 이룩한 민족자주경제는 다 파괴되고, 시장경제에 말려들어가고, 주체공학이 없어지고 하는 이런 정신적인 재난이 올 수 있기 때문에 아직 시기…….

'원동遠東 땅'이라는 표현이 낯설다. 원동은 근동近東이나 중동中東이 그런 것처럼 유럽을 중심에 두고 세계지도를 볼 때 쓸 수 있는 말이다. 북의 언어는 러시아 영향을 크게 받은 것 같다. 러시아 영토는 유라시아 대륙 전체에 걸쳐져 있지만 상트페테르부르크와 모스크바 등 정치문화 중심지는 유럽에 속한다. '러시아 원동 땅'은 사람은 많이 살지 않고 넓기만 한 러시아 동부지역을 가리키는 말로 보인다. 김정일 위원장은 중국식 개혁·개방을 할 수 없는 사정을 솔직하게 말했다. 반대하는 건 아니지만 시기상조라는 것이다. 잘못하면 체제가 내부에서 무너져 흡수통일을 당할지도 모른다는 두려움을 지니고 있었다. 노무현 대통령이 북의 체제안정을 원한다고만 말하는 데 멈추지 않고 "북측이 굳건하게 체제를 유지하고 안정을 유지한 토대 위에서 경제적으로 발전하는 것이 우리에게 이익"이라고 말하는 데까지 나간 것은 이 두려움을 덜어주기 위해서였다. 이것은 단순한 립 서비스가 아니라 진심이었다.

이 발언을 작계5029와 연관시켜 해석하면 이렇게 된다. "평화적 통일을 이룰 헌법적 책무를 지닌 대한민국 대통령이 할 일은 북의 급변사태에 대한 군사적 대응책을 준비하는 것이 아니라 북의 체제를 안정시키고 교류협력을 증진함으로써 한반도 평화를 공고히 하고 평화적 통일의 토대를 구축하는 것이다. 우리는 북을 흡수 통일할 의사도 능력도 없으니 두려움을 버리고 교류 협력하자." 이것이 한반도 평화와 통일문제에 임하는 노무현 대통령의 기본입장이었으며 작계5029를 반대한 이유 중 하나였다.

독일 통일은 합의통일이었다

작계5029 폐기에 대한 노무현 대통령의 남북정상회담 발언을 추가 폭로함으로써 정문헌 의원이 부각시키려고 한 것은 바로 이것이었다. "노무현 대통령이 미국과 싸우면서까지 북의 체제안정을 지켜주려고 했다. 이것은 '종북반미'가 아니냐!" 그렇게 말하고 싶었던 것이다. 우리 헌법은 반드시 평화적 통일을 추진하도록 규정하고 있다. 모든 정당들이 여기에 동의한다. 그런데 새누리당이 내심 원하는 것은 북의 체제붕괴와 독일 방식의 신속한 통일이다. 독일은 그런 방식의 평화적 통일을 이루었다. 북에 대해 강한 분노와 혐오감을 가진 지식인과 언론인, 시민들도 여기에 동조한다. 북 주석궁에 국군 탱크가 들어가는 방식으로 통일해야 한다고 주장하는 분들도 더러 있지만 큰 호응을 받지는 못한다.

북의 체제붕괴와 독일식 통일을 바라는 마음을 이해하지 못할 것은 없다. 북은 동족상잔의 전면전을 일으켜 수백만 명의 사상자를 만들었다. 그런데도 책임을 인정하고 사과한 적이 없다. 6·25전쟁의 비극에 대한 기억은 아직도 생생하다. 정전협정 이후에도 북은 1·21사태와 아웅산 테러를 저질러 대한민국 대통령을 죽이려고 했다. 대한민국 국민들로서는 잊기 어려운 일이다. 박정희 대통령과 전두환 대통령의 독재와 인권유린, 부정부패를 혹독하게 비판하는 사람들도 북의 무력도발은 큰 잘못이었다고 생각한다. 북파공작원HID 단체의 주장을 들어보면 우리도 북에 유사한 행위를 한 것 같지만, 북을 미워하는 사람은 그것을 정당방위로 본다. 더욱이 인민들이 굶어 죽고 병들어 죽는데도 북의 권력집단은 문을 닫아걸고 3대 세습을 하면서 기득권을 지킨다고 생각한다. 믿지 않으면 그게 오히려 이상한 일이다.

하지만 감정으로 남북관계를 풀어나갈 수는 없다. 때로는 북받치는 감정을 다스리고 이성적인 판단을 해야 한다. 북을 너무 미워한 나머지 북 체제가 붕괴하기를 바라는 분들은 그것이 어떤 사태를 초래할지 냉정하게 따져보지 않는 경향이 있다. 일반 시민들도 그래서는 곤란하다. 하물며 정부와 집권당의 실세 정치인들이야 말해 무엇하겠는가. 국가를 운영하는 사람이라면 큰 책임의식을 가지고 생각해보아야 한다. 북의 체제붕괴는 대한민국에 어떤 상황을 몰고 올 것인가?

이 질문에 대답하려면 먼저 대한민국 헌법을 살펴보아야 한다. 우리 헌법은 한반도와 부속도서 전체를 대한민국 영토로 규정하고 있다. 휴전선 이북지역도, 국가보안법상의 '반국가단체'가 불법 점거한 탓에 우리 헌법의 효력이 미치지 않을 뿐, 엄연한 헌법상의 대한민국 영토다. 그 반국가단체가 어떤 연유로 해체되어 무정부상태가 되고, 마음먹기에 따라서는 우리 헌법의 효력이 북에도 미치게 할 수 있는 상황이 되었다고 하자. 그렇게 될 경우 무슨 일이 벌어질까?

우리 헌법의 효력이 미치는 즉시, 북의 주민들은 대한민국 국민이 된다. 대한민국 국민은 신체의 자유와 거주 이전의 자유를 비롯해 헌법이 보장하는 모든 기본권을 다 누려야 한다. 정부가 그들의 남하를 막을 헌법적 근거가 없다. 그들이 오면 국민기초생활보장법에 따른 생계비 지급 청구권과 의료급여 청구권 등 사회권적 기본권을 인정해주어야 한다. 노인들에게는 기초노령연금도 지급해야 한다. 학교는 북에서 온 아이들을 받아주어야 한다. 헌법에는 특정한 국민에게 기본권을 유보할 수 있도록 허용하는 조항이 없다. 서울 거리는 북에서 온 사람들로 넘쳐나고 노동시장은 임금 폭락의 충격에 휩싸일 것이다. 노무현 대통령이 북의 체제안정과 경제적 발전이 우리에게도 이익이며, 독일식 통일을 우리가 감당할 능력이 없다고 한 것은 이런 상황을 염두에 두고 한 말이었다. 우리에게 이런 사태를 의연하게 견디고 극복할 능력이 있을까? 없다고 단정하기는 어렵겠지만, 잘 감당할 수 있다고 자신 있게 말하기도 어렵다.

나는 북이 체제를 안정적으로 유지하는 가운데 남북경제협력을 대폭 확대해 경제발전을 이루기를 원한다. 교전당사국인 남, 북, 미국, 중국이 정전협정을 폐기하고 평화협정을 체결하기를 기대한다. 북이 미국, 일본과 수교하고 국제사회에 들어와 아시아개발은행과 세계은행 등 국제금융기관의 자금지원을 받아 경제를 재건함으로써 인민의 삶을 개선하기를 원한다. 남과 북이 합의해 군비를 축소하고 한반도의 비핵화를 완전하게 실현하기를 바란다. 남북의 주민들이 서로 교신하고 교류하고 소통해서 한 걸음 한 걸음 상호 이해를 넓혀나가고 통일을 향한 비전과 소망을 나누기를 기대한다. 그렇게 하는 것이 가장 빠르고 바람직한 통일의 길이라고 믿는다.

북의 체제붕괴와 신속한 통일을 원하는 분들은 독일을 보라고 말한다. 그런데 독일식 '흡수통일'은 바람직하지 않다고 주장하는 분들도 있다. 노무현 대통령도 정상회담에서 그렇게 들릴 수 있는 표현을 썼다. 나는 이것이 모두 독일 통일과정을 오해한 데서 나온 주장이라고 본다. 독일 통일은 흡수통일이 아니라 '합의통일'이었다. 그런데 북을 고립시키고 북과 대립하면 독일식 통일을 할 수 없다. 김대중, 노무현 대통령이 걸었던 노선을 따라가야만 독일식 통일을 할 수 있다. 동독은 체제가 무너져 서독에 흡수된 것이 아니다. 그 역逆이 진실이다. 동독 국민이 서독 체제로 통합하기를 원했기 때문에 동독의 체제가 무너진 것이다.

독일 통일의 결정적 계기는 1989년 여름 오스트리아가 헝가리 쪽 국경을 동독 여행자들에게 개방한 조처였다. 나라 밖으로 여름휴가를 떠났던 200만 명의 동독 국민 가운데 수십만 명이 오스트리아를 거쳐 서독으로 넘어가버렸다. 20만이라는 설도 있고 30만이라는 말도 있다. 엔지니어, 건축가, 의사, 간호사, 교수, 교사 등 동독의 산업시설과 국가 인프라를 운영하는 데 필수적인 기능을 가진 사람들이었다. 그해 가을, 동독 정부 관계자들은 국영기업의 생산시설과 국가교육기관, 병원을 비롯한 사회적 인프라를 정상적으로 관리하고 운영할 수 없게 되었다는 사실을 깨달았다. 동독 국민들은 그 여름에 '몸으로 하는' 또는 '발로 뛰는' 국민투표를 한 것이다.

동서독은 남북한과 달랐다. 1969년 첫 여야 정권교체를 이룬 사회민주당 소속 연방총리 빌리 브란트Willy Brandt가 동서독의 평화공존과 교류로 가는 길을 열었다. 통일 전야의 동서독에서는 폭넓은 서신

교류와 친지 방문이 이루어지고 있었고 상호 방송시청도 허용되어 있었다. 국제정세의 변화와 서독의 실상을 잘 알고 있었던 동독 국민들은 1989년 가을, 자유와 민주주의를 요구하는 대규모 시위를 벌였다. 가장 큰 시위가 벌어진 곳은 동독 산업중심지인 라이프치히였다. 당시 광장에 운집한 라이프치히 시민들은 열쇠뭉치를 높이 들어 흔들면서 구호를 외쳤다. 그것은 완전한 비폭력 평화시위였다. 동독 정부도 폭력을 행사하지 않았다. 진지한 마르크스주의자였던 동독 정부 핵심인사들은 여기에 어떤 역사의 법칙이 작용하고 있다고 생각했다. 고르바초프 공산당 서기장이 이끈 소련 정부는 1960년대와 달리 '세계 공산주의 혁명을 수호'하기 위해 '반동적 시위'를 폭력 진압하라고 강요하지 않았다.

동독 정부로서는 시민들의 요구를 받아들이는 것 말고는 다른 대처방법이 없었다. 결국 그들은 총 한 방 쏘지 않고 권력을 내려놓았다. 세계 역사에서 보기 드문 일이었다. 동독 정부는 1989년 11월 9일 밤 동서 베를린 사이에 있는 브란덴부르크 문을 열었다. 1961년 동베를린 시민들의 대규모 탈출을 막기 위해 동독 정부가 쌓아 올렸던 베를린 장벽이 무너진 것이다. 동베를린 시민들은 장벽을 넘어 서쪽으로 갔다. 서베를린 시민들이 그들을 얼싸안았다. 1년이 채 지나기 전에 두 국가는 화폐를 통합하는 등 필요한 준비를 하고 주변국들의 동의를 받아 통합을 결정했다. 이것이 합의통일이 아니라면 도대체 어떤 것을 합의통일이라 할 것인가.

서독은 동독을 흡수 통일하려고 하지 않았다. 동독 국민 스스로 서독 체제로의 통일을 원하고 동독 정부가 결단할 때까지 참고 기다리면서 교류 협력하고 지원했을 뿐이다. 사민당의 빌리 브란트 연방총리가 신동방정책을 시작한 이래 30년 가까운 세월 동안 여러 차례 집권당이 바뀌었다. 보좌관이 동독 정보기관 슈타지의 첩자라는 사실이 드러나 빌리 브란트 연방총리가 사퇴하는 등 숱한 간첩사건이 터졌다. 그러나 이 정책은 흔들리지 않았다. '돈으로 자유를 사는 정책'Freikauf도 썼다. 서독 정부는 동독을 탈출하려다 체포된 동독 시민들을 넘겨받기 위해 수십 년 동안 교회를 통해 동독 정보기관 슈타지에 거액의 몸값을 지불했다. 이것은 모두가 알지만 아무도 입에 올리지 않은 '공공연한 비밀'이었다. 독일 통일은 이처럼 기나긴 공개적·비공개적 교류 끝에 이루어졌다. 남북관계는 이제 겨우 빌리 브란트 총리가 노벨평화상을 받았던 1971년의 동서독관계 근처에 와 있다. 독일과 달리 우리는 동족상잔의 전쟁까지 했다. 통일까지는 독일보다 훨씬 더 긴 세월이 걸릴 것이다.

6. 평화의 바다를
꿈꾸다

서해평화협력특별지대

대화록은 노무현 대통령과 김정일 위원장의 남북관계 현안에 대한 인식과 평화 비전을 있었던 그대로 보여준다. 하지만 그것만은 아니다. 두 정상이 나눈 대화에는 분단과 전쟁 이후 남북관계와 북미관계의 60년 역사가 묻어 있다. 박정희 대통령의 이름이 나오고, 노태우 대통령과 김일성 주석이 만든 「남북기본합의서」가 등장한다. 김대중 대통령의 그림자가 비친다. 모든 것은 발생사發生史가 있다. 새것은 옛것에서 나온다. 2007년 남북정상회담의 결실인 「10·4공동선언」의 핵심인 제5항도 그런 것이었다. 경제협력 분야 합의사항을 담은 제5항은 다음과 같다.

— 남과 북은 민족경제의 균형적 발전과 공동의 번영을 위해 경제협력사업을 공리공영과 유무상통의 원칙에서 적극 활성화하고 지

속적으로 확대·발전시켜 나가기로 하였다. 남과 북은 경제협력을 위한 투자를 장려하고 기반시설 확충과 자원개발을 적극 추진하며 민족내부협력사업의 특수성에 맞게 각종 우대조건과 특혜를 우선적으로 부여하기로 하였다. **남과 북은 해주지역과 주변해역을 포괄하는 '서해평화협력특별지대'를 설치하고 공동어로구역과 평화수역 설정, 경제특구건설과 해주항 활용, 민간선박의 해주직항로 통과, 한강하구 공동이용 등을 적극 추진해 나가기로 하였다.** 남과 북은 개성공업지구 1단계 건설을 빠른 시일안에 완공하고 2단계 개발에 착수하며 문산—봉동간 철도화물수송을 시작하고, 통행 통신 통관 문제를 비롯한 제반 제도적 보장조치들을 조속히 완비해 나가기로 하였다. 남과 북은 개성—신의주 철도와 개성—평양 고속도로를 공동으로 이용하기 위해 개보수 문제를 협의·추진해 가기로 하였다. **남과 북은 안변과 남포에 조선협력단지를 건설하며** 농업, 보건의료, 환경보호 등 여러 분야에서의 협력사업을 진행해 나가기로 하였다. 남과 북은 남북 경제협력사업의 원활한 추진을 위해 현재의 남북경제협력추진위원회를 부총리급 남북경제협력공동위원회로 격상하기로 하였다.

대화록에는 이 합의가 만들어지는 과정이 상세하게 나와 있다. 남북 정상은 서해평화협력지대 설치를 비롯한 경제협력사업을 논의하는 데 오후 회담 시간의 대부분을 썼다. 공동어로구역 설정과 NLL문제에 대한 원칙적 합의가 이루어지자 서해평화협력지대 설치를 포함해 나머지 경협사업에 대한 논의가 급진전했다. 이어서 한강하구 골재채취의 경제 환경 효과, 개성·해주와 인천공항 연결도로 개설, 전력생산과 조달방안, 조선산업 투자, 나진·선봉 항구를 달라는 러시아의 요구, 신의주특구 상황, 중국 정부의 동북공정 등 주변국과 관련한 문제에 대한 토론이 이어졌다. 이재정 통일부장관은 개성공단 통행과 통신개선을 요청했다. 실무적 현안들은 이렇다 할 토론 없이 합의를 이루었다.

2007년 남북정상회담이 다시 한번 뜨거운 관심사가 된 것은 NLL 포기 논란 때문이었다. 하지만 국가적으로 가장 중요한 것은 해주와 주변해역을 포함하는 서해평화협력특별지대 설치 합의였다. 공동어로구역은 이 특별지대의 여러 구성요소 가운데 하나에 지나지 않는다. 북이 해주항을 개방해 민간직항로를 열어주고 남북 모두 삼엄한 군사경계 태세를 유지해왔던 한강하구를 공동으로 이용한다면 인천, 파주, 고양, 김포와 개성, 해주를 포괄하는 거대한 경제권이 새로 생긴다. 공동어로구역으로 남북 어민들이 얻는 이익은 전체 그림에서 보면 점 하나에 불과하다.

그런데도 공동어로구역 문제가 회담의 초점이 된 것은, 이것이 NLL문제와 관련해 남북이 군사적 신뢰를 확고하게 구축해야만 실현할 수 있는 일이기 때문이다. 공동어로구역과 서해평화협력특별지대를 만드는 것은 단순한 경제협력사업이 아니다. 이것을 실행하려면 남북이 군사적인 면에서 서로를 믿으면서 상시 협력해야 한다. 주한미군의 동의와 협조를 받아야 한다. 남북 모두 병력을 재배치해야 한다. 개성공단 때문에 북은 육군의 주력 배치선을 휴전선에서 20킬로미터 넘게 북쪽으로 옮겼다. 해주를 개방하고 주변해역을 평화수역으로 만들면 육군뿐만 아니라 해군의 주력 배치선도 훨씬 더 북쪽으로 물려야 한다. 그래서 김정일 위원장이 오후 회담 전에 미리 군부의 동의를 받은 것이다.

우리 해군도 남으로 주력 배치선을 내려야 한다. 하지만 북측보다는 부담이 훨씬 적다. 우리의 서해 5도는 육지에서 멀리 떨어진 섬인 데 비해 해주는 황해도를 끼고 있는 육지고 평양까지의 거리도 그리 멀지 않다. 순전히 군사적 관점에서만 보면 북이 훨씬 더 큰 양보를 할 수밖에 없다. 국방부와 국정원은 공동어로구역을 설정하면 우리 해군이 서해를 비워주어야 한다면서 사실상 NLL을 포기하는 것이나 마찬가지라고 주장했다. 알면서 그랬다면 어리석은 '소탐대실'小貪大失이다. 정녕 몰라서 그랬다면 무능을 공개 자백한 셈이다. 북이 군사적으로 더 많이 물러서야 하기 때문에 김정일 위원장은 노무현 대통령이 제안한 해주공단 건설 문제에 대해 극히 부정적인 의견을 냈다. 다음은 오전 회담에서 그가 한 발언이다.

　　　— 그리고 군사적인 측면으로 오늘 대통령님께 솔직히 말하는데, 개성도 군사적으로 많이 양보한 거고. 개성은 평화의 상징이라 해가지고 그건 많이 양보했는데, 해주는 솔직히 내가 국방위원회 위원장으로서 말합니다. 해주는 군사력이 개미도 들어가 배길 수 없을 정도로 군사력이 집중된 데인데 그래서 제 얘기는 그걸 만약 하자고 하면 앞으로 개성에서 어떤 모범을 보이고 실제 그만한 걸 희생시키면서라도 공단 차려가지고 어떻게 민족번영에 이바지하겠는가 하는 게 우리가 납득이 될 때 그땐 우리 개성 아니 해주 달라면 그땐 줘야지요. 그러니까 지금은 군대가 우선 반대할 테고. 지금 개성 당연히 무슨 내각에다가 경제 행위꾼들에게 아마 아직 개성에서 맛도 못 본 주제에 무슨 뭐 때문에 해주를 또 내라고. 우리 그럼

자연히 군대는 다 물러 돌아서는 거나 같은 건데…… 아마 안 할 거라고 생각합니다.

해주는 열어줄 수 없다는 것이었다. 군부가 반대할 것이라고 했다. 우리가 절대권력자라고 알던 김정일 위원장도 군부가 완강하게 반대할 경우 마음대로 해주를 개방할 수 없다는 것이다. 그런데 그가 오전 회담 후반부에 심경의 변화를 일으켰다. 점심시간을 이용해 군 장성들을 불렀다. 해주 개방에 대해 군부의 조건부 동의를 받았다. 그는 오후 회담에서 아래와 같이 그 경위를 이야기했다. 1장에서 이미 살펴본 발언이지만 독자들의 편의를 위해 일부만 다시 인용한다.

— 그래서 오후에 가서 점심식사하고 군 장성들 좀 오라. 와서, 해주 그때 99년도 그때 그 결심을 되살릴 때면 어떤 문제가 있겠냐 하니까, 답이 문제없겠습니다. 그러면 노 대통령님하고 만나는데 항을 당장 개방하는 걸 내가 결심하라는가, 그건 문제없겠습니다. 그러니까 이승만 대통령 시대 51년도에 북방한계선 있지 않습니까? 그때 원래 선 긋는 38선을 위주로 해가지구. 그거 역사적 그건데, 그걸 다 양측이 포기하는, 정전협정을 평화협정으로 하는 첫 단계 기초단계로서는 서해를 남측에서 구상하는 또 우리가 동조하는 경우에는 제 일차적으로 서해 북방 군사분계선 경계선을 쌍방이 다 포기하는 법률적인 이런 거 하면 해상에서는 군대는 다 철수하고.

김정일 위원장이 연도를 착각했다. 1951년도가 아니다. 클라크 유엔군사령관이 NLL을 그은 것은 1953년 8월이다. 김정일 위원장의 발언에서 우리는 그가 1999년에 군부와 해주항 개방을 논의한 적이 있었다는 사실을 알 수 있다. 이 논의를 촉발한 것이 누구였는지는 8장에서 살펴본다. 김정일 위원장은 군 장성들에게 그때 이야기를 하면서 노무현 대통령의 제안을 받아들여도 되겠느냐고 물었다. 군부는 그에 동의하는 조건으로 정전협정에서 평화협정체제로 이행해가는 것을 보증하는 '담보'를 요구했다. 그 담보가 바로 남북 쌍방이 주장하는 해상군사경계선을 다 포기하는 것이었다. 김정일 위원장은 노무현 대통령이 오후에 제안한 서해평화협력특별지대가 이 요구를 충족할 수 있는 방안이라고 판단해서 합의를 해주었다. 그가 군부의 동의를 미리 받은 이유는, 해주를 포함하는 특별지대를 만들 경우 군사적으로는 북이 훨씬 더 큰 양보를 해야 하기 때문이었다. 특별한 군사 전문지식이 없어도 이렇게 판단하는 데 아무 어려움이 없다.

모든 것은 1972년 7월에 시작되었다

서해평화협력특별지대에 대한 남북 정상 합의는 평지에서 돌출한 것이 아니다. 노무현 대통령이 개인기로 김정일 국방위원장을 설득해서 받아낸 합의라고 볼 수도 없다. 그것은 수십 년 동안 남북 당국자들이 나눈 대화와 합의의 연장선에서 나왔다. 대한민국과 조선민주주의인민공화국 당국자들이 서명한 역사상 최초의 합의문은 1972년의 「7·4남북공동성명」이다. 이것은 광복과 동시에 민족이 분단된 이후 무려

27년 만에 나온 첫 공식 합의문이었다. 국민들은 아무 예고도 없이 전격 공개된 이 성명을 보고 엄청난 충격을 받았다. 감격에 겨워 눈물을 흘린 사람도 숱하게 많았다.

　박정희 대통령과 김일성 주석은 극비리에 협상을 했다. 먼저 비공개 적십자회담을 하면서 탐색전을 했다. 그다음에 이후락 중앙정보부장이 평양에 가서 김영주 조직지도부장을 만났다. 북의 박성철 제2부수상이 서울에 와서 이후락 부장을 만났다. 그리고 7월 4일 남북 당국이 동시에 공동성명을 발표하고 협상 경과를 공개했다. 이후락 중앙정보부장은 박정희 대통령의 심복이었고 김영주 조직지도부장은 김일성 주석의 친동생이었다. 남북 정상은 가장 믿을 만한 대리인을 통해 대화를 한 것이다. 「7·4남북공동성명」의 핵심은 아래에 인용하는 제1항이다.

　　　— 쌍방은 다음과 같은 조국통일원칙들에 합의를 보았다. 첫째, 통일은 외세에 의존하거나 외세의 간섭을 받음이 없이 **자주적으로** 해결하여야 한다. 둘째, 통일은 서로 상대방을 반대하는 무력행사에 의거하지 않고 **평화적 방법으로** 실현하여야 한다. 셋째, **사상과 이념, 제도의 차이를 초월하여 우선 하나의 민족으로서 민족적 대단결을 도모하여야** 한다.

　'자주'는 아마도 북이 요구했을 것이다. '평화'는 남에서 요구했을 것이다. 민족적 대단결은 양측 모두 원했을 것이다. 어쨌든 박정희 대통령과 김일성 주석은 향후 민족의 통일을 논의할 때 출발점 역할을 할 대원칙에 합의한 것이다. 제2항부터 제6항까지는 이 대원칙에 입각해 즉각 실시해야 할 구체적인 현안을 다루었다. 상호 중상·비방 중단과 군사충돌 방지, 다방면의 남북교류 실시, 남북적십자회담 개최, 서울과 평양 상설 직통전화 설치, 남북조절위원회 구성 등이 그 내용이었다. 제7항은 합의를 잘 지키겠다는 약속을 담았다. 협상대표 이후락과 김영주는 '서로 상부의 뜻을 받들어' 공동성명에 서명했다. 서명은 자기네 둘이 하지만, 합의한 당사자는 '상부'인 박정희 대통령과 김일성 주석이라는 뜻이다.

다 아는 것처럼 「7·4남북공동성명」은 실천으로 옮겨지지 않았다. 남과 북의 권력자들은 각각 권력을 강화하는 데 이것을 악용했다. 불과 석 달 후 박정희 대통령은 '10월 유신'이라는 친위 쿠데타를 일으켜 종신집권체제를 수립했다. 그 전날 미리 직통전화로 북에 알려주기까지 했다고 한다. 북으로서야 비난할 명분도 이유도 없었다. 진작부터 김일성 주석 종신집권체제를 구축했던 북으로서는 남도 비슷한 체제가 되는 것이 반가울 수도 있었다.

박정희 대통령은 두 번 쿠데타를 일으켰다. 첫 번째가 5·16이고 두 번째가 '10월 유신'이다. 두 번 모두 군 병력을 동원해 정부기관과 언론사, 대학 등 민간 주요 시설을 점령했다. 국민의 눈과 귀와 입을 모두 막고 공포 분위기를 조성한 다음 헌법의 효력을 정지시키고 국회를 해산했다. 이처럼 폭력으로 정부를 전복하는 것을 일반적으로 '쿠데타'Coup d'État라고 한다. 정변政變을 의미하는 프랑스 말이다. 이미 권력을 쥐고 있는 세력이 하는 쿠데타를 '친위親衛 쿠데타'라고 한다. 박정희 대통령은 3선을 하려고 헌법까지 고치면서 출마했던 1971년 대통령 선거 때, 다시는 표를 달라고 하는 일이 없을 것이라고 했다.

국민들은 세 번만 대통령을 하고 그만하겠다는 뜻으로 들었다. 그런데 그게 아니었다. 또 대통령이 되면 총통제를 도입할 것이라고 한 김대중 후보의 예언이 맞았다. 박정희 대통령은 유신헌법을 제정하고 대통령 직선제를 폐지했다. '통일주체국민회의 대의원'이라는 이름표를 단 '거수기들'을 체육관에 모아놓고 단독 출마해서 사실상 100퍼센트 찬성으로 대통령이 되었다. 국회의원도 정수의 3분의 1을 대통령이 임명했다.

박정희 대통령은 유신헌법에 따라 헌법보다 더 강력한 비상대권非常大權을 행사했다. 아무 때나 '긴급조치'라는 것을 발동해 헌법이 국민에게 보장한 모든 기본권을 정지시킬 수 있도록 한 것이다. 유신헌법을 비판하면 긴급조치 위반이었다. 긴급조치를 비판하는 것도 긴급조치 위반이었다. 긴급조치 위반 사건을 허가 없이 보도하면 그것도 긴급조치 위반으로 처벌했다. 박정희 대통령은 7년 동안 무려 아홉 번이나 긴급조치를 발동했다. 영장도 없이 사람을 잡아다 고문해 간첩으로 만들었고, 인혁당 사건에서 보듯 대법원 판결이 나기도 전에 미리 사형집행 준비를 하기도 했다. 입법·사법·행정의 3권 분립 같은 것은 존재하지 않았다. 같은 해 김일성 주석 역시 사회주의 헌법을 새로 채택하고 주체사상을 사회 전체를 지배하는 유일사상으로 세우는 등 전체주의 독재와 개인숭배를 더욱 확고히 했다. 남과 북이 서로 미워하고 싸우면서 닮아간 셈이다.

그러나 「7·4남북공동성명」이 아무 의미가 없는 것은 아니었다. 그것은 죽어 없어지지 않았다. 민족의 화해와 남북의 공존공영을 바라는 대중의 요구가 워낙 크고 뿌리 깊었기 때문에 그냥 사라질 수 없었다. 게다가 이 공동성명은 냉전완화라는 세계사적 시대 환경의 산물이었다. 1970년대 초 미국은 핵 확산과 군비경쟁을 완화하기 위해 중국·소련과 관계개선을 추진했다. 이른바 '데탕트'였다. 미국이 중국과 소련의 실체를 인정한 것처럼 대한민국도 조선민주주의인민공화국의 실체를 인정했다는 점에서, 이 공동성명은 한반도의 냉전체제를 녹여낼 첫 불씨가 되었다. 「7·4남북공동성명」 직후 이후락 중앙정보부장은 남북한이 유엔에 동시 가입할 것이라고 밝혔다. 북한의 유엔 가입은 1991년에야 실현되었지만, 남북한 유엔 동시가입을 추진한 원조는 다름 아닌 박정희 대통령이었다.

「7·4남북공동성명」 이전까지 대한민국에서 북한의 유엔 가입을 주장했다가는 간첩으로 몰릴 위험이 있었다. 휴전선 이북의 영토를 불법 점거하고 있는 국가보안법상의 반국가단체를 국가로 인정하자는 주장은 용납될 수 없었다. 그런데 박정희 대통령의 대리인이 김일성 주석의 대리인과 함께 '서로 상부의 뜻을 받들어'「7·4남북공동성명」에 서명했다는 것은 북을 '공산괴뢰'가 아닌 국가로 인정했다는 것을 의미한다. 그때 중학교 1학년이었던 나는 아침조례 때 앞으로 '북괴'라고 하면 안 되고 '북한'이라고 해야 한다는 교육을 받았다. 낯설고 괴상하다는 느낌이 들었다.

다시 말하지만 「7·4남북공동성명」의 핵심은 '자주·평화·민족대단결'이라는 통일원칙을 밝힌 제1항이다. 이것은 친일, 쿠데타, 독재라는 어둠과 한국 경제의 이륙이라는 빛으로 뒤엉킨 인생을 살았던 박정희 대통령이 김일성 주석과 함께 민족 전체에게 남기고 간 커다란 선물이었다. 그의 의도가 무엇이었든, 이와 같은 '통일의 3원칙'은 반북 대결정책을 비판하면서 남북의 평화공존과 통일을 추진한 사람들에게 든든한 버팀목이 되어주었다. 대한민국 정부는 여기에 부담을 느껴 이것을 '자주·평화·민주'의 3원칙으로 바꾸어 썼다. 그러나 어쨌든「7·4남북공동성명」덕분에 민족 자주, 한반도 평화, 그리고 이념과 제도의 차이를 초월한 민족의 대단결이라는 관념은 금단의 영역에서 풀려나 우리 국민들의 마음속에서 작은 공간이라도 차지할 수 있게 되었다. 노태우 정부 이후 펼쳐진 남북관계의 변화는 모두 이 공간에 뿌리를 두고 자란 나무와 같았다.

노태우 대통령의 업적

4장에서 북핵문제 파노라마를 다루었을 때, 나는 노태우 대통령이 1991년 12월 북과 체결한「남북기본합의서」가 매우 중요한 문서라고 강조한 바 있다.「남북기본합의서」는 원론적 표현에 그쳤던「7·4남북공동성명」제1항을 냉전해체라는 1990년대 초의 세계사적 환경 변화에 맞게 실현한 것이었다. 전문前文과 25개조의 본문으로 이루어져 있는「남북기본합의서」는 1991년 12월 13일 남의 정원식 총리와 북의 연형묵 총리가 서명했으며 1992년 2월 19일 발효되었다. 공식 명칭은「남북 사이의 화해와 불가침 및 교류·협력에 관한 합의서」다. 먼저 전문을 보자.

　　　—　남과 북은 분단된 조국의 평화적 통일을 염원하는 온

거레의 뜻에 따라, 7·4남북공동성명에서 천명된 조국통일 3대원칙을 재확인하고, 정치군사적 대결상태를 해소하여 민족적 화해를 이룩하고 무력에 의한 침략과 충돌을 막고 긴장완화와 평화를 보장하며 다각적인 교류·협력을 실현하여 민족공동의 이익과 번영을 도모하며 쌍방 사이의 관계가 나라와 나라 사이의 관계가 아닌 통일을 지향하는 과정에서 잠정적으로 형성되는 특수관계라는 것을 인정하고 평화통일을 성취하기 위한 공동의 노력을 경주할 것을 다짐하면서 다음과 같이 합의하였다.

이것은 「7·4남북공동성명」 제1항을 조금 늘려 서술한 데 지나지 않는다. 이 전문은 남북 두 국가가 처한 모순적 상황을 솔직하게 인정했다. 한반도에 두 개의 국가가 있다는 현실을 인정하지 않을 수 없다. 그런데 그냥 이것을 인정해버리고 나면 분단을 기정사실로 만들 위험이 있다. 하지만 당장 통일방안에 합의할 가능성은 전혀 없다. 남북 각자 자기네가 정통성 있는 국가라고 믿고 있어서 자기네 체제를 기본으로 통일하고 싶기 때문이다. 그래서 남북관계를 '통일을 지향하는 과정에서 잠정적으로 형성되는 특수관계'라고 규정한 것이다. '잠정적으로 형성되는 특수관계'가 얼마나 오래 지속될지, 언제 어떤 방식으로 끝이 날지는 아무도 모른다. 그러니 이 '잠정적 특수관계'가 지속되는 동안 서로 싸우지 말고 둘 모두 이익을 얻는 사업을 하면서 잘 지내자고 합의한 것이다.

합의서의 수정과 발효 등 절차를 규정한 4장을 제외하고 보면 「남북기본합의서」 본문은 세 장章으로 구성되어 있다. 남북의 화해를 규정한 제1장은 상호 체제 인정, 내정 불간섭, 비방과 중상 금지, 파괴

전복 행위 금지, 정전협정 준수와 평화상태 전환 공동노력, 국제무대 대결 종식과 협력, 판문점 남북연락사무소 설치, 합의 이행과 준수를 위한 정치분과위원회 구성 등을 담았다.

제2장은 상호불가침에 대한 내용이다. 무력 사용과 침략 금지, 평화적 분쟁 해결, 정전협정의 군사분계선과 지금까지 쌍방이 관할해온 구역을 경계선으로 하는 상호불가침, 군사적 신뢰조성과 군축을 실현하기 위한 남북군사공동위원회 설치, 우발적인 무력충돌 방지를 위한 군사당국자 직통전화 설치, 불가침에 관한 합의의 이행과 준수 및 군사적 대결상태를 해소하기 위한 분과위원회 구성 등을 세부적으로 합의했다. 2007년 남북정상회담에서 김정일 위원장이 남의 NLL과 북이 주장하는 해상 군사경계선 사이에 공동어로구역을 설정하자고 제안했을 때 노무현 대통령이 거론한 '옛날 기본합의'가 바로 여기에 들어 있다는 것은 앞서 이미 말한 바 있다.

제3장은 남북교류와 협력에 대한 사항을 담았다. 자원의 공동개발과 물자교류, 합작투자 등 경제교류와 협력, 과학·기술, 교육, 문화·예술, 보건, 체육, 환경과 신문, 라디오, 텔레비전 및 출판물을 비롯한 출판·보도 등 다방면의 교류와 협력, 자유로운 왕래와 접촉 실현, 이산가족의 자유로운 서신 거래, 왕래, 상봉과 자유의사에 의한 재결합 실현, 철도·도로 연결과 해로·항로 개설, 우편과 전기통신 교류시설 연결, 우편·전기통신 교류의 비밀 보장, 국제무대 협력, 남북경제교류·협력공동위원회를 비롯한 부문별 공동위원회 구성, 남북교류·협력에 관한 합의의 이행과 준수를 위한 교류·협력분과위원회 구성 등 다양한 방안을 망라하고 있다.

2007년 남북정상회담에서 노무현 대통령이 한 발언들은 「남북기본합의서」의 범위를 크게 벗어나지 않았다. 부시 대통령이 주선하는 3자 정상회담과 종전선언 추진방안을 제안하고 6자회담에서 북의 입장을 지원한 것은, 남북이 한반도를 평화상태로 전환하기 위해 함께 노력하며 국제무대에서 대결을 종식하고 협력하기로 약속한 「남북기본합의서」 제1장에 부합한다. 서해평화협력특별지대 설치와 해주항 개방, 개성-신의주 철도와 개성-평양 고속도로 공동 이용, 안변과 남포 조선협력단지 건설 같은 경제협력사업은 「남북기본합의서」 제3장을 확충한 것이었다.

「7·4남북공동성명」이 선언적 의미를 남긴 것과 달리 「남북기본합의서」는 그 추진과정에서부터 남북의 유엔 동시가입과 비정치적·인도적 교류 지원과 협력을 확대하는 성과를 냈다. 1년이 넘는 협상을 거친 만큼 합의내용이 상세하고 분량도 많다. 북의 연형묵 총리가 예의 그 '사람 좋은 인상'을 과시하면서 서울 거리에 나섰을 때 우리 국민들 사이에 북에 대한 친근감과 화해 분위기가 크게 고조되었다. 김영삼 후보가 대통령에 당선된 1992년 12월까지 세 개의 분과위원회는 각각 10회 안팎의 회의를 거듭하면서 「남북기본합의서」 내용을 실현하기 위한 구체적 방안을 논의했다.

김영삼 대통령이 1994년 남북정상회담을 추진하면서 남북관계는 다시 한번 도약의 계기를 맞았다. 그러나 김일성 주석 사망으로 회담이 무산되고 북핵문제가 불거지자 김영삼 대통령이 갑자기 태도를 바꾸었다. 노태우 대통령의 대북정책을 전면 파기해버린 것이다. 12·12 군사반란과 천문학적 부정부패의 책임은 추궁하더라도 대북정책만은 계승했더라면 좋았을 것이다. 노태우 대통령의 대북정책은 몇 년 후 김대중 대통령의 평양 방문으로 다시 생명을 부여받았다.

다시 보는 「6·15공동선언」

나는 김대중 대통령의 제1차 남북정상회담과 「6·15공동선언」이 「남북기본합의서」를 실천하기 위한 것이었다고 본다. 그럴 것이라는 생각을 하기는 했지만 확신이 없었다. 그런데 2013년 8월 정의당 초청으로 임동원, 이재정 두 분 전임 통일부장관을 모시고 대담 사회를 보면서 이것이 나 혼자의 생각이 아님을 알게 되었다. 임동원 장관은 대북정책을 기준으로 보면 노태우―김대중―노무현 대통령이 같은 노선이라고 평가했다. 옳은 시각이라고 생각한다.

「6·15공동선언」 그 자체는 회담 경위를 밝히는 전문과 본문 5개 항으로 이루어진 간단한 선언이다. 자주적 통일원칙을 밝힌 제1항은 「7·4남북공동성명」과 궤를 같이한다. 제3항은 이산가족 상봉과 비전향 장기수 문제 해결 등 인도적 문제 해결, 제4항은 경제협력과 사회, 문화, 체육, 보건, 환경 등 협력과 교류 활성화를 담았다. 제5항은 합의사항을 조속히 실현하기 위해 남북 당국이 대화한다는 내용이다.

그런데 「6·15공동선언」 제2항에는 남북 당국자 사이에 이루어진 다른 합의에는 없는 통일방안이 나와 있다. 김대중 대통령과 김정일 국방위원장은 "나라의 통일을 위한 남측의 연합 제안과 북측의 낮은 단계의 연방 제안이 서로 공통성이 있다고 인정하고 앞으로 이 방향에서 통일을 지향시켜 나가기로 하였다"고 합의했다. 새누리당(당시 한나라당)과 일부 언론은 이 조항을 집요하게 공격했다. 수십 년 동안 정치인 김대중을 '빨갱이'로 매도했던 사람들은, 공항에 환영 나온 김정일 국방위원장이 김대중 대통령을 같은 차에 모신 것을 두고도, 무슨 해서는 안 될 밀담이라도 나눈 것처럼 의심하고 비방했다. 평양 방문 일정을 수행했던 분들에게 들은 바에 따르면, 김대중 대통령은 노변에 운집해 울고 소리 지르며 꽃을 흔드는 평양 시민들에게 화답하느라 무슨 이야기를 나눌 경황이 없었다고 한다. 하긴 무슨 대화를 나누었다 한들, 대화를 하러 가서 대화를 많이 한 게 무슨 잘못이란 말인가. 김정일 국방위원장을 상대로 어떤 대화를 했든, 그것은 대한민국 국민이 헌법과 법률에 따라 선출한 정통성 있는 대통령이 북의 최고권력자를 상대로 펼친 정당한 '통치행위'였을 뿐이다.

「6·15공동선언」 제2항에는 정치인 김대중의 삶과 철학이 담겨 있다. 김대중 대통령은 평생 진지하게 통일방안을 연구한 정치인이었다. 그는 남과 북이 서로 다른 체제를 가지고 있는 만큼 곧바로 통일하기는 어렵다고 보았다. 그래서 서로 다른 두 체제를 인정하면서 하나의 국가를 이루는 '1국 2체제 국가연합' 방식의 통일방안을 제안했다. 북은 전통적으로 연방제 통일방안을 내세우고 있었다. 김대중 대통령은 연방제를 낮은 수준에서 할 경우 자신이 주장한 국가연합과 다를 바 없다며 김정일 국방위원장을 설득해 제2항을 성안했다. 이것은 「7·4 남북공동성명」 제1항의 '민족대단결' 정신에 전적으로 부합하는 것으로 나는 판단한다.

그렇지만 남북 당국의 합의문은 어디까지나 문서일 뿐이다. 그것은 양측 모두 이행할 의지를 지닌 한에서만 유효하다. 어느 하나 또는 둘 모두가 그 합의를 이행할 의지가 없을 때는 아무 효력이 없다. 합의 이행을 강제할 수 있는 제3의 주체가 없기 때문이다. 더구나 남북은 아직 전쟁이 끝나지 않은 정전상태에 있다. 미국 부시 대통령은 북핵문제 해결을 위한 「제네바합의」 이행을 중단시켰다. 이명박 대통령은 「6·15공동선언」과 「10·4공동선언」을 사실상 무효화했다. 북도 같은 방식으로 대응해왔다. 2013년 3월에는 한국전쟁 정전협정까지도 무효라고 선언한 적이 있다.

정전협정 무효를 선언했지만 대한민국 국민들은 금방 전쟁이 터질 것이라고 걱정하지 않았다. 그저 말로 그러는 것임을 알기 때문이다. 정전상태를 보장하는 것은 '한국전쟁 정전협정문'이라는 문서가 아니다. 한반도의 군사적 정전상태가 유지되는 것은 국군과 미군의 힘을 한편으로 하고 중국의 잠재적 지원을 등에 업은 북 인민군의 힘을 다른 한편으로 하는, 정전협정 교전당사자들 사이에 힘의 균형이 유지되고 있기 때문이다. 북이 말로 정전협정 무효화를 선언했다고 해서 전쟁이 나는 게 아니다.

「6·15공동선언」은 「남북기본합의서」에 비해 내용이 단순하고 추상적이었다. 역설적으로 들릴지 모르지만 그것은 대한민국 대통령이 김대중이었기 때문이다. 김대중 대통령은 일관되게 대북포용정책을 시행했다. 햇볕정책은 그저 북에 잘해주는 정책이 아니다. 북의 무력도발을 용납하지 않되 우리도 흡수통일을 시도하지 않으며, 정경분리원칙에 따라 경제교류를 활성화하고 식량 지원과 이산가족 상봉 등 인도적 지원을 함으로써 민족의 화해와 통일을 추진한 정책이다.

다시 말하지만 남북 당국의 합의서는 양측이 그것을 이행하겠다는 확고한 의지가 있고 또 서로 상대방을 믿을 때 비로소 효력을 발휘한다. 북의 입장에서 볼 때 김대중 대통령은 믿을 수 있는 파트너였다. 이것은 큰 강점이었다. 김대중 대통령은 인권운동과 민주화운동을 통해 획득한 국제적 명성 덕분에 남북 당국의 합의가 국제사회의 이해와 지지를 받도록 만들 능력도 있었다. 게다가 그것이 첫 정상회담이었기 때문에 아직 정부 차원의 구체적 경협사업을 합의할 수 있는 단계가 아니었다. 김대중 대통령은 현대그룹 정주영 회장이 북 당국과 협의해 추진해온 경제협력사업을 적극 지원하고 활용했다. 금강산관광과 개성공단이 모두 그런 것이었다. 그래서 「6·15공동선언」이 짧고 추상적이었던 것이다.

반면 노무현 대통령은 민간기업 차원에서는 할 수 없는 대규모 경제협력사업을 추진했다. 공동어로구역 설정과 해주항 개방을 포함하는 서해평화협력특별지대 설정, 안변과 남포의 조선산업단지 개발이 바로 그런 것이었다. 이것은 개성공단이나 금강산관광과 달리, NLL문제를 포함해 여러 군사적·정치적 문제의 해결을 요구하기 때문에 정부가 직접 나서야만 할 수 있는 사업이었다. 그래서 「10·4공동선언」은 분량이 많고 내용이 구체적이었던 것이다.

「6·15공동선언」과 개성공단, 금강산관광 등 경제협력사업은 군사충돌 방지와 다방면의 남북교류 실시를 선언한 「7·4남북공동성명」제2항과 제3항에 뿌리를 두고 있으며, 자원의 공동개발과 물자교류, 합작투자를 추진하기로 한 「남북기본합의서」제3장의 내용을 행동에 옮긴 것이었다. 김대중 대통령은 장관급 회담을 열어, 이중과세를 방지하고 남북 간의 화폐거래를 도모하며 투자의 안정성을 보장하고 기업의 분쟁을 해결하는 데 필요한 합의서를 체결함으로써 경제협력과 교류를 활성화하는 데 필요한 제도적 환경을 조성했다. 민간단체와 기업인들의 교류를 촉진하고 대규모 남북협력기금을 조성해 이를 지원했다.

역사에는 비약이 없다. 이미 합의한 것을 실천하지 못하는 한 남북관계는 앞으로 나아갈 수 없다. 박정희, 김대중, 노무현 대통령은 모두 먼 곳으로 떠났다. 김일성 주석, 김정일 위원장도 그렇게 되었다. 노태우 대통령의 중환자실 입원 소식이 들려온다. 보수세력과 진보세력 모두 서로를 향해 과거를 극복하고 미래로 나가자고 말한다. 옳다. 그렇게 해야 한다. 그렇게 할 수 있는 가장 좋은 방법은, 우리들 각자가 대통령이라고 생각하면서 그 대통령들이 펼쳤던 대북정책을 깊이 이해해보는 것이다. 2007년 남북정상회담 대화록은 우리에게 좋은 기회를 제공했다. 우선 나 스스로 그렇게 해보았다. 적어도 대북정책에 관한 한 김대중, 노무현 대통령에 대해서뿐만 아니라 박정희, 노태우 대통령에 대해서도 나는 전에는 없었던 친근감을 느꼈다.

7. 246분의 반전드라마

회담의 시작은 어두웠다

2007년 남북정상회담을 추진한 실무책임자는 김만복 국정원장이었다. 2006년 11월 임명장을 받은 날, 그는 노무현 대통령에게 남북정상회담을 추진하겠다고 보고했다. 노무현 대통령은 당시 북미관계가 아주 나빴고 북한 핵문제를 다루는 6자회담도 잘 풀리지 않는 상황이었기 때문에 별로 큰 기대를 하지 않았다. 그러나 되기만 한다면 좋은 일이라고 생각했기에 한번 추진해보라고 했다. 김만복 국정원장은 북의 로동당 김양건 통일전선부장을 파트너로 삼아 정상회담 가능성을 타진한 끝에 2007년 7월 북의 요청을 받고 평양을 방문했다. 이 시기 비공개 접촉의 과정과 내용은 아직 밝혀져 있지 않다. 처음에 잡은 회담일은 8월 27일이었다. 그런데 대홍수로 인해 북에 많은 인명피해가 나고 도로가 유실되는 등 여건이 좋지 않아 10월 2일로 바꾸었다.

노무현 대통령은 2007년 10월 2일 군사분계선을 걸어서 넘은 다

음, 개성을 거쳐 평양까지 육로로 이동했다. 김정일 국방위원장이 영
접을 하고 환영행사를 열어주었다. 그날 오후 5시 노무현 대통령은 김
영남 최고인민회의 상임위원장과 먼저 회담했다. 그런데 그 회담은 예
정 시간을 훨씬 넘겨서 끝이 났다. 이 사실은 당시 수행기자단이 송고
한 언론보도로 확인할 수 있다. 내가 들은 바에 따르면, 김영남 상임위
원장은 무려 45분이 넘도록 우리 정부를 질책하고 훈계하는 장광설을
늘어놓았다고 한다. 핵심내용은 우리 민족끼리 하지 않고 외세, 즉 미
국에 휘둘린다는 것이었다. 남북관계가 풀리지 않는 것도 그 때문이라
고 주장했다. 남에서 온 방문자들이 자기네가 성지聖地로 정한 곳을 자
유롭게 방문할 수 있도록 국가보안법을 없애라고 요구했다. 무례한 행
동이 아닐 수 없었다.

　그런데도 노무현 대통령은 꾹 참다가 마지막에야 웃으면서 한마
디했다. "우리 민족끼리 해결하자고 하면서 평화협정 문제는 왜 자꾸
우리를 빼려고 합니까? 내일 김정일 위원장이 하실 말씀을 미리 하신
것으로 알겠습니다. 내일도 이런 식이라면 보따리를 싸야 할지 모르겠
습니다." 내가 노무현 대통령 자서전 『운명이다』에 적은 이 이야기는
회담 배석자 가운데 한 분에게 들은 것이었다. 김영남 상임위원장의
공세는 예고편에 지나지 않았다. 보따리를 싸야 할지 모르겠다고 한
노무현 대통령의 우려가 현실이 되는 것 같았다.

　대화록은 10월 3일 오전 정상회담이 별로 좋지 않은 분위기에서
시작되었음을 보여준다. 남북 정상은 먼저 덕담을 주고받았다. 대화록
은 회담 시작 직후 대화가 녹음되지 않았다는 사실을 적시하고 있다.
이 부분은 녹음을 하지 못해서 회담 배석자들이 메모를 보고 기억을

되살려 복원했다. 양측이 회담 녹음에 대해 미리 합의하고 준비했다면 일어날 수 없었을 일이다. 현장에서 별로 아름답지 않은 실무적 다툼이 일어났을 수도 있다. 대화록을 작성하는 데 국정원의 도움을 받아야 할 정도로 녹음상태가 나빴다는 사실도 무언가 상황이 좋지 않았음을 시사한다. 다음은 대화록에 기록된 덕담이다. 그 자체는 훈훈하지만 남북 정상들의 표정이 밝고 편안했던 것 같지는 않다.

김정일 위원장　2000년에 김대중 대통령께서는 하늘길을 열었고, 노 대통령께서는 육로로 온 것이 뜻깊다고 생각합니다. 수해 때문에 도로 정비가 잘 안 돼서 불편하지 않았습니까.

노무현 대통령　그렇지 않았습니다. 주변 경관이 좋아서 편하게 왔습니다. 군사분계선을 도보로 넘으면서 제 스스로 감동을 느꼈습니다. 평양 시민들께서 성대하게 맞아주셔서 감사드립니다. **위원장께서 직접 마중 나와주신 것도 감사드립니다.**

김정일 위원장　남쪽에서 대통령이 오시는데 **환자도 아닌데 집에서 있을 수는 없지 않습니까.**

(이상 녹음 청취 불가로 기록 내용을 정리)

노무현 대통령　큰 고통을 받고 있는 모습을 TV를 통해 보았습니다. 정말 걱정을 많이 하고 남의 일 같지 않아서 매우 안타까웠는데, 이번에 오면서 보니까 그래도 흔적이 거의 눈에 보이지 않았습니다. 그동안 땀 흘려서 잘 복구하게 된 것을 매우…….

김정일 위원장　내 어제 상임위원장 동지에게 말씀드렸습니다. 먼저 만나시게 되면 수해 피해 때 많이 위문해준 데 대해서 감사를 드리라고 부탁을

드렸습니다.

노무현 대통령　　　큰 도움이 되지 못해 미안합니다.

김정일 위원장　　　감사합니다. 많이 도움이 됐고, 혈육의 정을, 우리부터도
감사하게 됐고, 느낀 바가 많습니다.

여기까지가 안부와 덕담을 나누는 시간이었다. 그런데 "환자도 아
닌데"라는 것은 뼈가 있는 말이다. 김정일 위원장은 남측 언론이 주기
적으로 '김정일 건강이상설'을 보도하고 그럴 경우 북 체제가 붕괴할
수도 있다는 식의 논평을 한다는 사실을 잘 알고 있었던 것 같다. 직접
마중을 나가지 않으면 또 병이 났다고 할 것 아니냐, 그런 뉘앙스가 풍
긴다. 시작부터 무언가 좀 꼬여 있었다는 느낌이 든다. 덕담을 주고받
은 후 노무현 대통령은 먼저 기본입장을 발표하려고 했다. 그런데 엉
뚱한 자료를 꺼내 들고 발언을 시작했다. 대화록은 그 장면을 이렇게
전하고 있다.

노무현 대통령　　　내가 상당히 긴장한 모양입니다. **내가 서류를 바꾸어가지
고.**(웃음) 옛날에 우리 변호사가 다른 사건 서류를 가지고 나와서 변론을
하다가 실수를 하는 걸 봤는데 **내가 오늘 바꿔 들고 말씀드렸습니다.**

노무현 대통령이 서류를 바꿔 들고 한 말은 대화록에 없다. 아마
도 대화록을 만들면서 '편집'했을 것이다. 변호사 시절 이야기를 하면
서 임기응변 대처를 했지만, 그가 얼마나 심한 긴장감을 느끼면서 회
담에 임했는지를 알 수 있는 장면이다. 노무현 대통령의 기본입장은

내용이 많다. 그는 먼저 통계수치를 제시하면서 남북관계의 발전속도를 평가하고 발전방향을 제시했다.

　　— 2000년 6·15남북정상회담을 계기로 남북관계가 반목과 대결에서 벗어나서 화해와 협력의 새로운 단계로 진입을 했습니다. 지난해 남북을 왕래한 인원이 10만 2,000명 정도 됩니다. 이 숫자는 2000년에 비해서 13배 정도 되는 숫자입니다. 그리고 쌍방 간 교역액을 보면 작년도가 13억 5,000만 달러 정도인데 이것은 역시 2000년에 비해 3.1배 정도 증가했습니다. 획기적인 사건은 없었지만 큰 진전이 있었던 게 아닌가 생각합니다. 7년의 과정에서 가장 소중한 성과는 남북 간에 신뢰가 많이 증진된 것으로 그렇게 생각합니다. 그동안 국내외에서 속도 조절을 요구하는 목소리가 있었지만 우리 정부는 그 점에 대해서는 단호하게 거부하고 속도를 높여서 신뢰구축을 위해 노력해왔습니다.

이제 지난 7년간 양적, 질적으로 크게 성장한 남북관계에 걸맞는 새로운 방향을 모색할 단계가 되었다고 생각합니다. 남북 간에 신뢰를 한 단계 높일 수 있는 전향적 조치들에 대해서 논의를 본격화하고 남북경협도 큰 틀에서 미래지향적으로 추진할 필요가 있다고 생각합니다. 남북관계 진전은 역사 발전 과정이라고 생각합니다. 이번 정상회담도 어느 순간에 갑자기 된 것이 아니라 분단과 함께 시작된 통일의 노력이 축적된 결과라고 생각합니다. 이번 정상회담에 부여한 시대적 요청은 앞으로 어떠한 정세 변화에도 흔들림이 없도록 남북관계를 확고한 반석 위에 올려놓으라고 하는 것이라고 생각합니다.

그다음에 이어지는 노무현 대통령의 기본입장은 지면사정을 고려해 아래와 같이 요약한다. 발언 그대로 보고 싶은 독자들은 대화록 전문을 참고하시기 바란다.

— 남북관계를 한 차원 높게 발전시키려면 **평화 정착, 경제협력 확대, 통일과 화해, 세 분야에서 진전을 이루어야 한다.** 이번 회담에서 앞으로 남북관계가 나아가야 할 방향을 잡아주고 책임자들이 협의하고 실천해나갈 수 있는 큰 테두리를 그려주어야 한다.

첫째, 한반도에 평화를 정착시키는 것이 시급하고 중요하다. 남북 주도하에 통일지향적인 평화체제를 구축하기 위해서는 북미관계 정상화, 남북의 군사적 신뢰구축으로 냉전체제를 종식하고 핵문제를 해결해야 한다. **한반도 평화체제 포럼을 출발시키고 부시 대통령과 3국 정상회담을 추진하자.** 군사 분야에서 협력의 속도를 내기 위해 남북기본합의서 실천을 위한 국방장관회담을 열자.

둘째, 남북경협은 경제적 활로를 찾고 장기적 성장 동력을 확보하는 남북관계의 중심축이다. 개성공단 2단계 개발, 철도·도로 개통, 금강산관광특구 확대를 우선 추진하고, **해주지역에 기계공업과 중화학공업 위주의 서해 남북 공동경제특구를 설치해 개성·해주·인천을 잇는 세계적인 경제지역을** 만들자. 이미 합의한 농업·임업 분야 협력과 보건의료 분야 협력, 지하자원 개발 협력을 시급히 추진해나가자.

셋째, 남북의 화해와 통일을 위해서 **이산가족 생사확인과 서신교환을 전면 실시하자.** 전쟁 시기와 그 이후에 소식을 모르고 있는 사람들의 문제를 해결하는 결단을 요청한다. 해마다 정례적 남북정상회담을 하고 서울과 평양에 연락사무소를 상호 개설하자. 통일문제는 6·15공동선언에 따라 우선 평화를 정착시키고 점진적·단계적으로 추진해나가자.

그 밖에도 높은 단계의 포괄적인 경제협력 강화 합의서를 체결, 개성과 백두산 등 관광협력 확대, 경제시찰단의 상호 교환 재개, 한국전쟁 시 사망한 쌍방 군인들의 유해 발굴 송환, 북측의 IMF(국제통화기금)·IBRD(세계은행)·ADB(아시아개발은행) 접근 협력, 남북국회회담과 베이징올림픽 남북단일팀 참가를 위해 노력하자.

노무현 대통령은 평화, 경제협력, 화해 세 분야로 나누어 남북관계의 현안을 거의 모두 거론했다. 이것은 노무현 대통령의 개인 견해가 아니었다. 관련 부처들이 연구하고 협의해서 마련한, 남북정상회담에 임하는 우리 정부 전체의 입장이었다. 경제협력과 관련해 해주에 기계공업과 중화학공업 중심의 남북공동경제특구를 조성하자는 제안을 눈여겨보자. 이 제안은 NLL문제와 자주를 둘러싼 논쟁, 공동어로구역에 관한 제안과 역제안을 거쳐 결국 남북평화협력특별지대 설치 구상으로 논의를 확대하는 실마리가 되었다. 노무현 대통령이 밝힌 여러 제안 가운데 김정일 위원장이 오전 회담에서 딱 부러지게 반응을 보인 것은 이것 하나뿐이었다.

사족일지 모르지만 한 가지 덧붙인다. 민족의 화해와 관련해 노무현 대통령은 '전쟁 시기와 그 이후에 소식을 모르고 있는 사람들의 문제'를 해결하는 결단을 요청했다. 이것은 미귀환 국군포로와 납북어민 등 자신의 의지와 달리 북에 남거나 끌려간 사람들을 돌려보내라는 이야기였다. 북은 공식적으로 그 존재를 부정하기 때문에 이렇게 에둘러 표현하면서 간곡하게 김정일 위원장의 결단을 요청한 것이다.

그러나 그는 노무현 대통령이 한 거의 모든 제안을 무시하거나 거부했다. 2007년 남북정상회담은 그렇게 어두운 분위기로 시작되었다.

파격의 연속이었던 실전회담

긴장하기는 북측도 마찬가지였다. 김양건 통전부장은 북측의 유일한 배석자였지만 적극적으로 발언하지 않았다. 김정일 국방위원장이 무언가 묻거나 사실관계에 착오가 있을 때만 발언했다. 그런데 그랬던 그가 마치 다투는 것처럼 김정일 위원장을 밀어붙이는 장면이 딱 한 군데 있다. 노무현 대통령은 자신이 너무 긴장한 나머지 경직된 태도와 어조로 기본입장 발언을 했다는 것을 깨닫고 '좀 딱딱하게 말씀드렸다'고 해명을 했다. 그 말을 받아 김정일 위원장이 발언을 시작하려는데 김양건 통전부장이 갑자기 끼어들었다. 대화록을 보자.

노무현 대통령　　　세 가지 큰 주제는 매우 중요한 문제로서 말씀을 드렸습니다만, 나머지 문제는 앞으로 추가적인 의제로 말씀을 드린 것으로 이해해주시면 고맙겠습니다. **좀 딱딱하게 말씀드렸습니다만.**

김정일 위원장　　　감사합니다. 어제 회담에서 이야기 다……

김양건 통일전선부장　기본적으로 다 되었습니다. 어제 상임위원장 동지가 구체적으로 말씀드렸기 때문에 또 그대로 보고드렸습니다. 그래서 이 자리에서 그에 대한 이야기……

김정일 위원장	밤에 보고받다 보니까 잘……
김양건 통일전선부장	다 아시는 것이고, 다 우리 충분히 논의된 문제입니다.
김정일 위원장	감사합니다. 대통령께서 많은 걸 생각하시고 당면하게 풀어야 할 문제와 전반적으로 이제 국제정세 흐름에 따라서 또 국내정세에 따라서 약간은 단계가 설정될 수 있겠습니다만, 하여간 좋은 의견을 말씀해주셔서 감사합니다. 내가 오늘 말씀드리고자 한 것은 다른 건 크게 없고. 내가 원래 생각하고 있던 문제를 메모했습니다. 반복을 피하기 위해 체계를 잡아 가지고 얘기하겠습니다.

처음 대화록을 읽었을 때, 나는 김양건 통전부장이 김정일 위원장을 속이고 있다고 생각했다. '어제 회담'은 10월 2일 오후 5시부터 열린 노무현 대통령과 김영남 최고인민회의 상임위원장의 회담이다. 노무현 대통령이 내일도 이런 식이라면 보따리를 싸야 할지 모르겠다고 한 바로 그 회담이다. 김정일 위원장이 그 회담 이야기를 꺼내자, 김양건 통전부장이 말을 자르고 끼어들어 다 잘되었다고 주장한다. "밤에 보고받다 보니까 잘……" 이건 잘 안 되었다는 보고를 받았다는 뜻이다. 그러면 다시 이야기를 해야 한다. 그런데도 김양건 통전부장은 다 아시는 것이고 충분히 논의됐다고 주장한다. 거짓말처럼 들린다.

그러나 여러 번 읽으니 또 달리 보였다. 만약 김정일 위원장이 김영남이 했던 이야기를 반복해서 하려고 했다면, 그건 현명한 판단이 아니다. 회담 분위기가 더 나빠졌을 것이다. 노무현 대통령은 더 깊은 절망감을 느꼈을 것이다. 그렇게 되면 회담이 어디로 갔을지 알 수 없다. 김양건 통전부장은 김만복 국정원장과 긴밀히 소통해왔다. 노무현 대통령도 '한 성격' 한다는 이야기를 들었을 것이다. 그래서 김정일 위원장이 전날 이야기를 반복하지 않도록 말린 것이다. 이 대목을 이렇게 해석하는 게 옳다고 본다. 그가 그렇게 한 덕분에 김정일 위원장은 '원래 생각하고 있던 문제를 메모한 것'을 보면서 '반복을 피하기 위해 체계를 잡아' 이야기했다. 하지만 그의 말은 체계가 없었고 같은 내용을 반복해서 말했다. 김양건 통전부장이 '선의의 거짓말'을 한 덕분에 그 정도라도 된 것이다.

대화록에서 김정일 위원장이 밝힌 기본입장을 보면 도대체 무슨 생각으로 회담 제안을 받아들였는지 이해하기 어렵다. 그는 노무현 대통령이 기본입장을 발표하면서 제안했던 사업들 가운데 어느 하나도 받아들이지 않았다. 해주 개발 제안은 일언지하에 거절했고, 부시 대통령이 주선하는 3국 정상회담과 한반도 평화선언에 대해서도 시큰둥한 태도를 보였다. 대한민국이 자주성이 없어서 민족문제가 풀리지 않는다고 타박했다. NLL 남쪽 해역에 자기네가 함께 관리하는 공동어로 구역을 만들자는, 도저히 받아들일 수 없는 제안 하나를 한 게 전부였다. 노무현 대통령은 회담 시작부터 절벽을 마주하고 섰다.

그렇게 어둡게 시작된 회담의 분위기가 한 시간 정도 지난 뒤부터 변화 조짐을 보였다. 반전의 계기는 3장에서 살펴본 '자주론 공방전'이었다. 하지만 분위기만 그랬을 뿐, 김정일 위원장은 정상회담을 오전에 끝내고 나머지 문제는 총리급 회담이나 장관급 회담으로 넘기려는 태도를 바꾸지 않았다. 김만복 국정원장과 김양건 통전부장은 두 정상을 대리해 많은 협의를 했지만 회담 후 발표할 합의문을 미리 만들지 못했다. 이유를 알 수는 없지만, 정상회담 일정조차 완벽하게 사전 조율하지 못했다. 이런 정황은 오전 회담 막바지 대화에서 분명하게 드러난다. 노무현 대통령은 오후에 회담을 더 하자고 끈질기게 요구했다. 김정일 위원장은 오전 회의를 연장하거나 오후 회담을 할 의향이 아예 없었다. 대표적인 것이 아래와 같은 대화다.

노무현 대통령　위원장 질문이나 말씀을 안 하시면, 내가 이것저것 질문하고 싶은 것도 많으니까요. **오후 시간이나 잡아주십시오.**

김정일 위원장　**뭘 더 얘기하지요? 기본적 이야기는 다 되지 않았어요?**

노무현 대통령　올라올 때 오전에 확대 정상회담, 단독 정상회담 그렇게 알고 올라왔거든요. 아침에 얘기 다 했으니까, 오후에 보지 말고 가라 이러면요…….

　　김정일 위원장은 확답을 하지 않았다. 노무현 대통령은 다시 자주 문제 등을 거론하면서 한동안 토론을 이어나간 다음 다시 오후 회담을 요구했다. 그제야 김정일 국방위원장은 오전 회담을 조금 연장하겠다는 의사를 비쳤다. 그러나 노무현 대통령은 물러서지 않고 오후 회담을 요구했다. 오전 회담 막바지 일정 관련 대화는 이렇게 이어졌다.

김정일 위원장　한 15분 휴식하고 마저 이야기하지 않겠습니까?

노무현 대통령　지금 15분 쉬면 12신데…….

이재정 통일부장관　오후에 시간 좀 주시죠.

노무현 대통령　그리고 우리 국민들도 두 번, 세 번, 네 번 만나고 오라고 나한테 짐을 지워 보냈는데, 한 번 만나고 가면 노무현 쫓겨 왔다 쓸 텐데,

위원장께서 날 그렇게 할 겁니까? 오후 시간 내주시는 게 그렇게 어려우시면 나도 내려갈랍니다.

김정일 위원장 그럼 앞으로 자주 만나자고 했으니까, 자주 안건이 생기면 오시면 되지 않습니까.

노무현 대통령 자주는 다음 일이고 이번 걸음에 차비를 뽑아 가야지요, 무슨 말씀입니까. 그리고 실제로요, 서해문제는 깊이 말씀드리고 싶습니다. 위원장님 말씀도 듣고요.

여기서 나타나는 노무현 대통령의 모습은 서류를 바꿔 들고 발언했던 회담 시작 직후와는 크게 다르다. 자신감이 있고 여유도 생긴 것 같다. "한 번 만나고 가면 노무현 쫓겨 왔다 쓸 텐데, 위원장께서 날 그렇게 할 겁니까?" "이번 걸음에 차비를 뽑아 가야지요." 생전의 그는 기분이 좋고 자신감이 있을 때 이런 식의 '장바닥 어법'을 썼다. 매우 긴장하거나 크게 위축되었을 때는 진지한 얼굴로 지나치게 잘 정돈된 어법을 구사했다. 이 대화가 오간 후 노무현 대통령은 다시 NLL문제를 거론했다. 그 문제를 해결하는 구상을 제시하고 그 바탕 위에서 경제협력사업을 대규모로 확대하자고 역설했다. 마침내 김정일 위원장이 오후 회담을 수락했다. 회담을 얼마나 더 할 것인지를 정상들이 직접 토론해서 결정했으니, 일반적인 정상회담 의전으로는 있을 수 없는 일이 벌어진 것이다. 대화록을 보면 김정일 위원장은 오후 회담을 되도록 짧게 하려고 했다.

김정일 위원장 그거 오후에 하지요 뭐. 오후 1시간 정도. 1시간 반 정도 예견해서.

노무현 대통령　아무 때도 좋습니다. 위원장께서 편리한 때에.

김정일 위원장　(김양건에게) 2시? 2시 반?

노무현 대통령　2시 반 좋습니다. 2시도 좋습니다.

　　2007년 남북정상회담의 파격은 이것만이 아니었다. 회담 직후 수행기자단은 김정일 위원장이 느닷없이 하루 더 머물렀다 가라고 제안했고 노무현 대통령이 그 제안을 거절했다는 사실을 보도했다. 국민의 정부와 참여정부의 대북정책을 못마땅하게 여겼던 사람들도 이 제안을 거절한 것에 대해서만큼은 긍정적으로 평가했다. 김정일 위원장은 오후 회담을 시작하자 곧바로 체류 연장을 제안했다. 회의를 다음 날로 미루고, 서울로 돌아가는 것도 하루 미루면 어떠냐고 한 것이다. 무언가 더 많은 시간을 들여 대화하고 싶었다기보다는 성대하고 화끈한 의전을 제공하고 싶었던 것 같다. "우리 계획을 말씀드려. 멋있게 모셔야죠." 이것이 그런 뜻이다.

김정일 위원장　내일 내가 떠나시기에 앞서 오찬을 하고자 하는데 이야기가 많아서……. 오늘 일정을 내일로 미루시고, 내일 오찬을 좀…… 일정을 좀 늦추는 걸로 제의합니다. 오늘 회의를 내일로 하시고.

노무현 대통령　아, 돌아가는 거요?

김정일 위원장　모레 아침에 가시는 것이 어떻겠습니까? 오늘 오후 일정을……

김양건 통일전선부장　예. (청취불가)

김정일 위원장   대통령께서 결심 못 하십니까?

노무현 대통령   큰 것은 내가 결심을 하고, 일부 작은 것은 의전, 경호실과 상의해야 합니다.

김양건 통일전선부장   (청취불가)

김정일 위원장   (청취불가)

노무현 대통령   (청취불가) 위원장 각별한 배려로 생각하고.

김정일 위원장   아니 뭐, 내가 아니고 우리 계획을 말씀드려. 멋있게 모셔야죠.

김양건 통일전선부장   오후에 열뢰식 있고 그다음에…… 그것은 안 하셔도 뭐.

백종천 안보정책실장   (김양건 부장에게) 김 부장님, 실무자끼리 얘기하시죠.

김정일 위원장   그럼 회담을 그저 오늘로 끝내고, 모든 일정을 끝내겠다고 하면 원래 계획대로 하셔도 되고.

대화록에서 '청취불가' 표시가 가장 많이 등장하는 대목이 바로 이곳이다. 분위기가 어수선하기 짝이 없다. '재현再現 다큐멘터리'를 만든다면 등장인물들이 모두 동시에 제각기 누군가와 이야기를 하는 장면을 연출해야 할 것이다. 김양건 통전부장이 오후 일정에 '열뢰식'이 있다고 했는데, '열뢰식'이 무엇인지 끝내 알아내지 못했다. 혹시 열병식의 오기誤記가 아닌지 모르겠다.

'청취불가'는 국정원 전문가들도 복원하거나 알아들을 수 없을 만큼 녹음상태가 좋지 않았다는 것을 의미한다. 작은 목소리로 여러 사람들이 무질서하게 이야기를 나눈 것도 하나의 원인이었을 것이다. 김정일 국방위원장의 예기치 못한 체류 연장 제의를 받은 노무현 대통령은 당연히 참모들과 의논했을 것이다. 김만복 국정원장과 김양건 통전부장이, 우리 측 배석자들과 노무현 대통령이 귓속말을 분주하게 주고받았고, 김정일 국방위원장과 김양건 통전부장도 마찬가지였을 것이다. 연이어 나오는 '청취불가' 표시가 그런 상황을 전해준다. 결국 줄곧 입을 다물고 있었던 백종천 통일외교안보정책실장이 나섰다. 녹음이 제대로 된 것을 보면, 그는 김양건 통전부장을 향해 모두가 들을 수 있게 큰 소리로 말했음이 분명하다. "김 부장님, 실무자들끼리 얘기하시죠!" 어조와 표정이 부드러웠을 리 없다. 백종천 실장은 상황이 심각할 때 좀 무섭다 싶은 표정을 짓는 사람이다. 마침내 김정일 위원장이 체류 연장 제안을 거두었다.

"큰 것은 내가 결심을 하고, 일부 작은 것은 의전, 경호실과 상의해야 합니다." 이 대답은 크게 칭찬받았지만 특별한 것은 아니었다. 그저 평소 습관대로 돌발상황에 대처한 것에 지나지 않았다. 노무현 대통령은 큰 문제는 본인이 결정하지만 작은 문제는 참모들에게 맡기는 스타일이었다. NLL문제 해법이나 공동어로구역 설정구상은 큰 것이다. 그러나 정상회담 일정과 의전은 작은 문제였다. 군사분계선을 걸어서 넘어가 평양까지 자동차로 간 것도 의전팀과 경호팀이 결정한 것이었다. 노무현 대통령은 이것이 일정문제이니만큼 당연히 평소 하던 것처럼 의전팀과 상의해야 한다고 생각해서 그렇게 대답했다. 『운명이다』를 쓰면서 취재를 할 때, 남북정상회담 준비위원장이었던 문재인 비서실장에게서 들은 이야기다. 노무현 대통령이 나중에 그렇게 말했다고 한다.

노무현 대통령의 '낭만적 정면 돌파'

보통의 정상회담은 태권도 '약속대련'과 비슷하다. 실무자들이 미리 협의해 의제를 정하고 합의사항을 준비한다. 정상들의 회담은 대개 그 것을 확인하고 서명하는 이벤트를 벌이는 데 지나지 않는다. 특별히 정상들이 직접 조정해야 할 현안이 없는 친교와 우호 증진 목적의 회 담인 경우 합의문이나 공동보도문까지 미리 만들어둔다. 정상들은 미 리 준비한 원고 그대로 발언하며 통역하는 동안 다음 발언을 준비한 다. 회담과정에서 의제를 추가하거나 진전된 합의를 할 수는 있지만, 실무회의에서 준비한 범위를 크게 벗어나지는 않는다. 배석자는 자기 의 보스가 상대방의 동의를 받아 발언을 요청할 때만 입을 연다. 장관 만 해도 외국 장관과 회담할 때 그렇게 의전을 지킨다. 정상회담은 말 할 나위도 없다.

그런데 2007년 남북정상회담은 그렇지 않았다. 의제에 대한 사전 합의가 없었다. 합의문이 미리 준비되어 있지 않았다. 일정도 유동적 이었다. 배석자도 균형이 맞지 않았다. 북측은 김양건 통전부장 한 사 람뿐이었다. 중간에 김계관 외무성 부상이 들어와 막 끝난 6자회담 결 과를 두 정상에게 보고했을 뿐 다른 배석자는 없었다. 하지만 남측은 이재정 통일부장관, 권오규 재정경제부장관, 김만복 국정원장, 백종천 안보실장, 조명균 안보비서관 등 배석자가 다섯 명이나 되었다.

통역이 필요하지 않은 회담이어서 두 정상은 상대방이 발언하는 도중에 자주 끼어들었다. 심지어는 상대방의 입장과 견해를 비판하고 반박하는 장면도 여러 차례 등장한다. 남측 배석자들, 특히 이재정 통일부장관은 김정일 위원장에게 직접 다양한 남북관계 현안 해결을 건의했다. 노무현 대통령이 말려야 할 정도였다. 그런 가운데 오후 회담 막바지에 누구도 예상하지 못했던 합의가 이루어졌다. 이것저것 합의문에 넣으라는 지시가 이어졌고 화기애애한 분위기로 회담을 마무리했다. 태권도로 치면 시나리오를 미리 정하지 않은 '실전대련'이 이루어진 것이다.

이 회담의 파격적·실전적 성격은 발표할 합의문의 형식과 지위를 논의한 대목에서 최종적으로 확인할 수 있다. 북은 원래 오전 회담만 짧게 한 후 「6·15공동선언」처럼 추상적이고 짧은 선언문을 낼 계획이었다. 그런데 그마저 합의가 되지 않았기 때문에 '공동보도문' 정도를 내는 것으로 하려고 했다. 하지만 결국은 형식과 내용 모두 남측 주장을 받아들였다. 다음은 오후 회담 마지막 부분 대화록이다.

김정일 위원장　　예. 이번에 뭐 선언문이라고 보도하나?

김양건 통일전선부장　　원래는 선언문을 좀 토론했는데, 합의가 되지 않았습니다. 그래서 그저 공동보도문으로 각기 표기하고 보도하는 것이 좋지 않겠나 하고 생각합니다.

노무현 대통령　　선언으로 해주십시오.

김만복 국정원장　　7,000만 국민들이 다 기다리고 있고 두 분 정상분을 쳐다보고 계십니다.

김정일 위원장　　6·15선언과 대등한 선언이라는 뜻인지요?

노무현 대통령　　그렇지 않습니다. 후속 선언이죠.

이재정 통일부장관　　6·15선언에 기초해서 발전되는⋯⋯

노무현 대통령　　선언 많이 합니다. 중소 간에도 선언했고 한중 간에도 선언 하고……

이재정 통일부장관　　두 분 정상께서 처음 만나셔가지고 이렇게 많은 합의를 하셨는데 그것을 선언으로 하셔서 6·15선언의……

노무현 대통령　　한 걸음 앞서 가는 것 아니겠습니까? 실무적인 회담은 아니니까요.

김정일 위원장　　선언하는데, 그 저 오늘 합의된 것, 그것 다 조항에 다 넣으시오.

김만복 국정원장　　예, 그러겠습니다. 김(양건) 부장하고 협의해서 넣겠습니다.

김양건 통일전선부장　　이번에 저희들이 선언을 기본 큰 선에서 선언문 제기했더랬는데……

김정일 위원장　　조금 실무적인 문제들이 들어가겠구만.

김양건 통일전선부장　　이제 제기된 문제들…… 합의한 문제들을……

김정일 위원장　　합의한 문제를 무게 있는 문장을 잘 만들어서 희망을 주고……

노무현 대통령　　안 되면 또 부속서를 만들어 가십시다.

이렇게 해서 서해평화협력특별지대를 포함해 많은 합의내용을 담은 8개항의 「10·4공동선언」이 탄생했다. 회담이 이런 식으로 진행된 것은 북한 체제의 특수성과 관계가 있다. 노무현 대통령은 언론의 감시와 비판, 야당의 견제, 국민 여론을 고려하면서 헌법과 법률이 부여한 권한만을 가지고 회담에 나갔다. 참모들의 보고를 토대로 전략과 방침을 미리 합의했다. 반면 김정일 위원장은 전체주의 국가의 최고권

력자로서 거의 전권을 행사하면서 회담에 임했다. 중요한 합의는 정상
회담에서 국방위원장이 결단하는 모양을 갖출 때만 성립될 수 있기 때
문에 실무자들의 준비회담에서는 기본적인 사항만 합의할 수 있었다.
서로 의견을 달리하는 중대 현안에 대해서는 실무자들 선에서 특별한
해결책을 강구하기 어려웠던 것이다.

　남북 정상 또는 정상의 대리인들이 서명한 합의문 가운데 가장 길
고 내용이 많은 것은 1991년의 「남북기본합의서」다. 이 합의서는 1년
넘게 이어진 고위급 회담의 산물이었다. 그러나 「10·4공동선언」은 단
하루, 네 시간에 지나지 않았던 남북 정상 직접 대화의 산물이다. 두
정상이 회담 현장에서 합의해 만들었다. 노무현 대통령은 현장에 강한
사람이었다. 뚜렷한 낭만주의 성향과 강렬한 어법 때문에 불필요한 논
란을 만들기도 했지만, 큰 문제일수록 정면 돌파를 선택하는 노무현
대통령 특유의 스타일이 아니었다면 「10·4공동선언」은 나올 수 없었
을 것이다.

　노무현 대통령의 '낭만적 정면 돌파'는 김정일 위원장의 마음을
움직였던 것으로 보인다. 그리고 회담이 진행되는 동안 두 정상 사이
에 형성된 공감과 신뢰의 분위기는 다른 사람들을 전염시켰다. 그래서
회담 막바지에는 김정일 위원장이 자기 참모가 아닌 남측 배석자들에
게 직접 지시를 내리는 풍경이 빚어졌다. 대표적인 장면을 보자.

김정일 위원장　　　선언하는데…… 그 저 오늘 합의된 것…… 그것 다 조항에
다 넣으시오.

김만복 국정원장　　예, 그러겠습니다. 김(양건) 부장하고 협의해서 넣겠습니다.

텍스트만 보아서는 이해하기 어려운 상황이다. 대화록을 잘못 작성한 게 아닌지 의심할 만하다. 김정일 위원장이 지시하면 김양건 통전부장이 "김만복 원장하고 협의해서 넣겠습니다"라고 대답하는 게 맞다. 그런데 엉뚱하게도 김만복 국정원장이 "김 부장하고 협의해서 넣겠습니다"라고 대답했다. 왜 이런 일이 생겼을까? 김정일 위원장이 김만복 국정원장을 보면서 지시했기 때문이다. 이 회담은 배석자 수가 달랐지만 양측이 마주 보고 있었다. 김정일 위원장은 김만복 원장을 보면서 지시했을 것이다. 손가락으로 가리키면서 말했을 수도 있다. 그렇지 않았다면 김만복 국정원장이 대답했을 리가 없다. 조금 뒤에 이재정 통일부장관이 백두산관광 문제에 대한 이야기를 했다. 김정일 위원장은 또 김만복 국정원장에게 지시했다.

김정일 위원장   백두산관광도 합의서에 넣으십시오.

김만복 국정원장   예, 넣겠습니다.

오전 회담 막바지에 분위기가 좋아질 징후가 보이기는 했다. 하지만 이렇게까지 달라진 것은 오찬 시간에 회담장 밖에서 두 정상이 한 일과 관계가 있었던 것 같다. 앞에서 이야기한 것처럼 노무현 대통령은 오전 회담이 어려웠던 이유가 북측의 의구심 때문인 것으로 판단했다. 그래서 북측 관계자들이 오가는 오찬장에서 참모들에게 북의 개혁이니 개방이니 하는 식의 자기중심적 표현과 사고방식이 남북관계를 열어가는 데 적절치 않다고 말했다. 이 말은 김정일 위원장에게 즉각 보고되었을 것으로 추정할 수 있다. 한편 김정일 위원장은 같은 시간

에 인민군 수뇌부를 만나 노무현 대통령이 제안한 해주 개방문제를 상
의한 끝에 긍정적인 답을 받고 회담장으로 나왔다.

대화록은 노무현 대통령이 긴장감 높은 '실전회담'을 통해 실무자
들의 협상에서는 도저히 이룰 수 없는 높은 수준의 합의를 이끌어냈
다는 사실을 보여준다. 회담을 이렇게 끌고 간 동력은 노무현 대통령
의 '승부사 기질'이었다고 본다. 대화록 전문을 읽은 분들은 다 느꼈겠
지만, 노무현 대통령의 발언 분량이 김정일 위원장보다 훨씬 많다. 남
측 배석자의 발언도 유일한 북측 배석자였던 김양건 통전부장보다 훨
씬 분량이 많다. 노무현 대통령이 훨씬 적극적인 자세로 회담에 임했
기 때문이다.

대화록은 편집방식이 차이가 있어서 언론사마다 분량이 조금씩
다르다. 내가 참고한 것은 인터넷언론『프레시안』이 편집 제공한 한글
파일이다. 회담은 오전 131분과 오후 115분, 총 246분 동안 진행되었
다. 오전 대화록은 총 883행이다. 오전 회담에서 노무현 대통령의 발
언은 453행, 김정일 위원장은 301행이다. 김계관 부상이 77행, 김양
건 통전부장이 18행이다. 남측 이재정 통일부장관은 23행, 백종천 안
보실장이 1행이다. 오후 회담 대화록은 620행이다. 노무현 대통령의
발언은 318행, 김정일 위원장은 220행이다. 김양건 통전부장은 27행
이고, 이재정 통일부장관은 36행, 김만복 원장은 15행, 백종천 안보실
장은 2행이다.

비가 계속 내리고 있고 다음 날 오후에야 갤 것이라는 보고를 하
고 나간 북 국방위원회 외사국 의전국장 전희정이 2행이다. 전희정 의
전국장은 김일성 주석, 김정일 국방위원장, 그리고 김정은 국방위원

회 제1위원장까지 수십 년에 걸쳐 북 최고권력자의 의전을 담당한 인물이다. 김대중 대통령과 노무현 대통령을 영접하는 의전도 그가 맡았다. 백종천 안보실장은 김정일 위원장의 돌발적인 체류 연장 제의를 거절하는 과정에서 발언했다. 오전에 발언이 없었던 김만복 국정원장이 오후에 발언을 자주 한 것은 김정일 위원장이 자꾸 그에게 합의문 관련 지시를 한 탓이다. 이재정 통일부장관은 주무장관이라 김정일 국방위원장에게 오후 회담 개최를 요청하고 금강산관광과 이산가족 상봉 같은 현안 해결을 건의하는 등 배석자 가운데 단연 자주 대화록에 등장한다. 그가 발언한 총량은 59행이나 된다.

두 정상의 발언 분량을 비교해보면, 노무현 대통령이 김정일 위원장보다 약 50퍼센트 정도 더 많았다. 대화록 전체 분량은 1,503행이다. 노무현 대통령의 발언 총량은 771행이다. 김정일 위원장은 521행이다. 노무현 대통령은 김정일 위원장의 '자주론 공세'에 대응해 '점진적·상대적 자주론'을 펴는 데 많은 시간을 썼다. 기본입장 발언도 노무현 대통령이 더 길었다. 서해평화협력특별지대를 비롯해 안변과 남포의 조선산업단지 건설 등 남북경제협력사업 구상 대부분을 노무현 대통령이 제안하고 설명했다. 노무현 대통령이 공세적이고 적극적으로 회담을 이끌었다는 이야기다. 이것은 정상회담뿐만 아니라 남북관계 전반을 대한민국이 주도할 수밖에 없다는 것을 상징적으로 보여준 것이라 생각한다.

8. 그들도
   사람이었다

최고권력자들의 유머감각

대화록 해설을 마무리하려니 아쉬움이 남는다. 대화록에는 별도 주제로 삼아 해설하기에는 적합하지 않지만 그렇다고 해서 그냥 버리기는 아까운 '자투리'가 많다. 그래서 그런 '의미 있는 자투리'를 여기에 모았다. 대화록에는 종종 팔호에 넣은 지문이 나온다. 회담 참석자들이 웃는 장면이 많다. 남북 정상들은 만만치 않은 유머감각을 발휘했다. 언어와 문화, 역사를 공유하는 분단국가의 최고권력자들이었기 때문에 의견은 달라도 말은 잘 통했다. 그래서인지 오후 회담에서는 함께 은근히 이웃 나라 흉을 보는 대목까지 나온다.

　남북 정상들은 부동항에 대한 러시아의 집착, 중국의 동북공정, 일본 아베 수상의 행태에 대한 이야기를 주고받았다. 그 나라 정부 당국자들이 대화록을 보았다면 기분이 그리 좋지는 않았을 것이다. 김정일 위원장은 한국전쟁을 비롯한 과거 냉전시대 역사에 대한 생각을 격하게 토로하기도 했다. 그런 점에서 이 대화록은 미국 행정부의 동아시아 담당 공무원들에게도 의미 있는 자료가 될 수 있을 것이다.

웃음을 유발한 주인공은 정상들이었다. 그들은 치열한 논쟁과 진지한 협상을 벌이면서도 종종 번뜩이는 유머와 위트를 선보였다. 사람들은 국가의 최고권력자에게는 무언가 특별한 것이 있다고 믿는다. 그 특별한 것에는 '근엄함'이 포함된다. 이승만, 박정희, 전두환, 노태우, 김영삼, 김대중, 이명박, 박근혜 대통령을 떠올려보라. 그들은 모두 근엄한 대통령으로 보이려고 했다. 김일성과 김정일 역시 마찬가지였다. 더러는 성공했고 더러는 실패했지만, 모두가 근엄해 보이려고 노력했다.

유일한 예외가 노무현 대통령이었다. 그는 대통령 후보 시절 '친구 같은 대통령'이라는 슬로건을 제안했다가 선거캠프 참모들에게 거절당했다. 대통령은 국민이 어려울 때 기대고 의지할 수 있는 사람으로 보여야 한다는 것이 참모들의 주장이었다. 그렇지만 그는 근엄한 이미지를 끝내 거부했다. 시민들이 해결사 또는 구세주를 바라는 마음을 가지고 근엄한 대통령을 찾으면 민주주의가 바로 설 수 없다고 믿었다. 국민 스스로가 주권자로서 자기가 대통령이라는 의식을 가져야 한다고 주장했다. 그래서 '국민이 대통령입니다'를 참여정부 슬로건으로 정한 것이다.

대화록은 노무현 대통령과 김정일 위원장의 유머감각을 보여준다. 이것은 대화록 공개가 불러들인 '좋은 부작용'이다. 최고권력자도 사람이다. 그들도 유머감각이 있다. 농담을 한다. 개그를 할 수 있다. 남북 정상들의 유머감각은 오전 회담 첫 발언인 김정일 위원장의 인사

202

말에서 처음 드러났다.

노무현 대통령　　　평양 시민들께서 성대하게 맞아주셔서 감사드립니다. 위원장께서 직접 마중 나와주신 것도 감사드립니다.

김정일 위원장　　　남쪽에서 노무현 대통령이 오시는데 **환자도 아닌데 집에서 있을 수는 없지 않습니까.**

　　이것은 즐거운 유머가 아니다. 7장에서 말한 것처럼 언중유골言中有骨, 뼈가 있는 말이다. 그걸 알아챈 배석자는 슬그머니 미소를 지었을 것이고, 눈치 채지 못한 배석자는 소리 내어 웃었을 것이다. 김정일 위원장은 그 나름 뛰어난 유머감각을 가진 사람이었다. 사회주의나 민족주의 같은 이념을 일상적으로 다루는 사람들 사이에서는 폭소가 터져 나올 유머를 구사했다. 우리에게는 잘 와 닿지 않는 '이념형 유머'라고 할 수 있다. 김계관 외무성 부상은 북핵문제 해결을 위한 6자회담 결과를 보고하면서 미국 측이 남북정상회담이 진행 중이라는 이유로 결과 발표를 늦추려고 한다는 보고를 했다.

김계관 부상　　　미국이 보도문제랑 자꾸 저러는 거는 첫째는 일본을 배려해라 하는 것입니다. 후꾸다가 올라앉았는데. 그거 하나 있고, 그리고 다른 하나는 지금 대통령 각하 방문과도 조금 연결시켜서 지금 보도를 살살 늦추려고 노력을 하고 있는데 그건 아주 허황한 것으로 판단했습니다. 다 6자가 합의하고 9월 30일부로 합의해 있는데 발표가 늦어질 뿐이지. 내용이야 다 돼 있는데. 이젠 그대로 집행해나가면 돼 있습니다.

| 김정일 위원장 | 요행수 봐라. 미국 사람들 아직도 그러면서. 문건을 다 좋게 만들어놓고도. 노 대통령이 다른 요행수적으로 다른 변화의 징조를 보이겠는가. |

김정일 위원장 요행수 봐라. 미국 사람들 아직도 그러면서. 문건을 다 좋게 만들어놓고도. 노 대통령이 다른 요행수적으로 다른 변화의 징조를 보이겠는가.

노무현 대통령 그건 아닐 겁니다. 기대할 수가 없는데.

김정일 위원장 큰 나라 사람들의 의심과 주관주의는 우리 작은 나라 사람들보다 더하니깐.

"큰 나라 사람들의 의심과 주관주의는 우리 작은 나라 사람들보다 더하니깐." 이것은 대국大國답지 못한 미국의 행태를 비꼰 말이다. '주관주의'는 자신의 희망과 객관적 현실을 구별하지 못하는 태도를 말한다. 이 말은 우리식 유머인 "그거야 당신 희망사항이지!"와 브라우니가 등장하는 〈개그콘서트〉 '정여사' 코너의 유명한 대사 "아휴, 있는 사람들이 더하다니깐!"을 합친 것으로 보면 될 것이다. 배석자가 대부분 남측 인사들이어서 그렇지, 북측 배석자가 많았다면 대화록에 '(웃음)'이라는 지문이 나왔을 것이다.

남북정상회담은 두 차례 모두 평양에서 이루어졌다. 김정일 위원장은 끝내 대한민국 땅을 밟지 못한 채 세상을 떠났다. 축구 월드컵 예선이 그렇듯, 정상회담도 '홈 앤드 어웨이'home and away로 하는 게 일반적이다. 그가 대한민국에 오지 않은 이유가 무엇이었을까? 첫째, 대한민국 국민 모두가 환영하지는 않을 것이라 생각했다. 둘째, 핵무기와 미사일 개발을 두고 미국과 치열한 다툼을 벌이고 있었던 만큼 신변안전에 대한 두려움이 있었다. 그래서 오지 못한 것이다. 김정일 위원장, 의외로 소심한 사람이었다.

북은 거의 완벽한 병영국가인 만큼 김정일 위원장이 마음만 먹으면 평양에 온 대한민국 대통령의 신변안전을 보장하는 데 아무 문제가 없었다. 그러나 대한민국은 대통령이 마음먹는다고 해서 그렇게 할 수 있는 나라가 아니다. 대한민국 대통령은 주한미군과 미국 CIA를 통제하지 못한다. 보수단체가 욕을 퍼붓고 항의시위를 벌이는 것을 원천봉쇄할 수도 없다. 김정일 위원장은 그런 사실을 잘 알고 있었다. 그래서 답방요청에 답을 하지 않고 미루기만 했다. 김영남 최고인민회의 상임위원장을 대신 보내려고 했다. 그런데 그런 두려움과 불편함을 표현하는 방법이 재미있다. "전 세계가 놀래서 와락와락 할 때", "호박 쓰고 어디 들어간다"는 말이 그렇다. 아래는 오전 회담에서 답방문제를 논의한 대목이다.

노무현 대통령　　그러면 남측 방문은 언제 해주실랍니까?

김정일 위원장　　그건 원래 김대중 대통령하고 얘기했는데, 앞으로 가는 경우에는 김영남 위원장이 수반으로서 갈 수 있다. 군사적 문제가 이야기될 때는 내가 갈 수도 있다. 그렇게 이야기가 돼 있습니다.

노무현 대통령　　아 그렇게, 우리는 전부 김정일 위원장께서 방문하시기로 약속한 것으로, 우리 국민들은 전부 그렇게 알고 기다리고 있습니다.

김정일 위원장　　미사일 문제요 핵문제요, 지금 가자고 해도 전 세계가 놀래서 와락와락 할 때 내가 뭐하러 가겠어요. 그래서.

노무현 대통령　　그래서 재촉을 안 했습니다.

김정일 위원장　　그래서 정세가 있고 분위기가 있고 또 남측도 정서가 있는 것인데 지금 한나라 사람들이랑 너무 그렇게 나오는데, 우리가 뭐하러. 호박 쓰고 어디 들어간다는 말이 있는데, 지금 그렇게 하려고 하겠습니까?

노무현 대통령　　　남측은 데모가 너무 자유로운 나라라서 모시기도 그렇게. 우리도 좀 어려움이 있습니다.

김정일 위원장　　　앞으로 모든 게 정상적으로 좋게 발전돼나가면, 앞으로 못 갈 조건이 없지 않습니까. 앞으로 또 정세와.

노무현 대통령　　　오실 수 있으면 좋겠습니다.

김정일 위원장　　　남쪽 사람들의 정서도 보아야 합니다. 정서를 봐야 되겠고.

'호박 쓰고 어디 들어간다'는 '호박 쓰고 도투굴로 들어간다'라는 함경도 육진六鎭 속담이다. '돝'은 돼지의 고어古語다. '도투굴'은 '돼지우리'다. 육진은 원래 세종대왕 때 여진족 침입을 막으려고 두만강 하류에 설치한 종성, 온성, 회령 등의 군사기지였다. 이것이 조선 영토를 두만강 하류까지 확대하는 계기가 되어 지금까지 이어졌다. 김정일 위원장은 정상회담 자리에서 '돼지우리'에 해당하는 말을 쓰기가 민망해서 '어디 들어간다'고 한 것이다. 호박을 쓰고 돼지우리에 들어가면 돼지가 호박을 먹으려고 달려들 것이다. 위험을 자초하는 어리석은 행동을 가리킬 때 쓰는 속담이다. 김정일 위원장은 서울 방문이 그런 것이라고 판단했다. 그래서 오지 않은 것이다. 북에도 지역주의가 있다고 들었는데, 최고권력자가 육진 속담을 쓰는 걸 보니 '함경도파'가 세긴 센 모양이다.

　노무현 대통령도 '한 유머 하는' 사람이었다. 그는 김정일 위원장의 '독주'를 용납할 수는 없다고 생각했는지 오전 회담 후반에 가서 '반격'을 시작했다. 그가 회담 초기의 긴장감과 불안감에서 벗어났다는 증거다. 아래는 오후 회담을 하지 않으려고 발을 빼는 김정일 위원장을 설득하는 장면이다. 두 정상의 유머감각은 난형난제難兄難弟 판세였다. 7장에서 회담의 파격을 설명하면서 이미 인용한 부분과 약간 중복되지만 각도를 달리해서 음미해보자.

이재정 통일부장관　　오후에 시간 좀 주시죠.

노무현 대통령　　그리고 우리 국민들도 두 번, 세 번, 네 번 만나고 오라고 나한테 짐을 지워 보냈는데, **한 번 만나고 가면 노무현 쫓겨 왔다 쓸 텐데, 위원장께서 날 그렇게 할 겁니까?**

김정일 위원장　　요새 기자들은, 특히 남측 기자와 일본 기자들은 아주 영리스럽고, 시류에 민감하고 취재활동에서는 정말 만민을 쥐었다 놨다 할 수 있는데, **최근에는 이제 기자가 아니고 작가입니다. 기자들이 모든 이야기를 다 꾸며내고, 저 사람들 보면 지금 기사야 작품이야 하고 내가 그러고 마는데요.** 허위……

노무현 대통령　　북측 기자들은 그런 기자들 없죠?

김정일 위원장　　우린 사실대로 그저. 좋으면 좋고, 나쁘다면 나쁘고. 거기서는 자꾸. 돈벌이 하느라고.

노무현 대통령　　오후 시간 내주시는 게 그렇게 어려우시면 나도 내려갈랍니다.

김정일 위원장　　그럼 앞으로 자주 만나자고 했으니까, 자주 안건이 생기면 오시면 되지 않습니까.

노무현 대통령　　자주는 다음 일이고 **이번 걸음에 차비를 뽑아 가야지요, 무슨 말씀입니까.** 그리고 실제로요, 서해문제는 깊이 말씀드리고 싶습니다.

위원장님 말씀도 듣고요.

김정일 국방위원장은 남측 언론뿐만 아니라 미국과 일본 등 소위 '서방언론'의 보도에 신경을 곤두세우고 있었던 것 같다. 이것은 매우 중요한 사실이다. 주기적으로 등장했던 '김정일 건강이상설'과 '북 체제붕괴설'은 북 권력층을 긴장하게 만든다. 최고권력자를 비방하거나 인격적으로 깎아내리는 보도는 그들을 격분시킨다. 특히 남측 언론보도는 북의 태도에 직접적인 영향을 미친다. 최근에는 김정은 국방위원회 제1비서의 부인 '리설주'에 대한 '스캔들 기사'가 북을 심하게 자극했다. 우리 언론은 남북관계를 개선하는 데는 어떨지 모르지만 악화시키는 데는 비상한 능력을 발휘한다.

노무현 대통령이 NLL문제도 더 이야기하고 조선산업단지, 전력공급, 개성공단 2차·3차 사업과 관련한 노동자들의 출퇴근과 주거문제 등을 이야기해야 한다고 강력하게 주장하자 김정일 위원장은 마침내 오후 회담 요청을 받아들였다. 아래는 오전 회담 마지막 대화인데, 김정일 위원장은 마지막까지 '유머 주도권'을 내려놓지 않았다.

김정일 위원장　　(김양건에게) 2시? 2시 반?

노무현 대통령　　2시 반 좋습니다. 2시도 좋습니다.

김정일 위원장　　2시 반 시작해서 4시 끝나면, (김양건 부장에게) 내 회의도 저녁시간으로 다 돌려라. 오늘 외무성 사람들 몽땅 모여서 방향을 얘기하려는데. 노 대통령님의 끈질긴 제의에 내가 양보해서 2시 반에 하는 걸로.

노무현 대통령　　얘기할 거리가 많아서 그렇습니다.

김정일 위원장　　　그리고 보도진에다 얘기하십시오. 토의문제가 대단히 많고 심도 있는 말들 많이. 우리도 작가 노릇 해봅시다. 그래서 오후에 더 한다. 그렇게 합시다.

오후 회담에서 더 화려한 유머 경쟁이 벌어졌다. 몇몇 의미 있는 대목들을 시간 순으로 살펴보자. 이재정 통일부장관이 개성공단 통행, 통신과 물류를 개선해달라는 '민원'을 넣었다. 김정일 위원장 역시 그 문제에 대해 진척이 너무 느리다는 불만을 가지고 있었다. 문제는 그런 것을 해결하는 데 필요한 군사협력이 잘 이루어지지 않는다는 것이었다. 남북 정상은 군의 보수성을 비판하는 대목에서 '과격한 공감'을 이루었다. 평화체제가 만들어지면 자기 밥그릇이 줄어들까봐 잘 움직이지 않는다는 것이다. 김정일 위원장은 이런 태도를 가리켜 '완고한 2급 보수'라고 했다.

김정일 위원장　　　개성공단 할 바에는 똑똑히 해주어야. 국방위원회 원래 생각도 그렇고. 민족경제협력위원회 거기서도 역시 통신이라든가 모든 게 개성지구가 단말이 돼야 합니다. 이게 북반부와 연결이 안 돼야, 단말이 되는 것이 기술적으로 담보되면 개성지구 통행, 통신 개방시키고 활성화시켜나가겠다. 저번에 시멘트도 부려봤지요. 우리가 부려봤습니다. 거기까지 기차가 마음대로 왔다 갔다 합니다. 실무적으로 토론할 필요도 없습니다.

이재정 통일부장관　　　개성 근로자들 통근을 위해서라면 개성역까지는 아마 이걸 해야 통근에 도움이 될 겁니다. 사람이 많으니까요. 지금 버스로 실어 나르는데요. 이 버스가.

김양건 통일전선부장 여기 열차 다니는 건 또 별개 문제입니다. 화물이니까요. 화물은 봉동역.

김정일 위원장 여기에는 별도로 또 만들라 하지.

노무현 대통령 항상 남쪽에서도 군부가 뭘 자꾸 안 할라구 합니다. 이번에 군부가 개편이 돼서 사고방식이 달라지고, 평화협력에 대해 전향적인 태도를 갖고 있습니다만, 그러나 군부라는 것은 항상, 북측에서도 우리가 얘기 듣기로는 마찬가지 아닙니까?

김정일 위원장 완고한 2급 보수라 할까요?(웃음)

　　대화록에는 대한민국의 평범한 시민들은 알지 못했던 중요한 사실이 많이 나온다. 그 가운데 하나가 정주영 회장과 정몽헌 회장이 해주항 개방을 집요하게 요구했고, 김정일 위원장이 1999년에 이미 그 문제를 논의한 적이 있었다는 사실이다. 남북 정상은 이것을 토대로 삼아 해주항 개방을 포함한 서해평화협력특별지대에 합의할 수 있었다. 현대그룹이 북 당국과 협의해 추진한 경제협력사업은 성사된 것도 있고 성사되지 못한 것도 있다. 그러나 성사 여부와 상관없이, 그 사업들을 기획하고 추진한 것 자체가 남북의 경제협력과 화해를 진전시키는 계기가 되었다. 그 동기가 무엇이었든 그들의 대북사업이 지닌 역사적 의미에 대해서는 진지하게 평가할 필요가 있다고 본다. 그런데 이 중대 이슈에 대한 토론의 대미를 장식한 것은 노무현 대통령의 '돌발유머'였다. 대화록에는 두 정상이 동시에 웃음을 터뜨린 것으로 기록되어 있다. 배석자들도 파안대소했을 것이다.

김정일 위원장   해주문제는 내가 오늘 점심에 가서, 정몽헌 선생하고 정주영 선생이 부탁해서 정몽헌 선생하고 토론할 때 이야기드렸습니다. 해주는 그 내가 이런 입장을 그때도 취했으니까. 정몽헌 선생이 뭘 제기했냐 하면 해주는 해주시를 다 하자는 것이 아니고 해주항만 이용권 달라. 이용권 달라면 자기가 항을 유지하면서 개성을 염두에 두고 연결시키는 안 하면 개성 아마 철길도 문제가 안 설 때고 육로 도로도 없을 때고 하니까 그 중앙분계선, 판문점 이외에는 일체 거래가 안 되니까. 그때 당시 요구가 1999년도(김양건, 연도 상기에 도움)에 제기해서 항만 갖고 어떻게 하려고 하냐 하니깐, 항만 경영권 가지면 자기가 거기서 배로 들이대서 개성하고 군사분계선 아닌 새 통로를, 경제통로를 만들어서 개성에다 땅 만들면 자기가 하겠다.

노무현 대통령   지금도 해운통로는 필요합니다. 개성공단만 해두요. 지금도 해운통로는 필요한데.

김정일 위원장   그래서 오후에 가서 점심식사하고 군 장성들 좀 오라. 와서 해주 그때 99년도 그때 그 결심을 되살릴 때면 어떤 문제가 있겠냐 하니까, 답이 문제없겠습니다. 그러면 노 대통령님하고 만나는데 항을 당장 개방하는 걸 내가 결심하라는가, 그건 문제없겠습니다. 군에서 그렇게 나오고. 해서 아직 내가 해주를 준다는 게 없고 그때 해주항을 해상으로서 물동량을 개성에다 지원하겠다, 그렇게 합의를 보자고 하는데 정몽헌 선생이 2000년도 6월 달에 와서는 그럴 바엔 뭐. 그분이 좀 막내가 됐는지 그 집안에서 떼를 많이 써요. 계속 앉아서 그렇게 선심 쓸 바엔 그 좀 해주 근방에 뭘 좀 줘야 되지, 그저 김만 쐐서 뭘 하겠는가. 약주 좀 들어가니까 그것도 떼를 쓰더구만요.

노무현 대통령   나도 막내입니다.(웃음)

"나도 막내입니다." 이 말을 하고서 노무현 대통령은 씩 웃었을 것이다. 그리고 그런 표정 그대로 고개를 약간 앞으로 숙인 채 김정일 위원장을 바라보았을 것이다. '나도 막내다. 오후 회담도 내가 떼를 써서 하게 만들었다. 뭐가 되었든 합의가 나올 때까지 계속 떼를 쓸 것이다.' 눈으로 그렇게 말했을 것이다. 이 '돌발유머'는 권투로 치면 팔을 쭉 뻗어 친 스트레이트 '카운터펀치'였다. 대화록을 보면 김정일 위원장의 '말 펀치'가 여기서 멈추어 섰다. 그는 아마도 입을 조금 벌린 채 웃음을 머금고 상대방을 바라보았을 것이다.

「10·4공동선언」에는 남북이 협력해서 백두산관광사업을 하기로 한 내용이 들어 있다. 이것은 남북 모두 큰 관심을 가진 사업이었다. 이 사업은 예외적으로 김정일 위원장이 적극적으로 합의과정을 주도했다. 오전과는 크게 다른 태도였다. 그런데 여기서 현정은 회장의 존재가 드러난다. 그는 정몽헌 회장 사후에 경영권을 빼앗으려는 시숙들과 힘겨루기를 한 끝에 현대상선 경영권을 지켰다. 그리고 남편이 하던 대북사업을 계속 밀고 나가면서 백두산관광사업을 하자고 김정일 위원장을 설득했다. 노무현 대통령은 관광공사가 할 수도 있다고 했지만, 김정일 위원장은 현정은 회장이 어떤 방식으로든 참여할 수 있도록 해달라고 부탁했다. 그런데 백두산관광사업 합의과정에서 한 발언을 보면, 김정일 위원장은 중국을 골탕 먹이는 것을 은근히 즐긴 것 같다. 중국 정부는 이 사업을 키우기 위해 군사기지를 옮기는 등 적지 않은 노력을 했고, 김정일 위원장은 그 사실을 거론하면서 좌중을 웃겼다.

김정일 위원장　　　현정은 여사하고 요전에 약속한 것 정세 때문에 길이 끊겼는데. 백두산관광 자꾸 해달라고. 금강산처럼 해달라 해서. 정몽헌 선생이 있을 때 정몽헌 선생보고 당신이 한번 가보라. 그래서 그분이 가보고, 야 조선 땅에도 이런 무공해 지대가. 이것 최곤데. 이것 자기 달라 그래서.

노무현 대통령　　　관광사업이든 무슨 사업이든 정부하고 합의를 해주십시오. 그러면.

김정일 위원장　　　그런데 여사께서 자꾸 뭐 남편께서 받은 것을 하겠다고. 그렇게.

노무현 대통령　　　그렇게 해도 상관은 없습니다.

김정일 위원장　　　그렇게 하는데도 정부가 개입해야죠.

노무현 대통령　　　그런데, 관광공사가 들면 좀 훨씬 잘할 수 있습니다.

이재정 통일부장관　　협력해서 하면.

노무현 대통령　　　어쨌든 어떤 쪽에서든 선택하시는 대로 협력하겠습니다만, 정부 단위로 하면 자꾸만 말이죠. 흔들기를.

김정일 위원장　　　내가 말하는 것은 중국이 지금 본격적으로 최근에 백두산에 남쪽 관광객을 끌어들이고.

김양건 통일전선부장　거기로 많이 옵니다.

노무현 대통령　　　해마다 10만 명씩 가는데. 우선 나부터 좀.

김정일 위원장　　　그래서 비행장 문제가 섰죠. 비행장만 되면 남측 사람들이 뭐하러 평양에서 왔다 다시 또 평양에서 비행기 타고 갈 필요가 있는가? 서울에서 직항으로 백두산으로 가면 되지 않나? 그렇게 해야지 많은 돈을 왜 중국에다 갖다 뿌리야겠나? 비행기 타는 바람에……

이재정 통일부장관　　위원장님 아주 정확한 지적이십니다.

김정일 위원장   서울서 오면 거기 와서 그저 숙식비만 내면 되는데. 비싸게 중국 갔다, 아마 서울항공이 중국에서 가 내리지 않고 백두산에는 못 가죠?

이재정 통일부장관   못 갑니다.

김정일 위원장   그것이 아마 중국 사람들이 자기 이해관계 때문에 그렇게 안 줄 겁니다.

이재정 통일부장관   사실 매년 10만 명이 엄청난 돈을 중국에다 뿌리고. 쓸데없이 자고. 그러고 하거든요. 인천에서 백두산까지 직항로로 해서 딱 가서 관광하고 돌아오게 하면 정말 얼마나 좋겠습니까?

김정일 위원장   글쎄 그렇게 하자구요. 현정은 여사보고 정부 당국하고도 토론해서 나중에 직항하라.

이재정 통일부장관   그렇게 확실하게 좀 해주시죠.

김정일 위원장   백두산관광도 합의서에 넣으십시오.

김만복 국정원장   예, 넣겠습니다.

김정일 위원장   그럼 중국 사람들이 좋아하지는 안 하겠는데.(웃음) 자기들 거기다 기지 다 빼고 했는데.

김양건 통일전선부장   지금 장백현에다 비행장 건설하고 있습니다.

회담의 마지막 발언은 김정일 위원장이 했다. 그는 2000년 제1차 남북정상회담 때 김대중 대통령을 보좌했던 임동원 통일부장관의 안부를 물었고 김만복 원장이 대답했다. "예, 건강합니다." 대화록은 이 대답으로 끝난다. 그 직전, 「10·4공동선언」의 형식과 내용에 대해서 완전한 합의를 이룬 두 정상은 유머감각 넘치는 마무리 덕담을 나누었다.

노무현 대통령　　내가 원하는 것은 시간을 늦추지 말자는 것이고, 또 다음 대통령이 누가 될지 모르니까. 뒷걸음치지 않게 쐐기를 좀 박아놓자……

김정일 위원장　　잘됐다고 생각합니다. 하여튼 오늘 만남이 대단히 유익하고 좋은 결실을 맺었다고 나는 이렇게 대만족하고 있습니다.

노무현 대통령　　**다음 여행권까지 따냈으니까.(모두 웃음)**

김정일 위원장　　여행권인데 하나 보충하겠습니다. **무료 여행권입니다.**(모두 웃음) 미리 약속합시다. 감사합니다.

이재정 통일부장관　　위원장님 어떻게 좀 적당히 좋을 때 한번 이산가족 고향 방문하도록 허락해주시면 안 되겠습니까? 이산가족들이 참 아주 애달프게.

노무현 대통령　　이제 다음에 합시다. 오늘은 **보따리가 넘쳐서 안 돼요.**(모두 웃음)

이웃 나라 흉을 보다

남북 정상은 회담 시간의 대부분을 자주, NLL, 북핵, 서해평화협력특별지대 등 중요한 남북관계 현안을 다루는 데 썼다. 그런데 남북관계는 국제정세, 특히 동북아시아 정세와 깊이 연관되어 있다. 정상회담에서 주변국들에 관한 이야기가 나올 수밖에 없는 것이다. 오후 회담 대화록에는 중국과 러시아가 북을 자기네 경제권에 포섭하려고 하거나 북의 이권을 차지하려고 공을 들이고 있다는 사실이 잘 드러나 있으며, 그 문제에 대한 남북 정상의 기본적인 시각도 드러나 있다. 북일관계의 현안과 일본의 우경화에 대한 우려도 등장한다. 남북 정상의 발언을 보면 함께 이웃 나라 흉을 보는 것 같은 대목이 여럿 나온다. 먼저 러시아 관련 발언부터 살펴보자.

노무현 대통령　　　조선업은 앞으로 기계공업이라든지. 지금 우리 한국 조선업이 처해 있는 또 하나의 고민이 철강 부족. 철강 부족 때문에 중국이 철강을 다 빨아가는 바람에. 내 생각에 그런 부분은 말씀드렸고, 나머지 부분에 대해서는 북측에서 뭐, 예를 들어 나진·선봉에 대해서도 할 일이 많아요.

김정일 위원장　　　나진·선봉은 내가 모스크바에서 푸틴 대통령하고 약속하기를 그 사람들이 그 나진·선봉항을 그 왜, 과거 소련 시기 때부터, 소련 군대 현재 지금 러시아 군대, 그다음에 러시아 정부, 원동정부를 비롯해서 그게 지금 울라지스토크(블라디보스토크)가 제일 유일한 자기네 물류 항구로써, 그게 지금 그쪽으로 달라 할라고 하는데, 그게 그 사람들은 겨우내 항이 업니다. 나진·선봉은 얼지 않으니까.

소련 측에서는 소련 군대들이 태평양 함대들이 먼먼 바다에 나가 일하다가도 들어올 때는 울라지스토크 가기 전에 나진·선봉에서 다 배를 정비하고 그다음에 자기 기지, 울라지스토크 들어가고 그러는데 **그 사람들이 그 후예들이니까 그 후예들도 역시 미련을 가지고 아직 나진·선봉지구하고 울라지스토크와 자매항으로 해달라.**

내가 모스크바 갔을 때도 그 사람들이 하자. 당연히 하라, 원유 가공시설 공장이 유일하게 나진·선봉지역에 있으니까. 그 사람들이 철길 높이 쌓아가지고 원동과 나선까지 자기 특수 랩을 달아가지고 원유 가공설비, 원유 가공 때문에 그 기차를 이용하고. 앞으로 그 사람들 설계가, 부산서부터 서부철도 있지 않습니까? 서부철도로 해서 동해선으로 넘어가는 것도 그 사람이 구상하기 때문에 나선은 거의 다 러시아 사람들이 가지겠다. 나선문제도 지금 복잡합니다. 중국, 몽고 해상을 끼고 나갈라니까. 흑룡강성 같은 거는 바다 끼고 나갈라니까.

김양건 통일전선부장　길림성도 같습니다.

김정일 위원장　지금 그건데, 러시아 사람들이 다.

노무현 대통령　그게 동해 경제권이라고, 환동해 경제권이라는, 우리 한반도가 환황해 경제권, 환동해 경제권이라고 그림을 그려놓고 생각해보면 나진, 원산, 부산, 다 아주 중요한 거점이 되거든요. 일본 사람들이 물류회사를 일본 자국 내에 만들어놓지 않고 부산으로 가지고 옵니다. 자기들이 공장에서 생산된 물건을 부산으로 갖다놓고 부산에서 다시 서쪽 영역으로 이렇게 중요한 물건들이 전부 거기 모여서 중국도 나가고 러시아도 가고 똑 그렇게 할 수 있는 훌륭한 전망이 있습니다. 그런 것은 앞으로 말씀하시는 대로 우리가 최대한.

김정일 위원장　그건 앞으로 해가면서. 남측 기업도 필요하고 필요할 경우 검토돼서 열 수도 있고.

　러시아는 얼지 않는 항구에 집착한다. 옛 소련뿐만 아니라 그 이전의 차르체제 때부터 국가의 숙원사업이었다. 19세기 말 제국 러시아가 지하자원 채굴권을 비롯해 많은 이권을 획득하고 왕실에 접근하는 등 조선에 대한 영향력을 확보하려고 애를 쓴 것도 이 열망과 관계가 있다. 1904년에 터진 러일전쟁에서 패배하지 않았더라면 러시아는 함경북도 해안의 나진·선봉을 집어삼키려 했을 것이다. 소비에트연방이 무너지고 공화제 러시아가 생겨났지만, 해군의 작전과 민간의 항만 물류를 원활하게 하기 위해 부동항不凍港을 확보하려는 노력은 멈추지 않았다. 노무현 대통령은 여기에 대해 우려를 표시했고, 김정일 위원장은 필요하다면 이 항구를 남측 기업에게도 열어주겠다는 의향을 밝혔다.

노무현 대통령은 중국이 눈독을 들이는 신의주에 대해서도 방어작전을 폈다. 북은 2002년 4월 신의주시와 주변지역을 묶어 특별행정구로 지정했다. 특별행정구는 중국 영토면서도 중국 일반 법률이 아니라 별도의 기본법을 적용하는 홍콩과 마카오 비슷한 것이다. 북은 제한된 지역에서 시장경제를 시험적으로 실시해보려고 신의주특별행정구를 만들었다. 그러나 경제만 풀어주고 나머지는 모두 북의 일반 법률을 적용했기 때문에 홍콩 같은 특별행정구가 되지 못하고 경제특구 수준에 머무르고 말았다. 북은 2002년 9월 중국 혈통과 네덜란드 국적을 가진 부동산 갑부 양빈楊斌을 신의주특별행정구 장관으로 임명했다. 그런데 중국 정부가 곧바로 양빈을 사기 등의 혐의로 체포했고, 중국 법원은 징역 18년형을 선고했다. 그 바람에 신의주특별행정구는 초기부터 큰 혼란을 겪었다. 다음은 대화록에 나오는 신의주 관련 발언이다.

노무현 대통령　　신의주 같은 곳도 상의해주시면. 어떤 방향으로 가시고자 하는지. 그쪽에도 내가 설득을.

김정일 위원장　　신의주는, 지금 중국 사람들이 자꾸, 한동안 몰랐는데. 누구지? 양빈이?

김양건 통일전선부장　　예, 양빈입니다.

김정일 위원장　　　그 사람들 문제가 복잡해가지고.

김양건 통일전선부장　　원래 하다가.

김정일 위원장　　　자꾸 한동안 알고 보니까 중국 사람들 자체가 자기의 뜻과 어긋난다고 그러는데.

중국 정부가 양빈을 체포해 가둔 것은 북이 신의주특구를 만들면서 무엇인가 중국 정부의 마음에 들지 않는 일을 했기 때문이라는 이야기다. 무엇이 문제였는지는 드러나 있지 않다. 독자들께는 죄송하지만 나도 그 문제에 대해서는 아는 것이 없다. 노무현 대통령은 신의주 특별행정구 문제를 제기한 다음 중국 정부가 벌이는 '동북공정' 문제로 화제를 돌렸다. 우리의 민족사 일부를 자기네 역사로 편입하려는 중국의 '역사 패권주의'에 대해서는 남북이 공동 대응할 필요가 있기 때문이다.

노무현 대통령　　　이건 뭐, 혹시 오해될까 싶어 조심스러운데요. 어쨌든 북측이 경제 발전해봐야 하니까. 인민의 생활도 중요하고, 경제교류나 협력사업이 중국 쪽과 많이 일어나고 있거든요. 남측과는 불신 때문에 막혀 있고. 자꾸 일어나다 보면 전 인민의 생활과 산업이나 경제가 원하든 원하지 않든 중국 경제권이 되어버릴 가능성을 걱정하고 있습니다.

김정일 위원장　　　걱정도 하거니와 실질적으로 많은 사람들 속에 이야기되는 것은 중국에 사는 조선상을 통해서도 많이 얘기되고 있는데 그 사람들의 경제 전략이 영토나 제도나 경제 분야에서는 동북 3성이 아니라 북을 염두에 두고 동북 4성으로 생각합니다. 경제 면에서는 우리 인민들이 좋아합니다.

노무현 대통령   한민족 정체성에 심각한 위협이 되기 때문에 남측에서 가장 걱정하는 문젭니다.

김정일 위원장   경제적 측면에서 동북 4성이다. 중국 사람들은 좋은 의미 말하면서 교통문제를 풀자면서 얘기되는데, 단동~평양, 자기네 식. 자기네 규격과 같은 고속도로를 1년 반 2년 내 자기들이 만들고, 압록강 다리를 철교와 동시에 고속도로 다리를 놓겠다. 우리나라에게 부담이 안 되게 자기네들이 하겠다. 좋은 의견입니다. 우리를 도와주고 하자는데 좋고. 그러나 동북에 있는 조선 사람들은 중국 사람들에게 4성이라는 말을 듣습니다. 우리 정치인들보다도 인민들이 더 신경이 더 예민합니다. 그런 측면에서는.

김정일 위원장은 동북공정에 대해서 자신의 견해를 밝히지 않은 채 '인민들이 신경이 더 예민하다'고 말했다. 똑같지는 않겠지만 미국이 한국더러 자기네 주로 들어오라고 한다고 가정해보자. 경제적인 면에서는 반기는 사람이 많이 있을 것이다. 그러나 국민 다수가 역사적·문화적 민족정체성과 국가의 독립성을 다 포기하면서 미국에 편입되는 것을 반길지는 의문이다. 인민들이 더 신경이 예민하다는 말은 그 비슷한 말이 아닌가 싶다.

여기서 노무현 대통령이 북이 경제적으로 중국에 편입되는 현상을 견제하려고 노력했다는 것을 눈여겨볼 필요가 있다. 노무현 대통령은 중국이 '철강을 다 빨아가서' 우리 조선산업이 어렵다고 말했다. 조선산업만 어려운 게 아니다. 철강산업과 비철금속산업이 다 어렵다. 세계 최고 수준의 기술력을 자랑하는 포스코도 원자재 확보에 애를 먹고 있다. 북에는 철광석과 희토류 등 지하 광물자원이 아주 많다. 이런 것을 중국에 빼앗기지 않으려면 북과의 경제협력사업을 서둘러 확대해야 한다. 그런데 이명박 정부 5년 동안 아무것도 이루어지지 않았다. 그사이에 중국이 압록강에 다리를 만들고 무산 광산 인근까지 철도를 놓았다. 김정일 위원장은 중국이 자기네 돈으로 도로를 낸다고 했는데, 도로뿐만 아니라 철로까지 놓은 것이다. 최근 언론보도를 보니 중국이 무산 일대 노천광산에서 철광석을 비롯한 광물자원을 마음껏 실어내고 있다. 남북관계를 파국으로 몰고 감으로써 결국 중국 좋은 일만 해준 셈이다.

정상들은 일본에 대한 이야기도 나누었다. 화제의 중심은 아베 수상이었다. 평화헌법을 개정해 자위대를 정식 군대로 바꾸는 등 재무장 캠페인을 벌이는 한편, 2020년 하계올림픽 유치전에서 대형 사고가 난 후쿠시마 원전을 완전하게 통제하고 있다고 일본 국민조차 믿지 않는 거짓말을 한 일본 수상 아베 신조安倍晋三다. 나는 대화록을 보고 그가 고이즈미 내각의 관방부장관 시절 평양을 방문한 적이 있다는 사실을 처음 알았다.

아베 신조는 일본의 대표적인 '세습 정치인'이다. 할아버지는 중의원 의원이었다. 외할아버지는 태평양전쟁을 일으킨 도조 히데키 내각의 상공부장관이었고 1950년대 후반에는 수상을 한 거물 정치인 기시 노부스케다. 종조부 사토 에이사쿠도 수상을 했다. 아버지 아베 신타로는 외무부장관을 지냈다. 아베 신조는 2006년에 수상이 되었는데, 그해 10월 북이 첫 번째 핵실험을 하자 유엔의 제재결의보다 더 강력한 대북봉쇄정책을 폈다. 남북정상회담 직전이었던 2007년 9월 하순 그는 인기 하락을 견디지 못하고 수상직을 사임했다. 아베가 부장관일 때 관방부장관이었던 후쿠다가 수상직을 이어받았다. 2012년 12월 아베는 다시 수상이 되어 본격적으로 국가의 우경화를 시도하고 있다. 이런 배경에 비추어 남북 정상의 일본 관련 대화를 감상해보자.

노무현 대통령　　참 일본문제는 어떻게 하실랍니까?

김정일 위원장　　일본은 아베 요 바로, 조 위치에 **아베가 왔댔습니다.** 고이즈미가 오고. **아베한테 당신네 조상들을 봐서, 조상들이 아주 그 자기 조국을 위해 헌신한 분이란 것을 알고 있는데 당신도 앞으로 우리들의 기대에 어긋남이 없이 앞으로.** 그런데, 부장관이지?

김양건 통일전선부장　　예.

김정일 위원장　　관방부장관이 돼서 왔었드렸습니다. 후꾸다가 거기(관방장관) 있었고. **그런데 집권하자마자 그냥 우리한테 뭐 악착스럽게 돌변해가지고 이렇게 됐는데.**

노무현 대통령　　만나보니까 두 분이 아주 다릅디다. 후꾸다 수상하고 아베 수상하고 완전히 다르고요. **아베 수상은 뭐 납치문제를 가지고 정권을 잡은 사람이고 초강경이구요.** 후꾸다 수상은 아베 수상되기 전부터 만나서 얘기해봤는데. 그 양반 상당히 유연합니다. 다른 사람하고, 한국 그 한반도 관계를 매우 중요하게 생각하고 존중하고 잘해가야 된다는 생각을 가지고 있습니다. 그러나 그쪽도 민심의 부담을 또 가지고 있기 때문에, 그렇긴 하지만 어떻든 좀 유연할 것입니다.

김정일 위원장　　우리는 지켜보고 있습니다. 금방 직위에 올라섰는데 그 아베 꺼하고는 선을 갈라보고 똑똑히 지켜보라. 다르게 보고. 우리 내부에서는 그저 관망하는 단계입니다.

노무현 대통령　　　지난번에 일본 대사가 이임하면서 찾아왔길래 당신들 요구가 뭐냐 물었더니, 사람 돌려달라. 다 돌아갔잖냐 했더니, 더 있다는 겁니다. 어떻게 증거가 있냐 이랬더니. 하여튼 못 믿겠다 이런 얘기만 하는 겁니다.

김정일 위원장　　　없습니다. 우리는 공식적으로 내가 없다고.

노무현 대통령　　　그렇기는 한데, 하여튼 미일관계는 풀어버리는 것이 좋습니다. 납치문제가 있어 구체적으로 내가 무슨 말씀을 드릴 수 없고 나도 일본 측의 주장을 들어봤지만 잘 못 알아듣겠고요.

북의 말 못할 속사정

러시아, 중국, 일본 등 주변국들과의 문제는 남북정상회담 의제가 아니라 여백을 채우는 가벼운 대화였다. 국가 최고권력자나 평범한 시민들이나, 남이나 북이나, 이런 문제에 관해서는 생각과 정서의 차이가 별로 없다는 것을 확인하고 넘어가자. 마지막으로 북의 속사정을 보여주는 발언 몇 가지를 챙겨보기로 한다. 김정일 위원장의 말을 들어보면 북이 남북교류에 소극적으로 임하는 이유를 알 수 있다.

　남북 이산가족 상봉 행사를 할 때 100명씩밖에 하지 않는다. 우리 측 상봉 신청자가 10만 명에 육박한다. 한 번에 100명이면 사흘에 한 번씩 해도 다 하려면 10년쯤 걸린다. 명절에만 100명씩 하는 식이라면 몇백 년이 걸릴 것이다. 답답한 노릇이다. 개성공단사업도 그렇다. 공단을 발전시키고 확대하려면 통행·통관·통신 등 '3통'을 대폭 개선해야 하는데도 북은 행동이 굼뜨기 짝이 없었다. 상설 이산가족 면회소 설치 문제도 마찬가지였다. 김대중 대통령과 노무현 대통령은 진도를 빨리 나가고 싶었지만 북이 장단을 맞추어주지 않았다. 그마저 이명박 대통령이 다 뒤집어버렸다. 미국에 클린턴 대통령이 있을 때도 진도를 빼지 못했다. 그래서 부시 대통령이 들어와 모든 것을 엎어버렸다. 그런데 김정일 위원장과 김양건 통전부장의 말을 들어보면 북도 그 나름의 속사정이 있었다.

이재정 통일부장관　위원장님 제가 통일부장관이라, 관심 가지고 있는 부분이 여러 가지가 있습니다만, 그 가운데 위원장님께서 늘 생각하시는 이산가족 문제입니다. 금강산 면회소가 거의 완공, 금년 12월에 사무국에 지원을 받고 **내년부터 상시 면회가 될 수 있도록 위원장님께서 해주시고.**

김정일 위원장　그야 모.

김양건 통일전선부장　그것은 지금하고 있습니다. 정상적으로.

김정일 위원장　지금 텔레비로 모 한다구만.

김양건 통일전선부장　화상상봉도 하고 편지.

이재정 통일부장관　화상상봉 해보니까요. 이게 속만 타고. 손도 못 잡아보니까요. 사실은 더 안타깝더라고요.

김양건 통일전선부장　그런 거 있습니다. 다 연로하기 때문에. 저 멀리 지방에 있는 늙은이들 한번 여기 데려오고.

노무현 대통령　화상상봉은 병행하고 면회소 상봉은 상시적으로 해주십시오. 욕심을 좀더 부리면 생사확인이 중요합니다.

김양건 통일전선부장　흩어진 가족들 확인하는 과정에 생사확인을 많이들 하고 있습니다. 한번 하고자 하면 수백 명씩 확인하고 있습니다.

이재정 통일부장관　　　우리 쪽에 기다리는 이산가족이 9만 3,000명입니다. 이분들이 일 년에 3,000~4,000명이 연로해서 가시니 이 사업을 빨리 성과 있게 해서. 서둘러주십시오.

김정일 위원장　　　실무적으로 생사확인이라는 것은……

김양건 통일전선부장　　　명단을 보내오면 전국을 다 조사해서 확인합니다. 쉽지는 않습니다.

　결국 개인의 자유와 욕망 추구를 인정하지 않는 북의 전체주의 체제가 문제의 근원이다. 남에서는 이산가족 생사확인을 하는 데 아무 문제가 없다. 상봉 신청을 한 10만여 명은 이미 데이터베이스를 보유하고 있다. 거기에 없으면 행정전산망으로 검색해서 생사 여부와 거주지를 바로 찾을 수 있다. 전화로 연락하면 자기네가 알아서 비행기, KTX, 승용차로 오라는 곳까지 온다. 스스로 먹고 마시고 자는 것을 해결한다. 그렇게 하기 어려운 처지에 있는 사람들만 정부가 특별히 챙겨주면 된다.

　그러나 북은 다르다. 우리나라와 같은 행정전산망이 없다. 초고속 통신망이 전국에 깔려 있는 것도 아니다. 집집마다 개인용 컴퓨터와 유선전화가 있고 사람마다 휴대전화가 있는 것도 아니다. 남에서 상봉 신청이 들어온 경우 정부가 그 사람을 찾아서 상봉 장소까지 데리고 와야 하고 다시 데려다주어야 한다. 교통도 너무나 불편하다. 게다가 이동하고 대기하는 동안 먹이고 재워야 한다. 사전 상봉 교육도 철저히 해야 한다. 그런데 정부도 돈이 없다. 보통 일이 아니다. 이산가족 상봉이 아닌 다른 민간교류 행사도 마찬가지로 국가에서 모든 비용을 부담해야 한다. 김정일 위원장과 김양건 통전부장이 한 말을 해석하면 그런 이야기가 된다. 북 실정이 그러니 그들로서도 당장 어떻게 할 도리가 없는 것이다.

김정일 위원장도 무엇인가 큰 틀을 바꿔야 한다고 생각했다. 그러나 미국이 자기네가 바라는 대로 움직여주지 않았다. 그 자신도 답답해서 화가 났다. 오후 회담 막바지에 그는 그 답답함을 격정적으로 토로했다. 김정일 위원장의 말을 듣고 있으면 안쓰럽다는 느낌이 든다. 그는 간절하게 변화를 원하고 있었다. 그러나 어떻게 하면 그런 변화를 만들어낼 수 있을지는 몰랐다. 그는 밖으로 열린 사람이 아니었다. 경직되고 단순한 세계관을 가지고 있었다. 폐쇄적인 체제 안에서 지도자로 길러진 사람이었기 때문이다. 그는 북의 최고권력자였지만 동시에 북 체제에 '포획'당한 사람이기도 했다. 그래서 문제가 무엇인지는 알았지만 해결책을 찾지는 못한 것이다. 김대중 대통령과 노무현 대통령이 그가 원하는 변화를 이루는 데 힘을 보태려고 애를 썼지만 북은 그 도움을 넓게 받아들일 준비를 갖추지 못하고 있었다. 김정일 위원장은 자기가 하지 않은 과거의 일들이 발목을 잡고 놓아주지 않는 것에 대해 다음과 같이 격분을 토로했다.

김정일 위원장　　　한두 번 총리급 회담 하는 척하다가 흐지부지해지는 게 북남관계의 표준이 아닌가. 제 세계에 맞는 새로운 환경 속에서 새로운 제도와 질서를 만들어내야지 과거에 하던 제도가, 미국 사람들한테도 그랬습니다. 올브라이트한테. 과거 50년 전쟁이 과거 조상들이 만들어낸 허물을 왜 현실의 인간들이 와서 변명하고 책임져야 하고 구실을 만들어야 하는가에 올브라이트도 공감했습니다. 북남관계도 그렇습니다. 과거 조상들 거를. 모든 게 시작과 맺음이 있어야 되는데, 계속 그렇게. 그게 내 그랬어. 봉건이 심한 조선에서만 이게 있을 수 있다. 유산은 그저 계속 끌고 나가는데 지금, 나쁠 땐 나쁜 것 어떻게 그 청산하면 되겠는데. 그래서 내가 앞으로 이런 면에선 모든 망념에서 우리가 새롭게 갱신시킬 것은 갱신시키면서 내 도덕관에서도 시작했으면 좋겠습니다.

과거 조상들이 그렇게 하는데 왜 우리라고 이렇게 하겠나? 이 시대는 이미 지났단 말입니다. 20세기는 20세기의 모든 일이 다 20세기에서 시작됐고 20세기에서 끝났고 20세기 중도에서 끝난 것도 있고. 새 세기 아닙니까? 새 세긴데. 세계 누구도 지금 20세기 것, 왜 19세기 것 소리를 하난 말이야. 그 못된 일 한 것들만 자꾸 상기시켜가지고 이렇게 하는가? 내가 저 미국 사람들보고도 이야기했습니다. 올브라이트한테도. 그 사람들이 인정합니다. 왜 그 조상들, 지금의 정치인들이 50년 전쟁에 관여한 사람이 있나? 그 사람들이 다……

노무현 대통령　　　위원장 뜻을 잘 알겠습니다.

김정일 위원장　　　그리고 새로운 관리법, 관계법, 윤리법, 도덕법 만들어야죠. 확립하고, 새 세긴데. 기술 분야는 다 지금 아날로그 시대에서 디지털 시대로 다 넘어왔는데 지금, 아날로그를 찾으려고 해도 아날로그로 갈 수가 없는데 지금은 디지털이 막아놔서. 공연히 안 된단 말입니다. 아날로그하고. 그런데 이것 우리 역사들에 관해서는, 우리 지금 앞으로 셔먼호 사건부터 계산하거나 3·1운동 사건부터 이런 것 계산하면 미국하고도 영원히 만날 수 없고. 3·1운동 보면 영원히 뭐 상대하고 상종 안 하게 돼 있고. 광주

사건도 그렇지, 광주사건도 광주의 여인들이 민족적 그 수치와 모욕당한 것 가지고 광주사건 나지 않았어요? 그런데 지금 일본 사람들하고 모두 다 편안하죠? 그런데 이 무슨 문서놀음 하게 되면 서로, 깔아 부술려고 하고.

이 대목을 읽으면 김정일 위원장이 분노를 터뜨리는 모습이 떠오른다. 손바닥으로 가슴을 치고, 주먹으로 탁상을 두들기는 것만 같다. 중간에 노무현 대통령이 위원장 뜻을 잘 알겠다면서 달래보려 했지만 그는 멈추지 않았다. 246분의 대화록에서 그가 한 모든 말, 그 말에서 유추해볼 수 있는 모든 표정과 몸짓 가운데서, 이 모습이 나는 가장 좋았다. 자기가 하지 않은 과거의 일, 자신이 책임을 질 수도 없는 '못된 일' 때문에 혹독한 징벌을 받는 사람이라면 느낄 수밖에 없는 감정을 그는 있는 그대로 드러냈다. 얼마나 인간적인가? 그리고 그게 어디 그 한 사람만의 감정이었겠는가. 지금 살아 있는, 또는 굶주림과 질병과 권력의 억압에 짓눌려 죽어간 북의 '인민'들 모두가 느꼈을 억울함이 아니었을까?

전체주의 체제의 절대권력자 김정일, 그도 역시 사람이었다. 어떤 시련에도 굴하지 않을 것만 같았던 '씩씩한 남자' 노무현, 그가 사람이었던 것과 마찬가지로!

혁명의 신화와 난민촌 정서

때로는 현실이, 마치 현실이 아닌 것처럼 보이는 순간이 있다. 55년을 사는 동안 몇 번 그런 경험을 한 적이 있다. 2007년 남북정상회담 대화록과 관련해 정치인과 지식인들이 한 말과 행동, 끝없이 이어지는 기상천외한 사건들을 보면서도 그런 느낌을 받았다. 이것이 정녕 실제 상황이란 말인가!

대화록이 전해준 남북정상회담 풍경은 파격적이었다. 흥미진진했다. 드라마 못지않은 반전도 있었다. 그날 이후 딱 6년 세월이 흘렀다. 그런데 그사이에 회담의 주인공은 둘 모두 다른 세상 사람이 되었다. 그들이 나누었던 모든 말은 대화록이 되어 만인에게 공개되었다. 그들이 합의해서 발표한 사업 가운데 이루어진 것이 하나도 없었다. 북에서는 김정일 국방위원장의 아들이 권좌를 물려받았다. 남에서는 후임 대통령과 정부와 집권당이 노무현 대통령을 반역자로 몰았다. 어느 하나도 현실 같지 않다. 그런데 이 모두가 다 엄연한 현실이다.

대화록을 보면서 그날의 정상회담을 처음부터 끝까지 복기해보았다. 당시 남북관계의 현안과 정상들 사이의 의견 차이, 논쟁, 합의내용을 정리해보았다. 그 두 사람을 그곳에서 만나게 만든 남북관계의 역사를 되짚어보았다. 지난 시대 대통령들이 남긴 발자국을 따라가보았다. 회담 주인공들의 처지와 인간적 특성을 생각해보았다. 그리고 대화록을 누설하고 공개한 범죄의 용의자를 탐색하고 사건의 전개과정을 재구성해보았다. 그런데도 풀지 못한 의문이 하나 남았다. 왜 우리는 60년 세월이 지나도록 분단과 전쟁이라는 과거의 비극에서 풀려나지 못하는 것일까? 어떤 힘이 지금 남과 북을 불행한 과거에 가두어두고 있는 것일까?

이 의문을 풀고 싶어서 대화록을 읽고 또 읽었다. 명확한 답을 얻지는 못했다. 하지만 마음에 남는 것이 둘 있었다. '혁명의 신화神話' 그리고 '난민촌難民村 정서'. 북은 '혁명의 신화'에 붙들려 있다. 남은 '난민촌 정서'에 갇혀 있다. 8,000만 민족이 불행한 과거에 얽매어 있는 것이다. 혁명의 신화와 난민촌 정서는 서로를 원한다. 어느 하나가 있기에 다른 하나도 있다. 하나가 사라지면 다른 하나도 무너진다. 북이 먼저 '혁명의 신화'가 지배하는 거짓의 왕국에서 걸어 나오면 좋겠다. 하지만 희망사항일 뿐이다. 내가 할 수 있는 게 없다. 대한민국이 '난민촌 정서'를 부추기는 거짓 공포를 깨버리면 좋겠다. 여기에는 나도 힘을 보탤 수 있다. 만약 하나를 없애서 다른 하나도 무너뜨릴 수 있다면, 남과 북은 각자 자기 자신을 혁신함으로써 상대방도 혁신할 수 있을 것이다. 나는 그것이 가능한 일이라 믿는다.

대화록을 읽으면서 대한민국과 조선민주주의인민공화국의 역사와 현재를 생각했다. 둘은 태어날 때부터 분단국가였다. 둘 모두 후견인이 있었다. 미국과 옛 소련이다. 남은 '자유세계의 수호자' 미국을 복제했고, 북은 '사회주의 조국' 소련을 복제했다. 미국의 기본질서는 자유주의 정치제도와 분권적 시장경제다. 소련의 기본질서는 공산당 일당독재와 중앙통제식 계획경제였다. 역사는 소련식 체제가 장기 존속할 수 없다는 것을 증명했다. 그러나 적어도 단기적으로는 그것이 높은 효율성과 강력한 집중력을 확보할 수 있다는 것도 함께 보여주었다.

북이 무력으로 대한민국을 흡수하려고 전면전을 벌일 수 있었던 것은 그 두 체제의 단기적 효율성과 집중력 차이에서 생긴 힘의 불균형 때문이었다. 남은 북의 상대가 되지 않았다. 유엔군이 오지 않았다면 낙동강 전선도 결국 무너져 대한민국은 세계지도에서 사라졌을 것이다. 북은 모든 면에서 우세했다. 잘 훈련된 병력과 우수한 무기를 확보하고 있었다. 하지만 그보다 더 중요한 것이 있었다. 동족상잔의 전쟁까지도 정당화하는 강력한 이념이었다.

당시 북의 집권세력에게는 사회주의 이념이 민족적 동질성보다 더 중요했다. 그들은 공산주의·사회주의 혁명세력임을 자처했다. 대한민국을 친일 민족반역자들이 권력을 쥔 '미 제국주의 식민지'로 간주했다. 조선민주주의인민공화국은 사회주의 혁명과 민족해방투쟁의 승리를 도모하는 혁명기지였다. 그들에게 6·25전쟁은 침략이 아니었으며 동족상잔의 참극도 아니었다. 사회주의 혁명투쟁인 동시에 민족해방전쟁이었다. 자신들이 한 모든 행위는 다 정당했다. '미 제국주의 군대의 침략' 때문에 혁명을 완수하지 못한 것이 원통했을 따름이다.

시간의 왕국에서 영원히 빛나는 것은 없다. 아무리 위대한 이상도 흐르는 세월에는 색이 바래기 마련이다. 색 바랜 이념은 신화가 된다. 북이 따라 배웠던 사회주의 조국 소련은 사라지고 없다. 한국전쟁에서 수십만 명의 자국 군인들을 희생시켰던 중화인민공화국의 사회주의는 이름만 남아 있다. 조선민주주의인민공화국이 해방시켜야 할 미 제국주의 식민지 '남조선'은 북의 구호 속에만 존재할 뿐이다. 이미 오래전부터, 북은 혁명기지가 아니다. 인민들이 식량난과 자연재해와 전염병으로 죽어가는 고난의 땅이 되었다. 북은 '남조선'이 아니라 자기 자신을 혁명해야 할 상황에 직면했다. 미국에 대한 공포감와 증오를 조장해 인민을 결속하고 체제를 지킬 수는 있을 것이다. 그러나 인민을 계속해서 무지와 무기력에 가두어놓는 한 자기를 혁신하기는 어려울 것이다.

조선민주주의인민공화국을 지배하는 것은 혁명적 사상이 아니다. 혁명의 신화와 그 신화에 기댄 현실의 권력이 북 사회를 지배하고 있다. 북은 실제로 혁명을 한 적이 없다. 혁명은 북의 역사 교과서에서만 일어났다. 고종 황제가 다스리던 조선을 일본 왕이 보낸 총독이 지배했다. 그 총독이 쫓겨난 자리에 소련군 사령관이 왔다. 그리고 그의 후견을 받아 '장군님'이 다스리게 되었다. 장군님은 '위대한 수령'이 되었고, 그가 떠난 후 수령의 아들이 다스렸으며, 그 뒤를 이어 수령의 손자가 통치하고 있다. 북의 인민들은 혁명을 한 게 아니라 혁명이 일어났다는 당의 가르침을 받았을 뿐이다. 이것이 휴전선 북에서 실제로 일어난 일이다.

주체사상은 혁명적 사상이 아니다. 독재를 정당화하는 지배 이데올로기에 지나지 않는다. 하나의 이념, 하나의 가치, 하나의 사상으로 통일된 인민이 한 사람의 위대한 지도자의 영도 아래 살아가는 곳은 결코 지상천국일 수 없다. 그것은 인간이 상상할 수 있는 최악의 세상이다. 그런 세상에서는 지도자 혼자만 주체가 되고 인민은 대상이 될 뿐이다. 사람은 모든 악과 부조리가 사라진 완벽한 세상을 만들지 못한다. 인간 자체가 그렇지 않은데 인간이 만든 세상이 어찌 완벽하게 아름다울 수 있겠는가. 현실의 인간이 만들 수 있는 최선의 사회는 모든 이념, 모든 가치, 모든 사상이 공존하는 가운데 공동체의 규범이나 지도자의 교시가 아니라 자기 자신의 소망과 신념에 따라 각자 원하는 인생을 살아갈 수 있는 세상이다. 김정일 국방위원장이 남북정상회담 막바지에 격한 어조로 쏟아냈던 울분은 바로 이 혁명의 신화가 지배하는 답답한 현실이 만들어낸 것이다. 이 신화의 지배를 타파하지 않으면 북은 앞으로도 긴 세월 어두운 과거의 사슬에서 풀려나지 못할 것이다.

대한민국은 북과 정반대의 길을 걸었다. 고종 황제, 총독, 미군사령관의 뒤를 이어 미국 망명자이며 독립운동가였던 이승만 박사가 대통령이 되어 통치했다. 그러나 그는 '위대한 수령'이 아니었다. 세 번 대통령을 하고서도 만족하지 못해 또 대통령을 하려다 부정선거에 분노한 국민들에게 쫓겨났다. 대한민국은 하나의 이념, 하나의 가치, 하나의 사상, 한 사람의 지도자가 지배할 수 없는 민주주의 국가를 지향했다. 민주주의democracy는 이념이 아니다. 민주주의는 집단적 의사결정의 절차다. 국가권력을 제한하고 분산함으로써 강자의 자의적 통치를 제약하는 제도의 집합이다. 모든 종류의 이념을 포용할 수 있는 하나의 문화양식이다.

처음에 대한민국은 훌륭한 민주주의 국가가 아니었다. 6·25전쟁을 거치면서 휴전선 남쪽은 거대한 '난민촌'으로 변했다. 이 '난민촌'의 구성원은 원래 38선 이남에 거주하던 사람들만이 아니었다. 북 정권의 탄압을 피해서, 공산당의 독재가 싫어서, 미군의 폭격이 무서워서, 또는 다른 이유로 휴전선 이남으로 넘어온 사람들도 대한민국 국민이 되었다. 어떻게든 생존하면서 북의 위협에서 공동체를 지키는 것이 '난민촌 대한민국'의 목표였다.

그때는 모든 것이 어려웠다. 북에 비해 모든 면에서 열세였다. 두려움과 열등감을 느끼는 사람이 많았다. 엄청난 '과대광고'를 하기는 했지만, 어쨌든 김일성 주석과 참모들이 일제강점기에 항일무장투쟁을 한 것은 사실이다. 그런데 독립운동가였던 이승만 대통령은 친일파를 정치적 기반으로 삼아 권력을 장악하고 행사했다. 경제적으로도 뒤졌다. 광업과 제조업, 발전 등 일제강점기 조선의 중심산업을 차지한 북은 강력한 중앙통제식 계획경제를 실시해 단기간에 생산력을 끌어올렸다. 그러나 이승만 대통령은 경직된 반공주의 이념에 사로잡혀 국가의 경제발전계획을 수립하는 것조차 거부했다. 대한민국은 외국의 원조에 의지해 살았다. 정치적으로도 크게 나을 것이 없었다. 이승만 대통령은 '국부'國父 행세를 하면서 독재와 부정부패를 일삼았다. 대한민국은 민족사적 정통성, 경제적 효율성, 민주적 정당성 등 국가의 정통성을 만들어내는 필수요소 가운데 어느 것 하나 제대로 확보하지 못했다.

하지만 대한민국은 한국전쟁 이후 60여 년 동안에 거의 모든 면에서 다른 나라가 되었다. 친일파를 법률적·정치적으로 응징하는 데는

실패했지만, 그들은 현실의 무대에서 퇴장한 지 이미 오래다. 친일행
위와 친일파 청산 실패의 역사를 제대로 해석하고 미래를 위해 필요한
교훈을 찾고 배우는 과제가 남아 있다. 믿기 어려운 경제적 발전을 이
루었다. 민주주의도 세워냈다. 부정선거를 저지른 대통령을 내쫓았다.
유신독재에 끈질기게 저항했다. 정치군인들의 쿠데타에 맞서 수천 명
이 죽고 다치면서 싸웠다. 한날한시에 수백만 시민이 거리로 나와 군
부독재 정권을 굴복시키고 대통령을 자기 손으로 뽑을 권리를 되찾았
다. 벌써 두 차례나 선거를 통해 평화적·합법적으로 집권세력을 교체
했다.

　오늘의 대한민국은 난민촌이 아니다. 처음에는 결여되었거나 의
심스러웠던 국가의 정통성을 우리 국민들 스스로 만들어냈다. 그 정통
성을 바탕으로 국제사회의 당당한 일원이 되었다. 저마다 공과功過가
있지만 대한민국을 이끌었던 과거의 대통령들은 조금씩 난민촌 정서
를 극복해나갔다. 북과의 체제경쟁에서 앞서나가고 있다는 자신감이
있었기 때문이다.

　박정희 대통령이 「7·4남북공동성명」을 발표한 1972년경 대한민
국은 국내총생산을 비롯한 주요 거시경제 지표에서 조선민주주의인민
공화국을 따라잡았다. 노태우 대통령이 1991년 「남북기본합의서」를
채택했을 때 남북의 체제경쟁은 이미 끝난 것이나 다름없었다. 남북의
경제력 격차는 이미 재역전이 불가능한 수준으로 벌어져 있었다. 대한
민국은 산업화에 이어 민주화의 길을 걷고 있었다. 2000년 김대중 대
통령이 평양을 방문해 「6·15공동선언」을 이끌어냈을 때 북은 심각한
경제위기에 빠져 있었다. 국제사회의 인도적 지원을 받지 않고는 인민

의 기본 의식주를 해결하기 어려웠다. 대한민국이 아니라 조선민주주의인민공화국이 '난민촌'이 된 것이다. 2007년 노무현 대통령은 김대중 대통령이 시작한 일을 본격적인 단계에 올려놓기 위해 평양에 갔다. 그는 남북의 군사적 신뢰를 바탕으로 한 대규모 경제협력사업을 추진했다. 철조망과 바다로 차단되어 섬나라가 되어버린 대한민국을 유라시아 대륙과 연결하려 했다. 정전체제를 평화체제로 전환함으로써 북핵문제를 해결하고 '코리아 리스크'를 해소하려 했다.

그런데 지도자들과는 달리 국민들은 아직 '난민촌 정서'를 벗어던지지 못했다. 난민촌 정서는 북에 대한 부정적 감정이다. 두려움, 미움, 혐오감, 복수심이다. 냉정하게 본다면 북은 이제 두려워해야 할 대상이 아니다. 종종 험악한 말과 이해하기 어려운 도발을 하지만, 그것은 단지 생존을 위한 몸부림일 뿐이다. 증오, 혐오감, 복수심은 이해할 만하다. 하지만 전쟁을 막고 민족의 화해와 한반도의 평화를 이루기 위해 극복해나가야 할 감정이라는 데는 이론異論이 없을 것이다. 그러나 북이 핵실험을 할 때마다, 미사일을 쏠 때마다, 독기 어린 말로 우리를 위협할 때마다, 북과 관련된 정치적 사건이 일어날 때마다 '난민촌 정서'가 폭발해 모든 이슈를 집어삼킨다. 큰 선거가 있을 때마다 누군가 북풍을 일으키는 것은 이 정서의 정치적 위력이 아주 크기 때문이다.

대화록의 기구한 운명을 생각하면서 마치 현실이 아닌 것처럼 보이는 현실을 본다. 그 회담은 노무현 대통령과 김정일 국방위원장 둘이서만 한 것이 아니었다. 대화록에는 비록 직접 만나지는 않았으나 참모들을 통해 진지한 대화를 주고받았고 중요한 합의문을 만들었던 박정희 대통령과 노태우 대통령, 김일성 주석의 고뇌와 꿈이 깔려 있다. 김대중 대통령의 비전이 들어 있다. 분단의 골짜기를 넘고 대결의 불구덩이를 건너 민족의 화해와 한반도의 평화를 찾아 나섰던 그들의 용기와 의지가 묻어 있다. 대화록 갈피마다 노무현 대통령과 김정일 위원장이 나누었던 번민과 분노, 기대와 희망, 비전과 전략, 분노와 열정이 비친다. 이래도 되는 것일까. 그 대화록을 이토록 아무렇게나 다루어도 괜찮은 것일까?

인간이 적응하지 못하는 환경은 없다. 우리 모두는 분단과 대결의 현실에 이미 적응한 것인지도 모른다. 익숙한 것들과 결별하지 못하면 현실도 삶도 바꿀 수 없다. 남북관계의 근본적 변화는 혁명의 신화가 깨지고 난민촌 정서가 녹아내린 바로 그곳에서만 시작될 수 있다. 우리 스스로 난민촌 정서를 극복하면, 북을 지배하는 혁명의 신화도 끝날 것이다.

부록

—

서언

국제연합군 총사령관을 일방으로 하고 조선인민군 최고사령관 및 중국인민지원군사령관을 다른 일방으로 하는 하기의 서명자들은 쌍방에 막대한 고통과 유혈을 초래한 한국충돌을 정지시키기 위하여서 최후적인 평화적 해결이 달성될 때까지 한국에서의 적대행위와 일체 무장행동의 완전한 정지를 보장하는 정전을 확립할 목적으로 하기 조항에 기재된 정전조건과 규정을 접수하며 또 그 제약과 통제를 받는데 각자 공동 상호 동의한다. 이 조건과 규정들의 의도는 순전히 군사적 성질에 속하는 것이며, 이는 오직 한국에서의 교전 쌍방에만 적용한다.

제1조 군사분계선과 비무장지대

1. 한 개의 군사분계선을 확정하고 쌍방이 이 선으로부터 각기 2km씩 후퇴함으로써 적대 군대 간에 한 개의 비무장지대를 설정한다. 한 개의 비무장지대를 설정하여 이를 완충지대로 함으로써 적대행위의 재발을 초래할 수 있는 사건의 발생을 방지한다.

2. 군사분계선의 위치는 첨부한 지도에 표시한 바와 같다.

3. 비무장지대는 첨부한 지면에 표시한 북방 경계선 및 남방 경계선으로써 이를 확정한다.

4. 군사분계선은 하기와 같이 설정한 군사정전위원회의 지시에 따라 이를 명백히 표식한다. 적대 쌍방 사령관들은 비무장지대와 각자의 지역 간의 경계선에 따라 적당한 표식물을 세운다. 군사정전위원회는 군사분계선과 비무장지대의 양 경계선에 따라 설치한 일체 표식물의 건립을 감독한다.

5. 한강 하구의 수역으로서 그 한쪽 강안이 일방의 통제하에 있고 그 다른 한쪽 강안이 다른 일방의 통제하에 있는 곳은 쌍방의 민용선박의 항행에 이를 개방한다. 첨부한 지도에 표시한 부분의 한강 하구의 항행규칙은 군사정전위원회가 이를 규정한다. 각방 민용선박이 항행함에 있어서 자기 측의 군사통제하에 있는 육지에 배를 대는 것은 제한받지 않는다.

6. 쌍방은 모두 비무장지대 내에서 또는 비무장지대로부터 또는 비무장지대에 향하여 어떠한 적대행위도 감행하지 못한다.

(7~11. 생략)

제2조 정화停火 및 정전停戰의 구체적 조치

가. 총칙

12. 적대 쌍방 사령관들은 육해공군의 모든 부대와 인원을 포함한 그들의 통제하에 있는 모든 무장 역량이 한국에 있어서의 일체 적대행위를 완전히 정지할 것을 명령하고 또 이를 보장한다. 본항의 적대행위의 완전정지는 본 정

전협정이 조인된 지 12시간 후부터 효력을 발생한다.(본 정전협정의 기타 각 항의 규정이 효력을 발생하는 일자와 시간에 대하여서는 본 정전협정 제63항 참조)

13. 군사정전의 확고성을 보장함으로써 쌍방의 한 급 높은 정치회담을 진행하여 평화적 해결을 달성하는 것을 이롭게 하기 위하여 적대 쌍방 사령관들은

ㄱ. 본 정전협정 중에 따로 규정한 것을 제외하고 본 정전협정이 효력을 발생한 후 72시간 내에 그들의 일체 군사역량, 보급 및 장비를 비무장지대로부터 철거한다.

(13. ㄴ~18. 생략)

나. 군사정전위원회

1. 구성

19. 군사정전위원회를 설립한다.

20. 군사정전위원회는 10명의 고급장교로 구성하되 그 중의 5명은 국제연합군 총사령관이 이를 임명하며, 그 중의 5명은 조선인민군 최고사령관과 중국인민지원군사령관이 공동으로 이를 임명한다. 위원 10명 중에서 각방의 3명은 장급에 속하여야 하며 각방의 나머지 2명은 소장, 준장, 대령 혹은 그와 동급인 자로 할 수 있다.

(21~23. 생략)

2. 책임과 권한

24. 군사정전위원회의 전반적 임무는 본 정전협정의 실시를 감독하며 본 정전협정의 어떠한 위반사건이든지 협의하여 처리하는 것이다.

25. 군사정전위원회는 ㄱ. 본부를 판문점(북위 37도 57분 29초, 동경 126도

0분 00초) 부근에 설치한다. 군사정전위원회는 동 위원회의 쌍방 수석위원의 합의를 거쳐 그 본부를 비무장지대 내의 다른 한 지점에 이설할 수 있다.

ㄴ. 공동기구로서 사업을 진행하며 의장을 두지 않는다.

ㄷ. 그가 수시로 필요하다고 인정하는 절차규정을 채택한다.

ㄹ. 본 정전협정 중 비무장지대와 한강하구에 관한 각 규정의 집행을 감독한다.

ㅁ. 공동감시소조의 사업을 지도한다.

ㅂ. 본 정전협정의 어떠한 위반사건이든지 협의하여 처리한다.

(25. ㅅ~35. 생략)

다. 중립국감독위원회

1. 구성

36. 중립국감독위원회를 설정한다.

37. 중립국감독위원회는 4명의 고급장교로 구성하되, 그 중의 2명은 국제연합군 총사령관이 지명한 중립국 즉 스웨덴 및 스위스가 이를 임명하며, 그 중의 2명은 조선인민군 최고사령관과 중국인민지원군사령관이 공동으로 지명한 중립국 즉 폴란드 및 체코슬로바키아가 이를 임명한다. 본 정전협정에서 쓴 중립국이라는 용어의 정의는 그 전투부대가 한국에서의 적대행위에 참가하지 않은 국가를 말하는 것이다. 동 위원회에 임명되는 위원은 임명하는 국가의 무장부대로부터 파견될 수 있다. 매개 위원은 후보위원 1명을 지정하여 그 정위원이 어떠한 이유로 출석할 수 없게 되는 회의에 출석하게 한다. 이러한 후보위원은 그 정위원과 동일한 국적에 속한다. 일방이 지명한 중립국 위원의 출석자수와 다른 일방이 지명한 중립국 위원의 출석자수가 같을 때에는 중립국감독위원회는 곧 행동을 취할 수 있다.

(38~40. 생략)

2. 책임과 권한

41. 중립국감독위원회의 임무는 본 정전협정 제13항 ㄷ목, 제13항목 및 제28항에 규정한 감독, 감시, 시찰 및 조사의 직책을 집행하며 이러한 감독, 감시, 시찰 및 조사의 결과를 군사정전위원회에 보고하는 것이다.

(42~50. 생략)

제3조 전쟁포로에 관한 조치

51. ㄱ. 본 정전협정이 효력을 발생하는 당시에 각방이 수용하고 있는 전체 전쟁포로의 석방과 송환은 본 정전협정 조인 전에 쌍방이 합의한 하기 규정에 따라 집행한다.

ㄴ. 각방은 직접 송환하지 않은 나머지 전쟁포로를 그 군사통제와 수용 하로부터 석방하여 모두 중립국송환위원회에 넘겨 본 정전협정 부록 '중립국송환위원회 직권의 범위'의 각조 규정에 의하여 처리케 한다.

(51. ㄷ~53. 생략)

54. 본 정전협정 제51항에 규정된 전쟁포로의 송환은 본 정전협정이 효력을 발생한 후 60일의 기한 내에 완료한다. 이 기한 내에 각방은 책임지고 그가 수용하고 있는 상기 전쟁포로의 송환을 실제 가능한 한 속히 완료한다.

55. 판문점을 쌍방의 전쟁포로 인도인수지점으로 정한다. 필요한 때에는 전쟁포로송환위원회는 기타의 전쟁포로 인도인수지점을 비무장지대 내에 증설

할 수 있다.

(56~59. 생략)

제4조 쌍방 관계정부들에의 건의

60. 한국문제의 평화적 해결을 위하여 쌍방 군사령관은 쌍방의 관계 각국 정부에 정전협정이 조인되고 효력을 발생한 후 삼개월내에 각기 대표를 파견하여 쌍방의 한 급 높은 정치회의를 소집하고 한국으로부터의 모든 외국군대의 철수 및 한국문제의 평화적 해결문제들을 협의할 것을 이에 건의한다.

제5조 부칙

61. 본 정전협정에 대한 수정과 증보는 반드시 적대 쌍방 사령관들의 상호 합의를 거쳐야 한다.

62. 본 정전협정의 각 조항은 쌍방이 공동으로 접수하는 수정 및 증보 또는 쌍방의 정치적 수준에서의 평화적 해결을 위한 적당한 협정 중의 규정에 의하여 명확히 교체될 때까지는 계속 효력을 가진다.

63. 제12항을 제외한 본 정전협정의 일체 규정은 1953년 7월 27일 22시부터 효력을 발생한다.

1953년 7월 27일 10시에 한국 판문점에서 영문 한국문 및 중국문으로써 작성

한다. 이 3개 국어에 의한 각 협정의 본문은 동등한 효력을 가진다.

국제연합군총사령관 미 육군대장 마크 W. 클라크

조선인민군최고사령관 조선민주주의인민공화국원수 김일성

중국인민지원군사령관 펑더화이

최근 평양과 서울에서 남북관계를 개선하며 갈라진 조국을 통일하는 문제를 협의하기 위한 회담이 있었다. 서울의 이후락 중앙정보부장이 1972년 5월 2일 부터 5월 5일까지 평양을 방문하여 평양의 김영주 조직지도부장과 회담을 진행하였으며, 김영주 부장을 대신한 박성철 제2부수상이 1972년 5월 29일부터 6월 1일까지 서울을 방문하여 이후락 부장과 회담을 진행하였다. 이 회담들에서 쌍방은 조국의 평화적 통일을 하루빨리 가져와야 한다는 공통된 염원을 안고 허심탄회하게 의견을 교환하였으며 서로의 이해를 증진시키는데서 큰 성과를 거두었다. 이 과정에서 쌍방은 오랫동안 서로 만나보지 못한 결과로 생긴 남북사이의 오해와 불신을 풀고 긴장의 고조를 완화시키며 나아가서 조국통일을 촉진시키기 위하여 다음과 같은 문제들에 완전한 견해의 일치를 보았다.

1. 쌍방은 다음과 같은 조국통일원칙들에 합의를 보았다. 첫째, 통일은 외세에 의존하거나 외세의 간섭을 받음이 없이 자주적으로 해결하여야 한다. 둘째, 통일은 서로 상대방을 반대하는 무력행사에 의거하지 않고 평화적 방법으로 실현하여야 한다. 셋째, 사상과 이념, 제도의 차이를 초월하여 우선 하나의 민족으로서 민족적 대단결을 도모하여야 한다.
2. 쌍방은 남북사이의 긴장상태를 완화하고 신뢰의 분위기를 조성하기 위하여 서로 상대방을 중상 비방하지 않으며 크고 작은 것을 막론하고 무장도발을

하지 않으며 불의의 군사적 충돌사건을 방지하기 위한 적극적인 조치를 취하기로 합의하였다.

3. 쌍방은 끊어졌던 민족적 연계를 회복하며 서로의 이해를 증진시키고 자주적 평화통일을 촉진시키기 위하여 남북 사이에 다방면적인 제반교류를 실시하기로 합의하였다.

4. 쌍방은 지금 온 민족의 거대한 기대속에 진행되고 있는 남북적십자회담이 하루빨리 성사되도록 적극 협조하는데 합의하였다.

5. 쌍방은 돌발적 군사사고를 방지하고 남북사이에 제기되는 문제들을 직접, 신속 정확히 처리하기 위하여 서울과 평양 사이에 상설 직통전화를 놓기로 합의하였다.

6. 쌍방은 이러한 합의사항을 추진시킴과 함께 남북사이의 제반문제를 개선 해결하며 또 합의된 조국통일원칙에 기초하여 나라의 통일문제를 해결할 목적으로 이후락 부장과 김영주 부장을 공동위원장으로 하는 남북조절위원회를 구성·운영하기로 합의하였다.

7. 쌍방은 이상의 합의사항이 조국통일을 일일천추로 갈망하는 온 겨레의 한결같은 염원에 부합된다고 확신하면서 이 합의사항을 성실히 이행할 것을 온 민족 앞에 엄숙히 약속한다.

서로 상부의 뜻을 받들어

이후락   김영주

1972년 7월 4일

남북사이의 화해와 불가침 및 교류·협력에 관한 합의서

남과 북은 분단된 조국의 평화적 통일을 염원하는 온 겨레의 뜻에 따라 7·4남북공동성명에서 천명된 조국통일 3대원칙을 재확인하고 정치군사적 대결상태를 해소하여 민족적 화해를 이룩하고 무력에 의한 침략과 충돌을 막고 긴장완화와 평화를 보장하며 다각적인 교류·협력을 실현하여 민족공동의 이익과 번영을 도모하며 쌍방사이의 관계가 나라와 나라사이의 관계가 아닌 통일을 지향하는 과정에서 잠정적으로 형성되는 특수관계라는 것을 인정하고 평화통일을 성취하기 위한 공동의 노력을 경주할 것을 다짐하면서 다음과 같이 합의하였다.

제1장. 남북화해

제1조. 남과 북은 서로 상대방의 체제를 인정하고 존중한다.

제2조. 남과 북은 상대방의 내부문제에 간섭하지 아니한다.

제3조. 남과 북은 상대방에 대한 비방·중상을 하지 아니한다.

제4조. 남과 북은 상대방을 파괴·전복하려는 일체 행위를 하지 아니한다.

제5조. 남과 북은 현 정전상태를 남북사이의 공고한 평화상태로 전환시키기 위하여 공동으로 노력하며 이러한 평화상태가 이룩될 때까지 현 군사정전협

정을 준수한다.

제6조. 남과 북은 국제무대에서 대결과 경쟁을 중지하고 서로 협력하며 민족
의 존엄과 이익을 위하여 공동으로 노력한다.

제7조. 남과 북은 서로의 긴밀한 연락과 협의를 위하여 이 합의서 발효후 3개
월 안에 판문점에 남북연락사무소를 설치·운영한다.

제8조. 남과 북은 이 합의서 발효후 1개월 안에 본회담 테두리 안에서 남북정
치분과위원회를 구성하여 남북화해에 관한 합의의 이행과 준수를 위한 구체
적 대책을 협의한다.

제2장. 남북불가침

제9조. 남과 북은 상대방에 대하여 무력을 사용하지 않으며 상대방을 무력으
로 침략하지 아니한다.

제10조. 남과 북은 의견대립과 분쟁문제들을 대화와 협상을 통하여 평화적으
로 해결한다.

제11조. 남과 북의 불가침경계선과 구역은 1953년 7월 27일자 군사정전에 관
한 협정에 규정된 군사분계선과 지금까지 쌍방이 관할하여 온 구역으로 한다.

제12조. 남과 북은 불가침의 이행과 보장을 위하여 이 합의서 발효후 3개월
안에 남북군사공동위원회를 구성·운영한다. 남북군사공동위원회에서는 대규
모 부대이동과 군사연습의 통보 및 통제문제, 비무장지대의 평화적 이용문제,
군인사교류 및 정보교환 문제, 대량살상무기와 공격능력의 제거를 비롯한 단
계적 군축실현문제, 검증문제 등 군사적 신뢰조성과 군축을 실현하기 위한 문
제를 협의·추진한다.

제13조. 남과 북은 우발적인 무력충돌과 그 확대를 방지하기 위하여 쌍방 군

사당국자 사이에 직통전화를 설치·운영한다.

제14조. 남과 북은 이 합의서 발효후 1개월 안에 본회담 테두리 안에서 남북 군사분과위원회를 구성하여 불가침에 관한 합의의 이행과 준수 및 군사적 대결상태를 해소하기 위한 구체적 대책을 협의한다.

제3장 남북교류·협력

제15조. 남과 북은 민족경제의 통일적이며 균형적인 발전과 민족 전체의 복리향상을 도모하기 위하여 자원의 공동개발, 민족내부교류로서의 물자교류, 합작투자 등 경제교류와 협력을 실시한다.

제16조. 남과 북은 과학·기술, 교육, 문학·예술, 보건, 체육, 환경과 신문, 라디오, 텔레비전 및 출판물을 비롯한 출판·보도 등 여러 분야에서 교류와 협력을 실시한다.

제17조. 남과 북은 민족구성원들의 자유로운 왕래와 접촉을 실현한다.

제18조. 남과 북은 흩어진 가족·친척들의 자유로운 서신거래와 왕래와 상봉 및 방문을 실시하고 자유의사에 의한 재결합을 실현하며, 기타 인도적으로 해결할 문제에 대한 대책을 강구한다.

제19조. 남과 북은 끊어진 철도와 도로를 연결하고 해로, 항로를 개설한다.

제20조. 남과 북은 우편과 전기통신교류에 필요한 시설을 설치·연결하며, 우편·전기통신 교류의 비밀을 보장한다.

제21조. 남과 북은 국제무대에서 경제와 문화 등 여러 분야에서 서로 협력하며 대외에 공동으로 진출한다.

제22조. 남과 북은 경제와 문화 등 각 분야의 교류와 협력을 실현하기 위한 합의의 이행을 위하여 이 합의서 발효후 3개월 안에 남북경제교류·협력공동

위원회를 비롯한 부문별 공동위원회들을 구성·운영한다.

제23조. 남과 북은 이 합의서 발효후 1개월 안에 본회담 테두리 안에서 남북교류·협력분과위원회를 구성하여 남북교류·협력에 관한 합의의 이행과 준수를 위한 구체적 대책을 협의한다.

제4장 수정 및 발효

제24조. 이 합의서는 쌍방의 합의에 의하여 수정 보충할 수 있다.

제25조. 이 합의서는 남과 북이 각기 발효에 필요한 절차를 거쳐 그 문본을 서로 교환한 날부터 효력을 발생한다.

1991년 12월 13일

남북고위급회담
남측대표단 수석대표

대한민국
국무총리 정원식

북남고위급회담
북측대표단 단장

조선민주주의인민공화국
정무원 총리 연형묵

미합중국 대표단과 조선민주주의인민공화국 대표단은 1994. 9. 23부터 10. 21까지 제네바에서 한반도 핵문제의 전반적 해결을 위한 협상을 가졌다. 양측은 비핵화된 한반도의 평화와 안전을 확보하기 위해서는 1994. 8. 12. 미국과 북한 간의 합의 발표문에 포함된 목표의 달성과 1993. 6. 11. 미국과 북한 간 공동발표문 상의 원칙과 준수가 중요함을 재확인하였다. 양측은 핵문제 해결을 위해 다음과 같은 조치들을 취하기로 결정하였다.

1. 양측은 북한의 흑연감속원자로 및 관련 시설을 경수로 원자로발전소로 대체하기 위해 협력한다.

1) 미국 대통령의 1994. 10. 20.자 보장서한에 의거하여 미국은 2003년을 목표시한으로 총발전용량 약 2,000MWe의 경수로를 북한에 제공하기 위한 조치를 주선할 책임을 진다.

– 미국은 북한에 제공할 경수로의 재정조달 및 공급을 담당할 국제 콘소시엄을 미국의 주도하에 구성한다. 미국은 동 국제 콘소시엄을 대표하여 경수로 사업을 위한 북한과의 주 접촉선 역할을 수행한다.

– 미국은 국제 콘소시엄을 대표하여 본 합의문 서명 후 6개월 내에 북한과 경수로 제공을 위한 공급 계약을 체결할 수 있도록 최선의 노력을 경주한다. 계약 관련 협의는 본 합의문 서명 후 가능한 조속한 시일 내 개시한다.

- 필요한 경우 미국과 북한은 핵에너지의 평화적 이용 분야에 있어서의 협력을 위한 양자협정을 체결한다.

2) 1994. 10. 20.자 대체에너지 제공 관련 미국의 보장서한에 의거 미국은 국제 콘소시엄을 대표하여 북한의 흑연감속원자로 동결에 따라 상실될 에너지를 첫 번째 경수로 완공 시까지 보전하기 위한 조치를 주선한다.

- 대체에너지는 난방과 전력생산을 위해 중유로 공급된다.

- 중유의 공급은 본 합의문 서명 후 3개월 내 개시되고 양측간 합의된 공급일정에 따라 연간 50만톤 규모까지 공급된다.

3) 경수로 및 대체에너지 제공에 대한 보장서한 접수 즉시 북한은 흑연감속원자로 및 관련 시설을 동결하고 궁극적으로 이를 해체한다.

- 북한의 흑연감속원자로 및 관련 시설의 동결은 본 합의문서 후 1개월 내 완전 이행된다. 동 1개월 동안 및 전체 동결기간 중 IAEA가 이러한 동결 상태를 감시하는 것이 허용되며, 이를 위해 북한은 IAEA에 대해 전적인 협력을 제공한다.

- 북한의 흑연감속원자로 및 관련 시설의 해체는 경수로 사업이 완료될 때 완료된다.

- 미국과 북한은 5MWe 실험용 원자로에서 추출된 사용 후 연료봉을 경수로 건설기간 동안 안전하게 보관하고 북한 내에서 재처리하지 않는 안전한 방법으로 동 연료가 처리될 수 있는 방안을 강구하기 위해 상호 협력한다.

4) 본 합의 후 가능한 조속한 시일 내에 미국과 북한의 전문가들은 두 종류의 전문가 협의를 가진다.

- 한쪽의 협의에서 전문가들은 대체에너지와 흑연감속원자로의 경수로로의 대체와 관련된 문제를 협의한다.

- 다른 한쪽의 협의에서 전문가들은 사용 후 연료 보관 및 궁극적 처리를 위한 구체적 조치를 협의한다.

2. 양측은 정치적, 경제적 관계의 완전 정상화를 추구한다.

1) 합의 후 3개월 내 양측은 통신 및 금융거래에 대한 제한을 포함한 무역 및 투자 제한을 완화시켜 나아간다.

2) 양측은 전문가급 협의를 통해 영사 및 여타 기술적 문제가 해결된 후에 쌍방의 수도에 연락사무소를 개설한다.

3) 미국과 북한은 상호 관심사항에 대한 진전이 이루어짐에 따라 양국관계를 대사급으로까지 격상시켜 나아간다.

3. 양측은 핵이 없는 한반도의 평화와 안전을 위해 함께 노력한다.

1) 미국은 북한에 대한 핵무기를 불위협 또는 불사용에 관한 공식 보장을 제공한다.

2) 북한은 한반도 비핵화공동선언을 이행하기 위한 조치를 일관성 있게 취한다.

3) 본 합의문이 대화를 촉진하는 분위기를 조성해 나아가는 데 도움을 줄 것이기 때문에 북한은 남북대화에 착수한다.

4. 양측은 국제적 핵비확산 체제 강화를 위해 함께 노력한다.

1) 북한은 핵비확산조약(NPT) 당사국으로 잔류하며 동 조약상의 안전조치협정 이행을 허용한다.

2) 경수로 제공을 위한 계약 체결 즉시 동결 대상이 아닌 시설에 대하여 북한

과 IAEA간 안전조치 협정에 따라 임시 및 일반사찰이 재개된다. 경수로 공급 계약 체결시까지 안전조치의 연속성을 위해 IAEA가 요청하는 사찰은 동결 대상이 아닌 시설에서 계속된다.

3) 경수로 사업의 상당 부분이 완료될 때, 그러나 주요 핵심부품의 인도 이전에 북한은 북한 내 모든 핵물질에 관한 최초보고서의 정확성과 완전성을 검증하는 것과 관련하여 IAEA와의 협의를 거쳐 IAEA가 필요하다고 판단하는 모든 조치를 취하는 것을 포함하여 IAEA 안전조치협정(INFCIRC/403)을 완전히 이행한다.

1994. 10. 21
조선민주주의인민공화국 수석대표 조선민주주의인민공화국 외교부 제1부부장 강석주
미합중국 수석대표 미합중국 본부대사 로버트 갈루치

남북공동선언

조국의 평화적 통일을 염원하는 온 겨레의 숭고한 뜻에 따라 대한민국 김대중 대통령과 조선민주주의인민공화국 김정일 국방위원장은 2000년 6월 13일부터 6월 15일까지 평양에서 역사적인 상봉을 하였으며 정상회담을 가졌다. 남북정상들은 분단 역사상 처음으로 열린 이번 상봉과 회담이 서로 이해를 증진시키고 남북관계를 발전시키며 평화통일을 실현하는데 중대한 의의를 가진다고 평가하고 다음과 같이 선언한다.

1. 남과 북은 나라의 통일문제를 그 주인인 우리 민족끼리 서로 힘을 합쳐 자주적으로 해결해 나가기로 하였다.
2. 남과 북은 나라의 통일을 위한 남측의 연합제 안과 북측의 낮은 단계의 연방제 안이 서로 공통성이 있다고 인정하고 앞으로 이 방향에서 통일을 지향시켜 나가기로 하였다.
3. 남과 북은 올해 8·15에 즈음하여 흩어진 가족, 친척 방문단을 교환하며, 비전향장기수 문제를 해결하는 등 인도적 문제를 조속히 풀어 나가기로 하였다.
4. 남과 북은 경제협력을 통하여 민족경제를 균형적으로 발전시키고, 사회, 문화, 체육, 보건, 환경 등 제반분야의 협력과 교류를 활성화하여 서로의 신뢰

를 다져 나가기로 하였다.

5. 남과 북은 이상과 같은 합의사항을 조속히 실천에 옮기기 위하여 빠른 시일 안에 당국 사이의 대화를 개최하기로 하였다.

김대중 대통령은 김정일 국방위원장이 서울을 방문하도록 정중히 초청하였으며, 김정일 국방위원장은 앞으로 적절한 시기에 서울을 방문하기로 하였다.

2000년 6월 15일

대　한　민　국　　　조선민주주의인민공화국
대　통　령　　　국　방　위　원　장
김　대　중　　　김　　　정　　　일

제4차 6자회담 공동성명

(2005. 9. 19, 베이징)

제4차 6자회담이 베이징에서 중화인민공화국, 조선민주주의인민공화국, 일본, 대한민국, 러시아연방, 미합중국이 참석한 가운데 2005년 7월 26일부터 8월 7일까지 그리고 9월 13일부터 19일까지 개최되었다. 우다웨이 중화인민공화국 외교부 부부장, 김계관 조선민주주의인민공화국 외무성 부상, 사사에 켄이치로 일본 외무성 아시아대양주 국장, 송민순 대한민국 외교통상부 차관보, 알렉세예프 러시아 외무부 차관, 그리고 크리스토퍼 힐 미합중국 국무부 동아태 차관보가 각 대표단의 수석대표로 동 회담에 참석하였다. 우다웨이 부부장은 동 회담의 의장을 맡았다.

한반도와 동북아시아 전반의 평화와 안정이라는 대의를 위해, 6자는 상호 존중과 평등의 정신하에, 지난 3회에 걸친 회담에서 이루어진 공동의 이해를 기반으로, 한반도의 비핵화에 대해 진지하면서도 실질적인 회담을 가졌으며, 이러한 맥락에서 다음과 같이 합의하였다.

1. 6자는 6자회담의 목표가 한반도의 검증가능한 비핵화를 평화적인 방법으로 달성하는 것임을 만장일치로 재확인하였다. 조선민주주의인민공화국은 모

든 핵무기와 현존하는 핵계획을 포기할 것과, 조속한 시일 내에 핵확산방지협약(NPT)과 국제원자력기구(IAEA)의 안전조치에 복귀할 것을 공약하였다. 미합중국은 한반도에 핵무기를 갖고 있지 않으며, 핵무기 또는 재래식 무기로 조선민주주의인민공화국을 공격 또는 침공할 의사가 없다는 것을 확인하였다. 대한민국은 자국 영토 내에 핵무기가 존재하지 않는다는 것을 확인하면서, 1992년도 「한반도의 비핵화에 관한 남·북 공동선언」에 따라, 핵무기를 접수 또는 배비하지 않겠다는 공약을 재확인하였다. 1992년도 「한반도의 비핵화에 관한 남·북 공동선언」은 준수, 이행되어야 한다. 조선민주주의인민공화국은 핵에너지의 평화적 이용에 관한 권리를 가지고 있다고 밝혔다. 여타 당사국들은 이에 대한 존중을 표명하였고, 적절한 시기에 조선민주주의인민공화국에 대한 경수로 제공 문제에 대해 논의하는데 동의하였다.

2. 6자는 상호 관계에 있어 국제연합헌장의 목적과 원칙 및 국제관계에서 인정된 규범을 준수할 것을 약속하였다. 조선민주주의인민공화국과 미합중국은 상호 주권을 존중하고, 평화적으로 공존하며, 각자의 정책에 따라 관계정상화를 위한 조치를 취할 것을 약속하였다. 조선민주주의인민공화국과 일본은 평양선언에 따라, 불행했던 과거와 현안사항의 해결을 기초로 하여 관계정상화를 위한 조치를 취할 것을 약속하였다.

3. 6자는 에너지, 교역 및 투자 분야에서의 경제협력을 양자 및 다자적으로 증진시킬 것을 약속하였다. 중화인민공화국, 일본, 대한민국, 러시아연방 및 미합중국은 조선민주주의인민공화국에 대해 에너지 지원을 제공할 용의를 표명하였다. 대한민국은 조선민주주의인민공화국에 대한 2백만 킬로와트의 전력 공급에 관한 2005. 7. 12자 제안을 재확인하였다.

4. 6자는 동북아시아의 항구적인 평화와 안정을 위해 공동 노력할 것을 공약

하였다. 직접 관련 당사국들은 적절한 별도 포럼에서 한반도의 항구적 평화체
제에 관한 협상을 가질 것이다. 6자는 동북아시아에서의 안보협력 증진을 위
한 방안과 수단을 모색하기로 합의하였다.

5. 6자는 '공약 대 공약', '행동 대 행동' 원칙에 입각하여 단계적 방식으로 상
기 합의의 이행을 위해 상호 조율된 조치를 취할 것을 합의하였다.

6. 6자는 제5차 6자회담을 11월초 북경에서 협의를 통해 결정되는 일자에 개
최하기로 합의하였다.

9·19 공동성명 이행을 위한 초기조치

(2007. 2. 13)

제5차 6자회담 3단계회의가 베이징에서 중화인민공화국, 조선민주주의인민공화국, 일본, 대한민국, 러시아연방, 미합중국이 참석한 가운데, 2007년 2월 8일부터 13일까지 개최되었다. 우다웨이 중화인민공화국 외교부 부부장, 김계관 조선민주주의인민공화국 외무성 부상, 사사에 켄이치로 일본 외무성 아시아대양주 국장, 천영우 대한민국 외교통상부 한반도평화교섭본부장, 알렉산더 로슈코프 러시아 외무부 차관, 그리고 크리스토퍼 힐 미합중국 국무부 동아태 차관보가 각 대표단의 수석대표로 동 회담에 참석하였다. 우다웨이 부부장은 동 회담의 의장을 맡았다.

Ⅰ. 참가국들은 2005년 9월 19일 공동성명의 이행을 위해 초기단계에서 각국이 취해야 할 조치에 관하여 진지하고 생산적인 협의를 하였다. 참가국들은 한반도 비핵화를 조기에 평화적으로 달성하기 위한 공동의 목표와 의지를 재확인하였으며, 공동성명상의 공약을 성실히 이행할 것이라는 점을 재확인하였다. 참가국들은 '행동 대 행동'의 원칙에 따라 단계적으로 공동성명을 이행하기 위해 상호 조율된 조치를 취하기로 합의하였다.

Ⅱ. 참가국들은 초기단계에 다음과 같은 조치를 병렬적으로 취하기로 합의하였다.

1. 조선민주주의인민공화국은 궁극적인 포기를 목적으로 재처리 시설을 포함한 영변 핵시설을 폐쇄·봉인하고 IAEA와의 합의에 따라 모든 필요한 감시 및 검증활동을 수행하기 위해 IAEA 요원을 복귀토록 초청한다.

2. 조선민주주의인민공화국은 9·19 공동성명에 따라 포기하도록 되어있는, 사용후 연료봉으로부터 추출된 플루토늄을 포함한 공동성명에 명기된 모든 핵프로그램의 목록을 여타 참가국들과 협의한다.

3. 조선민주주의인민공화국과 미합중국은 양자간 현안을 해결하고 전면적 외교관계로 나아가기 위한 양자대화를 개시한다. 미합중국은 조선민주주의인민공화국을 테러지원국 지정으로부터 해제하기 위한 과정을 개시하고, 조선민주주의인민공화국에 대한 대적성국 교역법 적용을 종료시키기 위한 과정을 진전시켜 나간다.

4. 조선민주주의인민공화국과 일본은 불행한 과거와 미결 관심사안의 해결을 기반으로, 평양선언에 따라 양국관계 정상화를 취해 나가는 것을 목표로 양자대화를 개시한다.

5. 참가국들은 2005년 9월 19일 공동성명의 1조와 3조를 상기하면서, 조선민주주의인민공화국에 대한 경제·에너지·인도적 지원에 협력하기로 합의하였다. 이와 관련, 참가국들은 초기단계에서 조선민주주의인민공화국에 긴급 에너지 지원을 제공하기로 합의하였다. 중유 5만톤 상당의 긴급 에너지 지원의 최초 운송은 60일 이내에 개시된다. 참가국들은 상기 초기조치들이 향후 60일 이내에 이행되며, 이러한 목표를 향하여 상호 조율된 조치를 취한다는데 합의하였다.

Ⅲ. 참가국들은 초기조치를 이행하고 공동성명의 완전한 이행을 목표로 다음
과 같은 실무그룹(W/G)을 설치하는데 합의하였다. 1. 한반도 비핵화 2. 미·
북 관계정상화 3. 일·북 관계정상화 4. 경제 및 에너지 협력 5. 동북아 평화·
안보 체제. 실무그룹들은 각자의 분야에서 9·19 공동성명의 이행을 위한 구
체적 계획을 협의하고 수립한다. 실무그룹들은 각각의 작업진전에 관해 6자
회담 수석대표 회의에 보고한다. 원칙적으로 한 실무그룹의 진전은 다른 실무
그룹의 진전에 영향을 주지 않는다. 5개 실무그룹에서 만들어진 계획은 상호
조율된 방식으로 전체적으로 이행될 것이다. 참가국들은 모든 실무그룹 회의
를 향후 30일이내에 개최하는데 합의하였다.

Ⅳ. 초기조치 기간 및 조선민주주의인민공화국의 모든 핵프로그램에 대한 완
전한 신고와 흑연감속로 및 재처리 시설을 포함하는 모든 현존하는 핵시설의
불능화를 포함하는 다음단계 기간중, 조선민주주의인민공화국에 최초 선적분
인 중유 5만톤 상당의 지원을 포함한 중유 100만톤 상당의 경제·에너지·인
도적 지원이 제공된다. 상기 지원에 대한 세부 사항은 경제 및 에너지 협력 실
무그룹의 협의적절한 평가를 통해 결정된다.

Ⅴ. 초기조치가 이행되는 대로 6자는 9·19 공동성명의 이행을 확인하고 동북
아 안보협력 증진방안 모색을 위한 장관급 회담을 신속하게 개최한다.

Ⅵ. 참가국들은 상호신뢰를 증진시키기 위한 긍정적인 조치를 취하고 동북아
시아에서의 지속적인 평화와 안정을 위한 공동노력을 할 것을 재확인하였다.
직접 관련 당사국들은 적절한 별도 포럼에서 한반도의 항구적 평화체제에 관

한 협상을 갖는다.

VII. 참가국들은 실무그룹의 보고를 청취하고 다음단계 행동에 관한 협의를 위
해 제6차 6자회담을 2007년 3월 19일에 개최하기로 합의하였다.

대북 지원부담의 분담에 관한 합의 의사록

미합중국, 중화인민공화국, 러시아연방, 대한민국은 각국 정부의 결정에 따
라, II조 5항 및 IV조에 규정된 조선민주주의인민공화국에 대한 지원 부담을
평등과 형평의 원칙에 기초하여 분담할 것에 합의하고, 일본이 자국의 우려사
항이 다루어지는 대로 동일한 원칙에 따라 참여하기를 기대하며, 또 이 과정
에서 국제사회의 참여를 환영한다.

남북관계 발전과 평화번영을 위한 선언

대한민국 노무현 대통령과 조선민주주의인민공화국 김정일 국방위원장 사이의 합의에 따라 노무현 대통령이 2007년 10월 2일부터 4일까지 평양을 방문하였다. 방문기간 중 역사적인 상봉과 회담들이 있었다. 상봉과 회담에서는 6·15 공동선언의 정신을 재확인하고 남북관계발전과 한반도 평화, 민족공동의 번영과 통일을 실현하는데 따른 제반 문제들을 허심탄회하게 협의하였다.

쌍방은 우리민족끼리 뜻과 힘을 합치면 민족번영의 시대, 자주통일의 새시대를 열어 나갈 수 있다는 확신을 표명하면서 6·15 공동선언에 기초하여 남북관계를 확대·발전시켜 나가기 위하여 다음과 같이 선언한다.

1. 남과 북은 6·15 공동선언을 고수하고 적극 구현해 나간다. 남과 북은 우리민족끼리 정신에 따라 통일문제를 자주적으로 해결해 나가며 민족의 존엄과 이익을 중시하고 모든 것을 이에 지향시켜 나가기로 하였다. 남과 북은 6·15 공동선언을 변함없이 이행해 나가려는 의지를 반영하여 6월 15일을 기념하는 방안을 강구하기로 하였다.

2. 남과 북은 사상과 제도의 차이를 초월하여 남북관계를 상호존중과 신뢰 관계로 확고히 전환시켜 나가기로 하였다. 남과 북은 내부문제에 간섭하지 않으

며 남북관계 문제들을 화해와 협력, 통일에 부합되게 해결해 나가기로 하였다. 남과 북은 남북관계를 통일 지향적으로 발전시켜 나가기 위하여 각기 법률적·제도적 장치들을 정비해 나가기로 하였다. 남과 북은 남북관계 확대와 발전을 위한 문제들을 민족의 염원에 맞게 해결하기 위해 양측 의회 등 각 분야의 대화와 접촉을 적극 추진해 나가기로 하였다.

3. 남과 북은 군사적 적대관계를 종식시키고 한반도에서 긴장완화와 평화를 보장하기 위해 긴밀히 협력하기로 하였다. 남과 북은 서로 적대시하지 않고 군사적 긴장을 완화하며 분쟁문제들을 대화와 협상을 통하여 해결하기로 하였다. 남과 북은 한반도에서 어떤 전쟁도 반대하며 불가침의무를 확고히 준수하기로 하였다. 남과 북은 서해에서의 우발적 충돌방지를 위해 공동어로수역을 지정하고 이 수역을 평화수역으로 만들기 위한 방안과 각종 협력사업에 대한 군사적 보장조치 문제 등 군사적 신뢰구축조치를 협의하기 위하여 남측 국방부 장관과 북측 인민무력부 부장간 회담을 금년 11월중에 평양에서 개최하기로 하였다.

4. 남과 북은 현 정전체제를 종식시키고 항구적인 평화체제를 구축해 나가야 한다는데 인식을 같이하고 직접 관련된 3자 또는 4자 정상들이 한반도지역에서 만나 종전을 선언하는 문제를 추진하기 위해 협력해 나가기로 하였다. 남과 북은 한반도 핵문제 해결을 위해 6자회담 9·19 공동성명과 2·13 합의가 순조롭게 이행되도록 공동으로 노력하기로 하였다.

5. 남과 북은 민족경제의 균형적 발전과 공동의 번영을 위해 경제협력사업을 공리공영과 유무상통의 원칙에서 적극 활성화하고 지속적으로 확대·발전시켜 나가기로 하였다. 남과 북은 경제협력을 위한 투자를 장려하고 기반시설 확충과 자원개발을 적극 추진하며 민족내부협력사업의 특수성에 맞게 각종

우대조건과 특혜를 우선적으로 부여하기로 하였다. 남과 북은 해주지역과 주변해역을 포괄하는 '서해평화협력특별지대'를 설치하고 공동어로구역과 평화수역 설정, 경제특구건설과 해주항 활용, 민간선박의 해주직항로 통과, 한강하구 공동이용 등을 적극 추진해 나가기로 하였다. 남과 북은 개성공업지구 1단계 건설을 빠른 시일안에 완공하고 2단계 개발에 착수하며 문산-봉동간 철도화물수송을 시작하고, 통행 통신 통관 문제를 비롯한 제반 제도적 보장조치들을 조속히 완비해 나가기로 하였다. 남과 북은 개성-신의주 철도와 개성-평양 고속도로를 공동으로 이용하기 위해 개보수 문제를 협의·추진해 가기로 하였다. 남과 북은 안변과 남포에 조선협력단지를 건설하며 농업, 보건의료, 환경보호 등 여러 분야에서의 협력사업을 진행해 나가기로 하였다. 남과 북은 남북 경제협력사업의 원활한 추진을 위해 현재의 남북경제협력추진위원회를 부총리급 남북경제협력공동위원회로 격상하기로 하였다.

6. 남과 북은 민족의 유구한 역사와 우수한 문화를 빛내기 위해 역사, 언어, 교육, 과학기술, 문화예술, 체육 등 사회문화 분야의 교류와 협력을 발전시켜 나가기로 하였다. 남과 북은 백두산관광을 실시하며 이를 위해 백두산-서울 직항로를 개설하기로 하였다. 남과 북은 2008년 북경 올림픽경기대회에 남북 응원단이 경의선 열차를 처음으로 이용하여 참가하기로 하였다.

7. 남과 북은 인도주의 협력사업을 적극 추진해 나가기로 하였다. 남과 북은 흩어진 가족과 친척들의 상봉을 확대하며 영상 편지 교환사업을 추진하기로 하였다. 이를 위해 금강산면회소가 완공되는데 따라 쌍방 대표를 상주시키고 흩어진 가족과 친척의 상봉을 상시적으로 진행하기로 하였다. 남과 북은 자연재해를 비롯하여 재난이 발생하는 경우 동포애와 인도주의, 상부상조의 원칙에 따라 적극 협력해 나가기로 하였다.

8. 남과 북은 국제무대에서 민족의 이익과 해외 동포들의 권리와 이익을 위한 협력을 강화해 나가기로 하였다.

남과 북은 이 선언의 이행을 위하여 남북총리회담을 개최하기로 하고, 제1차 회의를 금년 11월중 서울에서 갖기로 하였다. 남과 북은 남북관계 발전을 위해 정상들이 수시로 만나 현안 문제들을 협의하기로 하였다.

2007년 10월 4일

평양

대한민국	조선민주주의인민공화국
대통령	국방위원장
노무현	김정일